diferenciação pedagógica
na prática

B711d   Bondie, Rhonda.
         Diferenciação pedagógica na prática : rotinas para engajar todos os alunos / Rhonda Bondie, Akane Zusho ; tradução: Luís Fernando Marques Dorvillé ; revisão técnica: Ana Paula Manzalli. – Porto Alegre : Penso, 2023.
         xx, 252 p. : il. ; 23 cm.

         ISBN 978-65-5976-026-8

         1. Educação. 2. Professores e alunos. 3. Didática. I. Zusho, Akane. II. Título.

CDU 37.04

Catalogação na publicação: Karin Lorien Menoncin – CRB 10/2147

RHONDA BONDIE
AKANE ZUSHO

diferenciação pedagógica
na prática

rotinas para engajar todos
os alunos

Tradução
Luís Fernando Marques Dorvillé
Revisão técnica
Ana Paula Manzalli
*Cofundadora da Sincroniza Educação.
Mestra em Desenvolvimento Educacional Internacional pelo Teachers College,
Columbia University (EUA).*

Reimpressão

Porto Alegre
2023

Obra originalmente publicada sob o título *Differentiated instruction made practical: engaging the extremes through classroom routines*, 1st Edition
ISBN 9780815370819

Copyright © 2018 by Routledge, a member of the Taylor & Francis Group LLC.
All Rights Reserved. Authorised translation from the English language edition published by Routledge, a member of the Taylor & Francis Group LLC.

Gerente editorial: *Letícia Bispo de Lima*

Colaboraram nesta edição:

Coordenadora editorial: *Cláudia Bittencourt*

Editor: *Lucas Reis Gonçalves*

Capa: *Paola Manica | Brand&Book*

Imagens da capa:
©shutterstock.com/Happy diverse multiethnic kids junior school students group giving high five together in classroom. Excited children celebrating achievements, teamwork, diversity and friendship with highfive concept./Ground Picture
©freepik.com/Row of multiethnic elementary students reading book in classroom./Tirachard

Preparação de originais: *Paulo Roberto Salles Garcia*

Leitura final: *Leonardo Vargas*

Editoração: *Ledur Serviços Editoriais Ltda.*

Reservados todos os direitos de publicação, em língua portuguesa, ao
GRUPO A EDUCAÇÃO S.A.
(Penso é um selo editorial do GRUPO A EDUCAÇÃO S.A.)
Rua Ernesto Alves, 150 – Bairro Floresta
90220-190 – Porto Alegre – RS
Fone: (51) 3027-7000

SAC 0800 703 3444 – www.grupoa.com.br

É proibida a duplicação ou reprodução deste volume, no todo ou em parte, sob quaisquer formas ou por quaisquer meios (eletrônico, mecânico, gravação, fotocópia, distribuição na Web e outros), sem permissão expressa da Editora.

IMPRESSO NO BRASIL
PRINTED IN BRAZIL

Autoras

Rhonda Bondie ensina com infinita energia e entusiasmo e inspira alunos de todas as idades. Ela começou a carreira como bailarina e artista residente, ensinando os currículos obrigatórios por meio das artes para alunos com diversas capacidades no ensino básico norte-americano. Lecionou em escolas públicas urbanas por mais de duas décadas, tanto em salas de aula de educação especial quanto em salas de aula regulares, trabalhando com muitos alunos que estavam aprendendo inglês como uma nova língua. As rotinas compartilhadas neste livro foram desenvolvidas e implementadas pela primeira vez em escolas públicas municipais de Nova York e de Arlington, na Virgínia, Estados Unidos.

Ao longo da carreira, Rhonda foi inspirada pelo Projeto Zero, da Harvard Graduate School of Education, criando especificamente rotinas de aprendizagem baseadas em "múltiplas inteligências" e "ensino para a compreensão", que são usadas em salas de aula de todo o mundo e apresentadas em publicações, incluindo *Making thinking visible*, de Ron Ritchhart, e em *sites* como o *Teaching history*. Também teve a sorte de passar sete anos atuando nos Institutos sobre Diversidade Acadêmica de Carol Tomlinson, na University of Virginia, que moldaram suas práticas de ensino.

Atualmente, Rhonda é palestrante em vários programas da Harvard Graduate School of Education e a professora responsável pelo curso *on-line Differentiated Instruction Made Practical*. Também mantém o *site All Learners Learning Every Day* (ALL-ED), em que disponibiliza materiais gratuitos e webinários voltados para apoiar os educadores na pedagogia inclusiva. Rhonda lançou seu programa de pesquisa na Fordham University, em que se concentra na preparação diferenciada de professores e na aprendizagem personalizada por meio de plataformas digitais — dando, assim, um modelo aos docentes de como aplicar as práticas necessárias para atender efetivamente os alunos em salas de aula inclusivas.

Ela analisa continuamente o impacto das práticas da estrutura ALL-ED na aprendizagem dos alunos, especificamente investigando como as rotinas de sala de aula podem ser usadas para construir uma cultura equitativa, proporcionar aprendizagem significativa para todos os alunos e reduzir disparidades de desempenho. Rhonda traz sua formação inicial criativa, décadas de ensino em sala de aula e experiência acadêmica para a estrutura de tomada de decisão proposta aos professores e para as rotinas apresentadas neste livro. Ela espera que a obra ajude os docentes a garantirem que cada criança seja valorizada, engajada e estimulada todos os dias.

Akane Zusho iniciou sua carreira de pesquisa na University of Michigan, onde, ao trabalhar com acadêmicos ilustres, como Harold Stevenson e Paul Pintrich, teve despertado seu interesse pelas aplicações da psicologia à prática educacional. Graduada, atuou tanto em estudos transculturais de grande escala, investigando práticas de ensino de matemática no Japão, em Taiwan e nos Estados Unidos, quanto em estudos de menor porte, explorando a relação entre motivação e autorregulação da aprendizagem entre estudantes universitários. Na pós-graduação, ainda na University of Michigan, notou que grande parte da pesquisa sobre motivação para realização e aprendizagem autorregulada se concentrava em um segmento restrito da sociedade norte-americana. Dessa forma, decidiu explorar mais o modo de transformar as culturas de sala de aula com o objetivo de apoiar a aprendizagem de todos os estudantes.

Além desta obra, Akane já escreveu mais de 40 artigos e capítulos de livros sobre questões relacionadas a cultura, raça, motivação e aprendizagem autorregulada. Em 2012, seu trabalho foi reconhecido pela American Psychological Association ao receber um prêmio dedicado a jovens pesquisadores. Sua produção acadêmica reflete sua paixão e seu interesse constantes em utilizar as teorias da psicologia para melhorar a vida de estudantes e professores. De fato, este livro foi escrito, em parte, para apresentar aos docentes o que há de mais inovador na pesquisa sobre aprendizagem nos campos da psicologia e da educação, de forma acessível.

Na Fordham University, onde Akane é atualmente professora associada, uma de suas principais responsabilidades é ensinar estatística para alunos de pós-graduação. A estatística é um tópico que frequentemente gera fortes sentimentos entre os alunos, inclusive ansiedade. Akane também notou que eles geralmente chegam ao seu curso com diferentes níveis de experiência no assunto. Assim como a Sra. Ford, a professora apresentada neste livro, Akane frequentemente se perguntou sobre estratégias precisas, eficientes e eficazes para diferenciar o ensino. Por meio de sua colaboração com Rhonda Bondie, aprendeu estratégias específicas para engajar seus alunos a fim de que eles não saiam da aula confusos. Akane espera que este livro seja igualmente eficaz para você e que todos os seus alunos aprendam diariamente.

Este livro é dedicado aos extremos de nossas famílias que nos inspiram e ensinam todos os dias: Francis Markgraff, de 106 anos, avó de Rhonda, e Emma Moffitt, sobrinha de 7 anos de idade de Akane.

Agradecimentos

Nossa estrutura representa anos de colaboração com professores do ensino básico e com seus alunos em escolas públicas urbanas, bem como em comunidades escolares do subúrbio, do interior rural e de instituições privadas dos Estados Unidos e do mundo inteiro. Primeiramente, gostaríamos de agradecer aos muitos alunos a quem tivemos o prazer de ensinar e orientar ao longo dos anos, assim como àqueles, como Oscar, que inspiraram a estrutura ALL-ED e nos deram a oportunidade de pensar sobre como engajar alunos, com suas qualidades diversas, na aprendizagem. Desejamos que Oscar e os estudantes de todos os lugares nunca mais saiam confusos da aula.

Também estamos profundamente em dívida com os docentes que trabalharam e compartilharam suas histórias conosco. Em particular, lembramos os da International Community High School (ICHS) — especialmente os participantes de nossa primeira série de oficinas: Adjoua, Joel, Kim, Ioana, Alhasan, Didi e todos os demais. Nossa gratidão aos líderes da ICHS, Berena e Eva e Laurie Gaughran, que apoiaram nosso trabalho e contribuíram muito para o seu desenvolvimento. Agradecemos aos professores da Math for America que participaram das oficinas da ALL-ED de maneira consistente nos últimos seis anos. Nosso trabalho sobre atividades direcionadas* emergiu em colaboração com os docentes da educação infantil — um agradecimento especial a Anne, Andrea, Lousie, Ed, Siobhan e a todos os professores dedicados da escola St. Paul pelo apoio e pelos *insights*. Nossa gratidão também a Ben Wilkens, por seu trabalho sobre escolha estruturada no projeto de livro de não ficção do Capítulo 7.

Gostaríamos de agradecer aos muitos professores que participaram do projeto de webinários mensais e gratuitos da ALL-ED, patrocinados pela New Jersey Coalition for Inclusive Education, e aos educadores das Urban Assembly Schools, em Nova York — particularmente Britanny e Eyal, da School for Law and Justice, e Patti e seus colegas da School for Business and Young Women. Estamos em dívida com a equipe do Manhattan Field Support, por implementar nossa estrutura todos os meses

---

* N. de R.T. *Targeted practice*, em inglês, é definida como uma atividade necessária para que indivíduos e pequenos grupos pratiquem habilidades específicas dentro de cada unidade e/ou rotina semanal de sala de aula (não apenas depois da escola ou durante o almoço/recreio), uma vez que os alunos não avançam todos em um único ritmo. Atividades direcionadas durante a aula são um requisito para que os alunos possam praticar, revisar e ampliar as habilidades em uma rotina regular.

durante um ano inteiro. Também gostaríamos de agradecer aos muitos professores de Nova Orleans, Columbus, Geórgia, Nova York, Nova Jersey, Brasil, Chile, Singapura, China, Suíça e Amsterdã, que participaram de nossas oficinas e pesquisas da ALL-ED.

Dois professores extremamente dedicados, além de editores excepcionais — Marvin Antebi-Gruszka e Elena Rodriguez —, deram contribuições essenciais a este livro. Marvin leu cada rascunho e conversou com Rhonda, de professor para professor, fazendo muitas contribuições ao nosso livro por meio de suas reflexões atenciosas. Elena trabalhou incansavelmente, organizando e catalogando as rotinas e ideias, e nos ajudou com partes essenciais da obra, incluindo o glossário. Joanna Huang deu sentido a nossas ideias com representações visuais e com o desenho da capa do original em inglês. Suas perguntas e criatividade tornaram nossas ideias vívidas e aplicáveis. Agradecemos a Eric Shed e ao corpo docente e estudantes do programa Teacher Fellow, de Harvard. Eles nos levaram a apresentar a estrutura de maneiras inovadoras, claras e úteis, especificamente no Capítulo 6. Obrigado também a Sande Dawes e Anne Taffin d'Heursel Baldisseri, pelas leituras cuidadosas dos rascunhos ao longo dos anos. Por fim, nossa gratidão a Kristen e Kelly, por uma edição fantástica, que resultou em muita clareza, e pelo apoio essencial dado a Rhonda.

Sinceros agradecimentos aos inúmeros alunos de doutorado da Fordham University que contribuíram para nosso trabalho. Agradecemos também a Jane Bolgatz, Fran Blumberg, Karen Brobst, Marshall George, Kristen Treglia e Kristen Turner, por provocarem momentos de riso tão necessários e por agirem como nossos amigos críticos tanto na vida quanto no trabalho.

Rhonda agradece aos alunos e às famílias das escolas públicas das cidades de Nova York e de Arlington, bem como a Howard Gardner, por sua amizade e crença no potencial humano. Somos gratas a Carol Tomlinson, cujo trabalho forneceu uma base para nossa estrutura. Nossas rotinas foram moldadas com o apoio constante do Projeto Zero da Harvard Graduate School of Education e das Atlas Learning Communities.

Gostaríamos de expressar nossa gratidão aos vários pesquisadores cujo trabalho inspirou a estrutura ALL-ED. Uma vez que a pesquisa apresentada neste livro foi profundamente impactada pela sabedoria e pelo apoio deles, Akane agradece aos seus mentores — o falecido Paul Pintrich, Marty Maehr e Harold Stevenson. Ela também agradece a Avi Kaplan, Stuart Karabenick, Revathy Kumar, Lisa Linnenbrink-Garcia, Mike Middleton, Toni Kempler Rogat, Chris Wolters e Shirley Yu, por sua ininterrupta amizade e orientação. Akane também estende o agradecimento a Phyllis Blumenfeld, por sempre lembrá-la de pensar "na criança" na pesquisa, e a Bill McKeachie, cujo livro *Dicas de ensino: estratégias, pesquisa e teoria para professores* forneceu inspiração para muitas das ideias apresentadas nesta obra. Um agradecimento especial também a Stuart Karabenick, por ser um dos primeiros apoiadores da ALL-ED e por ter criado esse nome.

Por fim, gostaríamos de agradecer a nossas famílias pelo constante amor e apoio.

Apresentação à edição brasileira

Seja bem-vindo ao livro *Diferenciação pedagógica na prática*! Aqui você encontrará informações preciosas acerca de como as pessoas aprendem e de como podemos tornar esse processo mais efetivo e eficiente para todos: professores e estudantes.

Sabemos que reduzir a interferência dos fatores que geram e ampliam as desigualdades na sala de aula é uma tarefa árdua mas necessária para todos os alunos terem seus direitos de aprendizagem garantidos. Se desejamos promover uma educação com equidade, é fundamental considerarmos esses fatores e realizarmos ações intencionais para atender às necessidades dos estudantes, respeitando seus interesses e suas potencialidades.

Nesse sentido, a diferenciação pedagógica parte do princípio de que todas as pessoas podem aprender e existem maneiras de garantir esse processo de forma equitativa. Trata-se de uma proposta na qual a heterogeneidade da turma não impede o aprendizado — mas sim enriquece a experiência em sala de aula a partir da individualidade de cada estudante.

Para atingir esse objetivo, as autoras partem de uma reconhecida base científica relacionada à motivação e à cognição e transpõem esses conhecimentos para rotinas e passos aplicáveis a aulas de todas as áreas do conhecimento e a estudantes de todas as séries e idades. Além disso, elas inter-relacionam a diferenciação com algumas concepções que destacamos a seguir. O Desenho Universal para a Aprendizagem é um importante orientador da educação inclusiva, que busca reduzir as barreiras à aprendizagem por meio de três princípios: múltiplos meios de engajamento do estudante com as atividades de aprendizagem; múltiplos meios de representação dos conceitos e conteúdos; e múltiplos meios de ação e expressão do estudante para demonstrar sua compreensão (CAST, 2011). Outro conceito importante, proposto pela psicóloga e pesquisadora norte-americana Carol Dweck, é a mentalidade de crescimento, que consiste na compreensão de que podemos desenvolver continuamente nossa inteligência por meio de esforço e estratégias adequadas (DWECK, 2017). A diferenciação do ensino também dialoga diretamente com a pedagogia culturalmente relevante (ou responsiva), que propõe "[...] utilizar as características, experiências e perspectivas da diversidade étnica e cultural dos estudantes como condutor para ensinar de maneira mais efetiva" (GAY, 2010, tradução nossa), de forma que estudantes de grupos etnicamente diversos se identifiquem com a escola, se sintam valorizados nesse espaço e, consequentemente, obtenham um melhor desempenho escolar. Por fim, a diferenciação é fortemente baseada no trabalho em grupo, desenvolvido a partir de estruturas e premissas — como a divisão de papéis, a interdependência positiva e a colaboração — para garantir mais equidade no ensino (COHEN; LOTAN, 2017).

Convidamos você a observar, ao longo de sua leitura, outros pontos importantes que serão explicados pelas autoras nos capítulos que compõem este livro e que destacamos a seguir para contribuir, desde já, com seu estudo.

- As estratégias chamadas de "rotinas" levam esse nome justamente pela proposta de serem aplicadas **rotineiramente**, ao ponto de os estudantes saberem o que vai acontecer simplesmente ao dizermos o nome da atividade. Elas são eficientes, entre outros motivos, porque foram desenhadas de forma a aplicar as teorias da motivação e das ciências cognitivas e porque, quando os alunos já compreendem a dinâmica da atividade (rotina), eles podem focar o que estão aprendendo de fato, em vez de gastar energia tentando entender o funcionamento da atividade — o famoso "o que é para fazer mesmo, professora?".

- Este livro pressupõe que você experimente as rotinas e os passos da diferenciação à medida que o estuda. Por isso, prepare-se para aplicar as estratégias em sala, anotar seus aprendizados e, claro, adaptá-las ao seu contexto. As práticas relatadas aqui funcionaram muito bem nas ocasiões em que as aplicamos, mas também servem como ponto de partida para você criar suas próprias rotinas!

- E aqui vai um *spoiler*: a cada capítulo, você conhecerá um novo passo para alcançar o objetivo maior, que é a diferenciação pedagógica. Isso significa que todos os elementos se reúnem quase ao final do livro, no Capítulo 8. Então, pode ser que, depois de dominar o vocabulário e compreender a potência da estrutura completa, você tenha o impulso de ler o livro todo novamente! Adiantamos essa informação para ajudar você a lidar com a expectativa de ver o todo funcionando e a aproveitar todas as possibilidades e dicas oferecidas ao longo da leitura.

Aqui na Sincroniza Educação, nos aproximamos dessa temática em 2020, a partir de um *workshop* do New School Institute of Thought, na escola Avenues, em São Paulo. Um dos temas era a diferenciação do ensino, e Rhonda Bondie era a professora convidada para conduzir as sessões. O encantamento com o tema e as estratégias que ela nos apresentou foi imediato. Enquanto definições diversas de personalização defendem identificar e atender as necessidades de cada estudante, mas sem apresentar como fazer isso concretamente, a diferenciação — especialmente a estrutura *All Learners Learning Every Day* (ALL-ED), criada por Bondie e Zusho — propõe um caminho objetivo para que isso seja factível em uma sala de aula real. Quase como se a personalização fosse um horizonte e a diferenciação fosse a estrada que podemos percorrer nessa direção.

A partir desse primeiro contato, nossa equipe se dedicou a estudar esta obra — que só existia na língua inglesa — discutindo seus significados, suas implicações e sua aplicabilidade no cenário das escolas públicas brasileiras. Nosso desejo era aliar esse conhecimento e essas estratégias às nossas experiências nacionais para que educadores de todo o Brasil pudessem aproveitar isso de forma contextualizada. Assim surgiu nosso curso de formação para professores, "Diferenciação pedagógica: práticas para garantir que todos aprendam", criado com muita dedicação de nossa equipe e o aval de Bondie.

Surgiu, também, o desejo de trazer a obra para o Brasil em língua portuguesa, para mais professores terem a oportunidade de conhecer essa referência de forma acessível. Essa também era a vontade das pessoas consultadas durante a revisão técnica do livro. Agradecemos, portanto, o apoio das seguintes especialistas: Bruna Carvalho, Carolina de Oliveira Vieira, Fernando Mello Trevisani, Flávia Fernandes, Kelly Szabo, Maria Helena Bravo, Marina Minardi Fonseca, Patricia Guarany e Tainá Shimoda. Esperamos que as próximas páginas sejam, assim como foram para nós, fonte de inspiração no aprimoramento da sua prática docente, impactando positivamente o seu dia a dia como educador e a aprendizagem dos seus alunos.

Boa leitura!

Sincroniza Educação

REFERÊNCIAS

CAST. *Design for learning guidelines* – version 2.0 [Desenho universal para a aprendizagem]. Wakefield: APA, 2011. Disponível em: https://udlguidelines.cast.org/. Acesso em: 05 nov. 2022.

COHEN, E. G.; LOTAN, R. A. *Planejando o trabalho em grupo*: estratégias para salas de aula heterogêneas. Porto Alegre: Penso, 2017.

DWECK, C. S. *Mindset:* a nova psicologia do sucesso. São Paulo: Objetiva, 2017.

GAY, G. *Culturally responsive teaching:* theory, research and practice. 2. ed. New York, NY: Teachers College, 2010.

Lista de figuras

I.1	Tipos de diferenciação pedagógica por alunos, frequência de implementação e tempo de preparação	4
1.1	Componentes da estrutura ALL-ED, bases em pesquisas e resultados esperados dos alunos	18
1.2	As 10 maiores considerações sobre motivação na ALL-ED	22
1.3	Símbolos para o teste de ortografia	24
1.4	Palavras para o teste de ortografia	24
1.5	Esquema para o teste de ortografia	25
1.6	As 10 maiores considerações sobre cognição (MERMÃ) na ALL-ED	30
2.1	*Brainstorm* acerca da diversidade de fatos sobre os estudantes em relação à leitura independente	44
2.2	Planejamento de tração	55
3.1	Modelo teórico de aprendizagem autorregulada	75
3.2	Relação entre OSCAR e aprendizagem autorregulada	76
3.3	Os 10 maiores fatos sobre aprendizagem autorregulada	77
4.1	Agenda de aula com rotinas identificadas para cada etapa	88
4.2	Amostra de agenda com padrão de ação para miniaulas	90
4.3	Comparação das estruturas de ensino por nível de engajamento e autonomia	91
4.4	Papéis para resolução de problemas matemáticos.	97
5.1	Fórmula do rigor	117
5.2	Exemplo de rubrica para participação na rotina de aprendizagem em grupo	129
5.3	Quadro de monitoramento de contribuições e desejos	130
5.4	Pensamento ágil usando CARR	132
6.1	Três níveis de recursos de ajuda	138
6.2	Abordagens usadas pelos professores para fornecer ajuda geral	141
6.3	Diferenças entre apoios, andaimes e extensões	143
6.4	Análise de tarefa: detalhando as conversas colaborativas	144
6.5	Tabela de dados para problema da Sra. Ford	146
6.6	Análise de tarefa da Sra. Ford	147

6.7	Tipo de ajuda e abordagem por nível de decisão do professor e do estudante	155
7.1	As Opções se distribuem ao longo de uma escala de escolhas	166
7.2	Exemplos de opções na escolha de um livro: totalmente feita pelo aluno, estruturada pelo professor e totalmente definida pelo professor	167
7.3	Escolha estruturada: projeto de livro de não ficção	168
7.4	Percurso de conceitos centrais, habilidades e tarefas	170
7.5	Cinco caminhos, um objetivo de aprendizagem comum	170
7.6	Detalhamento das tarefas iniciais para desenvolvimento de habilidades	170
7.7	Formação em jogo da velha	171
7.8	Exemplo de escolha do estudante estruturada pelo professor para a prática de vocabulário	178
8.1	Tomada de decisão da professora na prática	189
8.2	Tomada de decisão da professora no planejamento de uma sequência didática com ajustes de ajuda	189
8.3	Rotina de pensamento ágil docente ("Em-se-então")	192
8.4	Decisões do professor para planejar uma revisão	201
8.5	Decisões do professor para planejar uma tarefa comum necessária	202
8.6	Decisões do professor para retomar habilidades das unidades anteriores	203
8.7	Decisões do professor para individualizar a prática diária	204

Lista de tabelas

I.1	Três tipos de diferenciação pedagógica	4
I.2	Objetivos dos capítulos, bases em pesquisas e três propósitos para as rotinas de sala de aula	7
1.1	Componentes do PACS da motivação	21
3.1	Tabela de planejamento do Objetivo	66
3.2	Tabela de planejamento da Situação inicial	66
3.3	Tabela de planejamento de Critérios	67
3.4	Tabela de planejamento das Ações	68
3.5	Tabela de planejamento de Reflexões	69
3.6	Identifique as partes ajustáveis de cada aula	78
4.1	Definindo estruturas	90
4.2	Exemplo de tabela de definição das quatro estruturas de ensino	100
4.3	Ideias de papéis na rotina "Troca entre pares"	102
5.1	Perguntas da "Verificação CARR" para a reflexão dos professores	110
6.1	Ajuda em sala de aula	134
6.2	Orientações gerais sobre como os recursos de ajuda variam	139
6.3	Recursos de ajuda geral	140
6.4	Recursos de ajuda geral usando OSCAR	142
6.5	Exemplo 1 do apoio à descrição da relação entre valores	149
6.6	Exemplo 2 do apoio à descrição da relação entre valores	150
6.7	Exemplos de apoios e extensões por objetivo	152
7.1	Quadro de escolhas: vantagens, desvantagens e pontos interessantes	164
7.2	Opções para ajustar o ensino nas atividades e tarefas diárias	172
8.1	Aproveitando os pontos fortes dos estudantes	186
8.2	Pensamento ágil docente: quando os professores são (predisposição), eles (habilidades) para (ação)	192
8.3	Em OSCAR, "Observar e ouvir". Se falta CARR, então faça os ajustes EAO	193
8.4	Em Objetivo, possíveis ajustes EAO	194
8.5	Na Situação inicial, possíveis ajustes EAO	195
8.6	Em Critérios, possíveis ajustes EAO	196
8.7	Em Ações, possíveis ajustes EAO	197
8.8	Em Reflexões, possíveis ajustes EAO	199

Sumário

Lista de figuras xv

Lista de tabelas xvii

Introdução 1

Antes de começar – como aproveitar ao máximo
a leitura deste livro 9

Capítulo 1 15
Rotinas de sala de aula, motivação
e aprendizagem eficaz

Capítulo 2 43
Os extremos em constante mudança
em nossas salas de aula

Capítulo 3 63
Passo 1: *Identificar OSCAR*

Capítulo 4 85
Passo 2: *Observar e ouvir por meio das rotinas
de sala de aula*

Capítulo 5 107
Passo 3: *Verificar CARR*

Capítulo 6 133
Passo 4: *Ajustar EAO — Ajuda*

Capítulo 7 163
    Passo 4: *Ajustar EAO — Opções*

Capítulo 8 185
    Pensamento ágil docente: *Decidindo ajustar o ensino*

Capítulo 9 221
    Reduzindo as lacunas e ampliando a aprendizagem: *Histórias da sala de aula*

Glossário 237

Referências 245

Introdução

Sentado ao nosso lado em um prédio escolar de 60 anos, em uma movimentada comunidade do sul do Bronx, Oscar explicou como é a escola para os alunos que estão aprendendo em uma nova língua. Ele nos disse: "É assim... Eu venho para a escola e não sei nada. O professor fala, e eu ainda não sei nada. A única coisa que sei é que devo realizar a atividade que foi passada durante a aula ou estarei em apuros. Então, vou para a cantina encontrar alguém que tenha feito essa tarefa. Eu copio o trabalho dele, mas sigo sem saber nada". No curto espaço de tempo em que Oscar frequentou uma escola norte-americana, aprendeu, com sucesso, inglês para conversação e como funciona a escola — a ponto de conseguir esconder suas dúvidas e mal-entendidos. Para ele, a escola é um ciclo infinito de aulas durante as quais, com as suas habilidades atuais, ele ainda não consegue se engajar na aprendizagem. Oscar está motivado a aprender, mas precisa de abertura que lhe permita utilizar as habilidades que traz para a aula. Ao conversar com ele, chamou nossa atenção um desajuste comum entre a ampla gama de pontos fortes dos alunos em uma sala de aula e as estreitas oportunidades de usar esses pontos fortes nas aulas.

Ainda mais desanimador do que ouvir Oscar foi observar sua enérgica professora, Sra. Ford, que literalmente suava enquanto corria de aluno em aluno para oferecer ajuda a Oscar e a seus colegas. Quando os estudantes reclamaram que precisavam de uma calculadora para resolver os problemas, ela rapidamente usou seus conhecimentos matemáticos para ajustar os números. Forneceu repetidamente explicações claras, usou auxílios visuais e incentivou os alunos a apoiarem uns aos outros. Para nossa surpresa, mesmo essa excelente professora estava tendo dificuldades em atender às necessidades de aprendizagem dos alunos em seu dia a dia.

Sabendo que nem Oscar nem ela poderiam trabalhar mais arduamente, nós nos perguntamos: "Como podemos assegurar que todos os alunos como Oscar nunca saiam da aula confusos?".

O objetivo deste livro é apresentar a estrutura *All Learners Learning Every Day* (ALL-ED)* de tomada de decisão docente para determinar quando, por que e como diferenciar o ensino. Esse processo de quatro passos vai ajudar você a resolver questões que surgem em razão das diferenças entre os alunos em sala de aula e a entender por que, com base em pesquisas, os esforços que você vai empreender levarão a uma melhor aprendizagem. Mais importante ainda: você aprenderá a ajustar o ensino utilizando rotinas duradouras que oferecem a todos os alunos oportunidades equitativas, otimizadas e rigorosas para aprender em cada aula.

DEFININDO A DIFERENCIAÇÃO PEDAGÓGICA**

Tire um momento para pensar em como você pode descrever a diferenciação pedagógica para um pai, um aluno ou um novo professor. Você pode dizer que é a maneira como o professor fornece aos alunos experiências que não são muito difíceis nem muito fáceis, ou como ele designa um projeto no qual os alunos podem seguir seus interesses. Você pode dizer que a Sra. Ford poderia ter usado a diferenciação do ensino para engajar Oscar.

Carol Tomlinson (1999, p. 15) oferece a definição mais conhecida de diferenciação pedagógica. Ela a conceitua como:

> [...] a resposta de um professor às necessidades do aluno orientada por princípios gerais de diferenciação, tais como tarefas respeitosas, agrupamento flexível e avaliação e ajuste contínuos. Os professores podem diferenciar conteúdos, processos e produtos de acordo com a facilidade, os interesses e o perfil de aprendizagem dos alunos.

Essa definição é útil porque fornece variáveis que os professores podem modificar a fim de atender às diferentes necessidades dos alunos. No entanto, há infinitas combinações possíveis de respostas dos docentes, incluindo aquelas que modificam conteúdos (o que é ensinado), processos (como os estudantes aprendem), produtos (como os estudantes demonstram seu aprendizado), bem

---

* N. de R.T. Em português, "todos os alunos aprendendo todos os dias". ALL-ED é o nome da estrutura de tomada de decisão contínua do professor para diferenciar o ensino, baseada em teorias sobre motivação e autorregulação da aprendizagem para atender às necessidades de todos os estudantes em todas as aulas.

**N. de R.T. A "diferenciação pedagógica" também pode ser chamada de "diferenciação do ensino" – ambos os termos descrevem o mesmo processo e serão utilizados nesta obra como sinônimos.

como as que ajustam o ensino conforme a facilidade, os interesses e os perfis de aprendizagem dos estudantes. Existem tantas possibilidades, que é difícil imaginar como a diferenciação do ensino se dá realmente no dia a dia da sala de aula. É difícil medir o impacto que ela pode ter na aprendizagem dos estudantes, pois a diferenciação pedagógica assume inúmeras formas, e diversos elementos diferentes podem ser ajustados.

Para entender como ajudar Oscar, observamos salas de aula em sete países diferentes e testemunhamos docentes e alunos passando por dilemas como os dele. Percebemos que os livros escritos para professores sobre a necessidade de diferenciação do ensino precisavam explorar o momento *antes* de os professores reagirem a partir das diferenças dos estudantes. Nós não conseguimos encontrar nesses materiais uma abordagem clara para dar conta do questionamento "Como os professores tomam decisões para diferenciar o ensino?". A estrutura ALL-ED foi desenvolvida a partir de nosso interesse em apoiar o pensamento do professor por trás da decisão de diferenciar o ensino. A fim de ajudar, com sucesso, alunos como Oscar, estabelecemos que os professores precisam de tempo para pensar e aprender sobre os estudantes *durante* as aulas. Essa percepção nos levou a desenvolver rotinas de sala de aula que oferecem aos docentes tempo para observar, ouvir e pensar na aprendizagem dos alunos *enquanto ensinam*; tais rotinas são projetadas para que confusões como a de Oscar não passem despercebidas. Além disso, elaboramos uma estrutura para orientar as tomadas de decisão dos professores sobre como ajustar o ensino em resposta à grande variedade de necessidades dos alunos que afetam a aprendizagem. Usamos tal estrutura para limitar as soluções possíveis, considerando pesquisas sobre tomada de decisão e aprendizagem efetiva e as restrições práticas de tempo e currículo.

Definimos diferenciação pedagógica como o resultado de um processo contínuo de tomada de decisão em que os professores observam e escutam a diversidade acadêmica da sala, que pode fortalecer ou impedir uma aprendizagem efetiva e eficaz. Em seguida, os professores ajustam o ensino para aumentar a clareza, o acesso, o rigor e a relevância (CARR) a todos os alunos da turma. Como ilustrado na Figura I.1, formulamos três tipos de diferenciação pedagógica que exigem tempos distintos de planejamento. As definições amplas de diferenciação podem levar os professores a pensar esse ensino como aprendizagem personalizada ou individualizada, o que significa que eles teriam de trabalhar todas as horas do dia e aos fins de semana para encontrar novos e diferentes materiais para cada estudante. Tomlinson, Brimijoin e Narvaez (2008) concordam conosco, defendendo que tal abordagem de diferenciação é não apenas insustentável, mas também desnecessária em muitos casos.

Como você aprenderá, o modelo ALL-ED de diferenciação pedagógica se baseia principalmente no *ensino comum ajustável*, em que os estudantes estão aprendendo com os mesmos objetivos, recursos e avaliações (ver Tab. I.1). Com o ensino comum ajustável, a abordagem didática consiste em usar rotinas de sala de aula

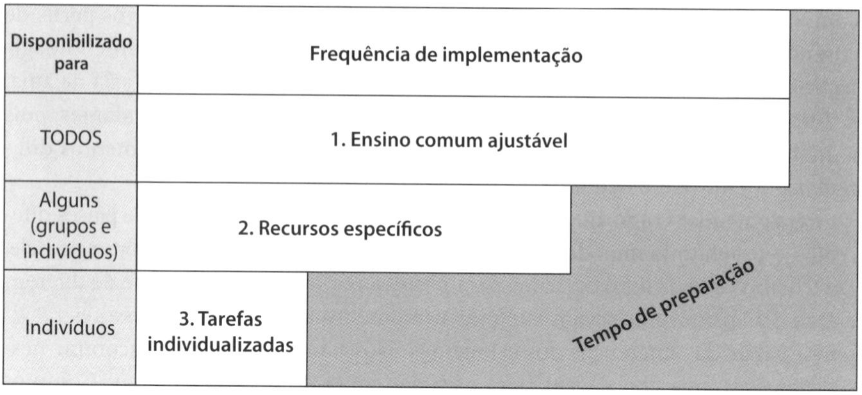

Disponibilizado para	Frequência de implementação
TODOS	1. Ensino comum ajustável
Alguns (grupos e indivíduos)	2. Recursos específicos
Indivíduos	3. Tarefas individualizadas

Tempo de preparação

Figura I.1 Tipos de diferenciação pedagógica por alunos, frequência de implementação e tempo de preparação.

para adequar o ensino às necessidades do aluno. Essa abordagem utiliza recursos que já estão presentes na maioria das salas de aula, e, portanto, o primeiro passo não é fazer algo novo.

O segundo tipo de diferenciação do ensino é o de *recursos específicos*, no qual os objetivos e as avaliações são os mesmos, mas alguns estudantes (grupos ou indivíduos) utilizam recursos diferentes, acompanhados de uma abordagem pedagógica específica para alcançar o objetivo. Você aprenderá como ensinar os estudantes a usarem recursos de ajuda que promovem autonomia e confiança.

Por fim, o terceiro tipo de diferenciação pedagógica é a *individualizada*, como um plano de exercícios. Haverá situações em que todos os alunos precisarão de exercícios individuais para revisar, praticar, estender o aprendizado ou perseguir um interesse. É importante ter em mente que esse tipo de ensino não deve ser confundido com o ensino especializado para estudantes que recebem educação especial. Como os estudantes começam a aprender a partir de formações e experiências muito diversas e depois continuam a fazê-lo em ritmos diferentes, faz sentido que precisem de tarefas

TABELA I.1 Três tipos de diferenciação pedagógica

	Objetivos	Recursos	Avaliações
Ensino comum ajustável	Iguais	Iguais	Iguais
Recursos específicos	Iguais	Diferentes	Iguais
Tarefas individualizadas	Diferentes	Diferentes	Diferentes

distintas. Usando nossas rotinas e materiais, os exercícios individuais podem ser elaborados com um tempo mínimo de planejamento que não requer a criação constante de novos materiais. Embora esse tipo de diferenciação seja utilizado com menos frequência, as tarefas individualizadas podem ser úteis em todas as unidades.

Ao longo deste livro, oferecemos instruções passo a passo para rotinas de sala de aula que permitem implementar todos os três tipos de diferenciação pedagógica. Esperamos que nossa abordagem complemente o que você já sabe e fortaleça suas crenças e práticas atuais relacionadas à diferenciação, além de proporcionar maior clareza e foco para o seu pensamento durante as aulas. Nosso objetivo é fornecer maneiras específicas de atender às necessidades de todos os alunos, ajudando os professores a tomarem decisões pedagógicas práticas, duradouras e apoiadas por pesquisas em motivação e pelas ciências cognitivas.

VISÃO GERAL DA ESTRUTURA ALL-ED

Além de nos basearmos no trabalho de Tomlinson, fomos inspiradas e desafiadas pelas ideias de Howard Gardner. Gardner (1999, p. 91) declarou que:

> [...] não somos todos da mesma forma; não temos todos o mesmo tipo de mente (ou seja, não somos todos pontos distintos em um gráfico de distribuição normal*); e a educação funciona mais eficazmente se essas diferenças forem levadas em conta, em vez de serem negadas ou ignoradas.

Essas palavras lembram constantemente que as diferenças entre os alunos importam todos os dias, não apenas quando os professores têm tempo no fim de semana para planejamento extra. Nós criamos o ensino comum ajustável para fornecer rotinas de sala de aula imediatamente aplicáveis para ajudar você a lidar diariamente com as diferenças entre os estudantes. Este livro vai orientá-lo a aprender a implantar os três diferentes tipos de diferenciação pedagógica por meio das quatro etapas da estrutura ALL-ED, apresentadas a seguir.

- Passo 1: Identificar OSCAR.
- Passo 2: Observar e ouvir.
- Passo 3: Verificar CARR.
- Passo 4: Ajustar EAO.

---

* N. de R.T. Em probabilidade e estatística, uma distribuição normal é uma distribuição de valores que apresenta, em gráfico, um pico na região central e que decai simetricamente em cada um dos lados desse pico, criando a forma de um sino. É amplamente utilizada para descrever fenômenos naturais.

Primeiro, você aprenderá a identificar OSCAR (Objetivo, Situação inicial, Critérios, Ações e Reflexões) a fim de determinar a parte de uma aula ou atividade que pode precisar de ajustes. Em seguida, aprenderá a implementar rotinas de aprendizagem individuais e em grupo em que o papel do professor é observar e ouvir os estudantes enquanto eles aprendem. Após reunir as respostas dos alunos, os professores estão prontos para uma verificação CARR a fim de perceber se todos, alguns ou um estudante precisam de maior clareza, acesso, rigor ou relevância para alcançar um aprendizado eficaz. Essa verificação auxilia os docentes a decidirem o modo de ajustar as estruturas das tarefas, os recursos de ajuda e as opções (EAO) com o propósito de assegurar que todos os alunos estejam aprendendo. Nesta obra, resumimos esse processo de tomada de decisão utilizando o seguinte dispositivo mnemônico: no OSCAR, se (todos, alguns ou individualmente) os alunos precisam de CARR, então ajuste EAO para orientar uma reação ágil do professor durante a tomada de decisão. Essa rotina retira o trabalho de adivinhação da diferenciação e alinha os ajustes de ensino com os resultados mensuráveis dos estudantes.

Ao longo do livro, você aprenderá rotinas de sala de aula que promovem a aprendizagem dos alunos e proporcionam tempo aos professores durante as aulas. Essas rotinas se encaixam em três categorias diferentes com base em seu propósito:

- Planeje — rotinas utilizadas para planejar o ensino a alunos diversos;
- Ensine — rotinas de aprendizagem individual e em grupo utilizadas durante as aulas com os estudantes;
- Ajuste — hábitos dos professores durante as aulas diárias para promover e praticar o pensamento ágil requerido para adequar melhor o ensino às necessidades dos estudantes.

Cada capítulo inclui rotinas de ensino "Planeje, ensine e ajuste" para apoiar a implementação dessas ideias. Além disso, usamos as rotinas Situação inicial e Reflexões visando a apoiar sua leitura de cada capítulo — uma estratégia que você também pode utilizar com os alunos para dar suporte a seu aprendizado.

A abordagem ALL-ED de diferenciação pedagógica está profundamente embasada na literatura científica sobre motivação e cognição. Um dos objetivos deste livro é apresentar a você as mais recentes pesquisas em educação e psicologia, incorporando essas discussões acadêmicas em nossas descrições da estrutura ALL-ED, para demonstrar como as rotinas se alinham a recomendações específicas dos pesquisadores. A Tabela I.2 mostra as conexões entre os objetivos dos capítulos que descrevem as etapas da ALL-ED e sua base em pesquisas. As rotinas de sala de aula foram desenvolvidas trabalhando extensivamente com professores e alunos visando a resolver dilemas comuns resultantes da heterogeneidade entre os alunos que desafiam a aprendizagem efetiva na sala de aula. A ALL-ED é baseada em dados empíricos e teóricos e apresenta uma abordagem realista. É nossa expectativa que você considere este livro ao mesmo tempo prático e acadêmico.

TABELA I.2 Objetivos dos capítulos, bases em pesquisas e três propósitos para as rotinas de sala de aula

Objetivos dos capítulos	Bases em pesquisas
1. Por que as rotinas de sala de aula promovem a aprendizagem?	Motivação e ciência cognitiva
2. Por que precisamos ajustar ou diferenciar o ensino?	Diversidade de estudantes e expectativas dos professores
3. Quais são as partes ajustáveis de cada aula?	Aprendizagem autorregulada
4. Quando diferenciamos ou ajustamos o ensino?	Engajamento, avaliação formativa e tomada de decisão
5. O que os ajustes no ensino podem alcançar?	Comportamento do professor e clareza, acesso, rigor e relevância das atividades de aprendizagem
6 e 7. Como os professores ajustam o ensino para atender às necessidades de todos os estudantes?	Autonomia, escolha e busca de ajuda
8. Como é, na prática, a estrutura de quatro etapas de tomada de decisão do professor?	Resolução de problemas
9. Como podemos avaliar o impacto dos ajustes de ensino sobre o aprendizado dos alunos?	Impacto preliminar da ALL-ED no processo de ensino e aprendizagem

Rotinas de sala de aula para uma aprendizagem precisa, eficaz e eficiente para todos

"Planeje, ensine, ajuste"

ORGANIZAÇÃO DESTE LIVRO

Você pode ler este livro do começo ao fim ou na ordem que lhe parecer mais útil. Ao longo do ano letivo, pode ser proveitoso ler capítulos com uma equipe de professores ou colegas, discutindo suas respostas às perguntas de cada capítulo, experimentando as rotinas com os alunos e oferecendo *feedback* uns aos outros. O primeiro capítulo explica como desenvolvemos e baseamos nossa estrutura em pesquisas. Isso é importante porque raramente vemos livros práticos escritos para professores que também explicam por que as práticas levam a uma melhor aprendizagem. O segundo capítulo convida você a refletir sobre as próprias percepções, o que também é fundamental, pois você só pode reagir às coisas que percebe enquanto ensina. Os capítulos seguintes explicam em detalhes, com exemplos práticos, nossa estrutura de tomada de decisão em quatro etapas. Pode ser mais útil conhecer todas as etapas e depois trabalhar para incluir uma de cada vez em sua prática cotidiana. Dessa forma, as rotinas de cada capítulo apoiarão você a fazer pequenas — mas impactantes — mudanças em suas práticas pedagógicas diárias. Um índice das rotinas de sala de aula e recursos adicionais para apoiar a implementação das rotinas podem ser encontrados *on-line* em **loja.grupoa.com.br**: basta acessar a página do livro por meio do campo de busca e clicar em Material Complementar.

Independentemente de como você utilizar este livro, recomendamos a implementação de uma rotina de sala de aula por vez. Dê a si mesmo tempo para praticar, percebendo as diferenças entre os alunos, pensando e fazendo ajustes no ensino e usando uma rotina em uma parte da aula antes de passar para a próxima. Por exemplo, a implementação da rotina "Descoberta dominó" para reunir as respostas dos estudantes é um ótimo começo (ver Caps. 1 e 2). Você pode passar uma semana ou um mês implementando apenas essa rotina de sala de aula. Isso também lhe permitirá distribuir o seu aprendizado ao longo do tempo e retornar para refletir sobre ideias-chave. Essa abordagem é prática e segue a orientação dos cientistas cognitivos para uma aprendizagem efetiva.

Ao experimentar as rotinas em sala de aula com os alunos, você será capaz de engajar, valorizar, estimular e inspirar cada membro da turma em cada aula. As rotinas são usadas para ensinar o currículo estabelecido considerando as limitações de tempo. A estrutura das rotinas o ajudará a construir uma cultura diária de sala de aula que valoriza o pensamento e fomenta a aprendizagem autorregulada como um hábito. Este livro é destinado ao ensino em salas de aula de educação regular, às vezes chamadas de Nível 1 em um modelo de resposta à intervenção*. As rotinas tornam possível o engajamento de cada aluno em cada aula todos os dias, dentro das restrições de tempo, currículo e da ampla diversidade acadêmica entre os estudantes. Queremos assegurar que os "Oscars" em sua turma nunca saiam confusos da sala de aula.

Ao considerar a organização desta obra, buscamos praticar o que pregamos, elaborando a estrutura de cada capítulo com os princípios da ciência cognitiva em mente. Siga para a seção "Antes de começar — como aproveitar ao máximo a leitura deste livro" para ver um exemplo de um diário de aprendizagem e descobrir como você pode aprender mais efetivamente enquanto lê este livro.

---

* N. de R.T. O modelo de resposta à intervenção (RTI) é uma abordagem estruturada para ajudar a identificar e apoiar alunos com dificuldades. Ele se concentra em fornecer ensino e intervenções de alta qualidade, normalmente em três níveis diferentes. Todos os alunos devem receber ensino de alta qualidade na sala de aula regular dentro do Nível 1, e espera-se que aproximadamente 80% dos alunos atinjam as metas desejadas de aprendizagem no Nível 1. Os alunos identificados como tendo dificuldades nesse estágio inicial recebem intervenções direcionadas que aumentam de intensidade no Nível 2 e no Nível 3. Normalmente, cerca de 15% recebem intervenções complementares em pequenos grupos no Nível 2, ao passo que os 5% restantes recebem apoio mais intensivo e intervenções individualizadas no Nível 3 (RTI..., 2018).

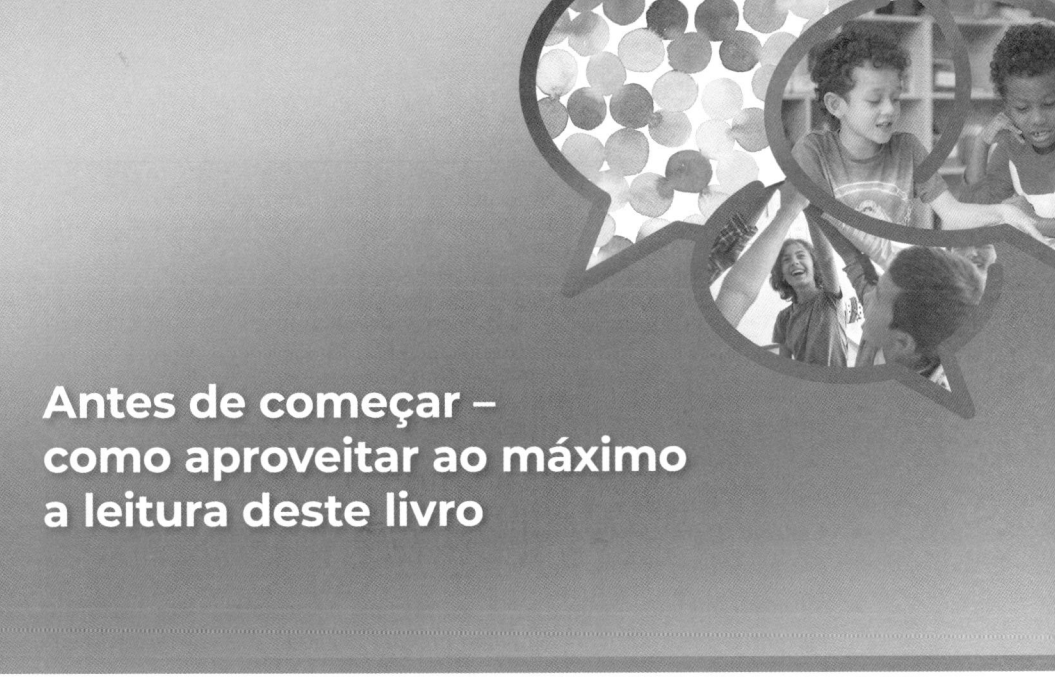

Antes de começar – como aproveitar ao máximo a leitura deste livro

Antes de iniciar, olhe os títulos de cada capítulo. Os capítulos são projetados para modelar a estrutura que apoia tanto a aprendizagem quanto os ajustes no ensino. Cada capítulo começa com o Objetivo, declarado como uma pergunta, a que você pode responder para orientar e testar sua compreensão do capítulo. Os Critérios são detalhes do capítulo que você deve ser capaz de explicar e descrever em sua resposta à pergunta do capítulo. O Objetivo e os Critérios o ajudarão a avaliar sua compreensão à medida que você lê. Depois do Objetivo e dos Critérios, você verá uma Situação inicial, que corresponde a uma pequena rotina projetada para ativar seu conhecimento prévio e para registrar suas primeiras reflexões acerca do tema do capítulo. O Objetivo, a Situação inicial e os Critérios (o OSC do OSCAR) permitem medir o impacto desta leitura sobre seu entendimento acerca da diferenciação pedagógica.

Ao longo de cada capítulo, tomamos Ações (o A em OSCAR) para responder à pergunta do capítulo, considerando uma história de sala de aula, pesquisas relevantes relacionadas ao tema da história e as rotinas de sala de aula associadas à etapa de nossa estrutura de pensamento. Encerramos os capítulos com Reflexões (o R em OSCAR), convidando você a manter um diário de aprendizagem para registrar e medir como a leitura do livro pôde tanto confirmar quanto mudar seu pensamento e suas práticas de ensino. Nós o encorajamos a retornar à Situação inicial para refletir sobre as ideias que você estiver extraindo de cada capitulo e para tornar a leitura mais significativa. Acreditamos que esses elementos — Objetivo, Situação inicial, Critérios, Ações e Reflexões (OSCAR) — são essenciais tanto para a diferenciação pedagógica quanto para a aprendizagem efetiva, e por isso os modelamos em todos os capítulos. Há cinco seções em cada capítulo, descritas a seguir.

1. **Visão geral:** introduz o tópico e ativa seu conhecimento prévio a respeito dele. Os Objetivos, os Critérios e a Situação inicial ajudarão você a estabelecer um objetivo para sua leitura e a monitorar sua aprendizagem com o capítulo.
   - **Objetivo:** estabelece um foco para sua aprendizagem a partir da leitura do capítulo e pede a você que pense acerca do Objetivo a partir de suas experiências.
   - **Critérios:** fornecem um meio para você avaliar a qualidade de sua compreensão sobre as informações fornecidas pelo capítulo.
   - **Situação inicial:** convida você a realizar uma pequena atividade planejada visando a ativar seu conhecimento prévio e fornecer um registro dos seus pensamentos iniciais, de modo que possa refletir melhor, após ler o texto, sobre como seu pensamento foi confirmado ou desafiado. As Situações iniciais também ajudam você a evitar as "ilusões do conhecimento" (ver Cap. 1) — que podem tornar a aprendizagem mais difícil —, bem como possibilitam que você reveja as informações dos capítulos anteriores e se lembre melhor do que leu. Implementamos essas rotinas com alunos da educação infantil até o final do ensino médio. As rotinas da Situação inicial podem ser modificadas para abordar um tópico que você está ensinando e usadas com seus estudantes. Guarde suas respostas das Situações iniciais! Nós lhe pediremos que retorne a elas à medida que avança na leitura do livro. Você pode registrar suas Situações iniciais no diário de aprendizagem para que as reflexões sejam encontradas facilmente.
2. **Na sala de aula:** apresenta uma curta história, baseada em nossas experiências profissionais em escolas, que reflete um contexto realista para a etapa da estrutura ALL-ED apresentada no capítulo.
3. **Baseado em pesquisas:** resume e aplica o que sabemos sobre como as pessoas aprendem a fim de ampliar nossa compreensão a respeito da estrutura ALL-ED. Os pontos centrais das pesquisas também estabelecem critérios para a aprendizagem efetiva que pretendemos aplicar nas nossas rotinas de sala de aula.
4. **Experimente as rotinas de sala de aula:** fornece três rotinas de sala de aula para implementar a etapa da estrutura ALL-ED descrita em cada capítulo. As rotinas têm propósitos diferentes: planeje, ensine e ajuste o ensino. As rotinas de planejamento servem para ajudá-lo a antecipar as diferenças entre estudantes que afetam a aprendizagem, ganhando tempo para tomar decisões durante as aulas. Nas aulas, rotinas de aprendizagem individuais e em grupo proporcionam aos professores tempo para ouvir e observar enquanto os estudantes

estão aprendendo. "Ajuste o ensino" consiste em hábitos que você pode adotar em planos de aula diários a fim de tomar decisões em segundos para responder às diferenças observadas entre os estudantes, levando a uma aprendizagem mais eficaz.

- **Listas de verificação para implementar rotinas em seu ensino:** ampliam seus esforços de experimentação das rotinas de sala de aula com os estudantes. São constituídas por critérios *esperados* e *de excelência*, permitindo que você monitore sua implementação das rotinas. Os Critérios o ajudam a ir além de apenas experimentar uma rotina, para garantir que os alunos aprendam efetivamente e que você possa usar a rotina para ajustar o ensino.

5. **Reflexão sobre o capítulo:** apresenta um resumo do capítulo e solicita a você que registre seu aprendizado no diário de aprendizagem. Ao final de cada capítulo, nós o convidamos a retornar ao exercício de Situação inicial para refletir sobre o que aprendeu.

Estamos utilizando essa estrutura deliberadamente, pois acreditamos que os planos de aula precisam dessas partes para que você ajuste o ensino visando a atender às necessidades dos estudantes e apoiá-los na construção de uma aprendizagem significativa.

COMECE UM DIÁRIO DE APRENDIZAGEM

Para registrar seu pensamento, você precisará de um diário de aprendizagem. Pode ser um caderno, pedaços de papel, notas adesivas colocadas em cada capítulo ou um arquivo digital. Você pode desenhar (ver Figs. A.1 e A.2), fazer listas ou escrever apontamentos, ou, ainda, coletar fotos em seu celular para documentar o aprendizado enquanto lê este livro. O Quadro 1.1 fornece um exemplo de um diário de aprendizagem com as solicitações sugeridas de cada capítulo. O benefício de manter um diário é poder acompanhar como seu pensamento se desenvolve à medida que você lê e experimenta a estrutura de tomada de decisão e as rotinas ALL-ED. Conforme você aprenderá nos Capítulos 1 e 3, a reflexão é uma parte essencial da aprendizagem e da diferenciação pedagógica; por isso, encorajamos você a testar a rotina do diário de aprendizagem consigo mesmo antes de implementá-la com os alunos.

QUADRO A.1 EXEMPLO DE DIÁRIO DE APRENDIZAGEM DO PROFESSOR A PARTIR DA LEITURA DO CAPÍTULO 1

ORIENTAÇÕES DA ROTINA DE SALA DE AULA ALL-ED: DIÁRIO DE APRENDIZAGEM

Pesquisas consistentemente demonstram que os alunos autorregulados — estudantes que refletem sobre seu pensamento; estabelecem metas e planos adequados para sua aprendizagem; monitoram o progresso em direção a essas metas; e ajustam ou regulam seus pensamentos, sua motivação e seus hábitos de estudo — são mais propensos a atingir os objetivos de sucesso acadêmico do que aqueles que não o fazem (PINTRICH; ZUSHO, 2002; ZIMMERMAN, 1990). A pesquisa em aprendizagem autorregulada pressupõe, em grande parte, que as habilidades de autorregulação são aprendidas e podem ser modificadas e melhoradas, o que as torna um alvo ideal para intervenção em qualquer faixa etária. Uma maneira de promover e estimular as habilidades de autorregulação é por meio da manutenção de um diário de aprendizagem.

Pontos fortes dessa rotina:

- desenvolve habilidades de autorregulação da aprendizagem;
- fornece um registro de pensamento que pode ser usado para reflexão e estabelecimento de metas;
- encoraja a reflexão sobre os tipos de experiências que impactam a aprendizagem;
- apoia a aprendizagem mediante a observação de evidências de aprendizagem nos trabalhos dos estudantes;
- oferece um meio para que os professores aprendam com os alunos;
- comunica à família, aos colegas, aos professores e aos próprios alunos seus interesses, seu progresso e sua compreensão sobre o propósito das atividades de aprendizagem.

ORIENTAÇÕES DE IMPLEMENTAÇÃO

Objetivo: refletir sobre o aprendizado e planejar os passos seguintes.

Situação inicial: trabalhar a partir de uma ou mais aulas anteriores.

Critérios:

- *Esperados:* examina cuidadosamente o trabalho, explica o raciocínio ou por que algo foi interessante e útil para você como aluno.
- *De excelência:* faz conexões com experiências de aprendizagem anteriores.

Ações
O professor identifica nas orientações:

- **Regras**: observe as reflexões e anotações anteriores antes de acrescentar uma nova anotação no diário.
- **Tempo**: 15 minutos para cada anotação.

Reflexões

- Após quatro ou cinco anotações, releia as observações do diário desde o início. Observe a presença de padrões em seu aprendizado, incluindo o que as anotações podem ensiná-lo como estudante e sobre os próximos passos para continuar aprendendo.

Amostra de diário de aprendizagem do professor para engajar todos os alunos: Capítulo 1

Capítulo 1

Objetivo: por que as rotinas de sala de aula promovem motivação e aprendizagem eficaz?

Critérios — Em minhas anotações, pretendo:

1. identificar os componentes da motivação e como ela está relacionada ao contexto;
2. explicar como aprendemos usando as pesquisas em ciências cognitivas;
3. experimentar uma rotina de sala de aula que promova a elaboração para aumentar a memória;
4. ajustar o ensino, definindo quatro modelos de tarefas e usando mais de um modelo durante as atividades de aprendizagem.

Figura A.1 Situação inicial: melhores e piores momentos da motivação.

Minhas anotações — listar, escrever, desenhar uma história para responder a estas perguntas:

1. O que foi mais interessante e útil para você neste capítulo?
2. Por que isso foi interessante e útil?

3. Como isso se conecta ao que você conhece sobre atender às necessidades de aprendizagem de todos os alunos?
4. Que pesquisa deste capítulo você poderia usar para explicar ou apoiar decisões de ajuste do ensino?

Figura A.2 Forças motivadoras: fatores motivacionais da aprendizagem dos estudantes.

COMECE

Com o diário de aprendizagem em mãos, você está pronto para começar a entender os dilemas da sala de aula, analisando as pesquisas teóricas e implementando rotinas de sala de aula para assegurar que todos os alunos estejam aprendendo todos os dias.

1

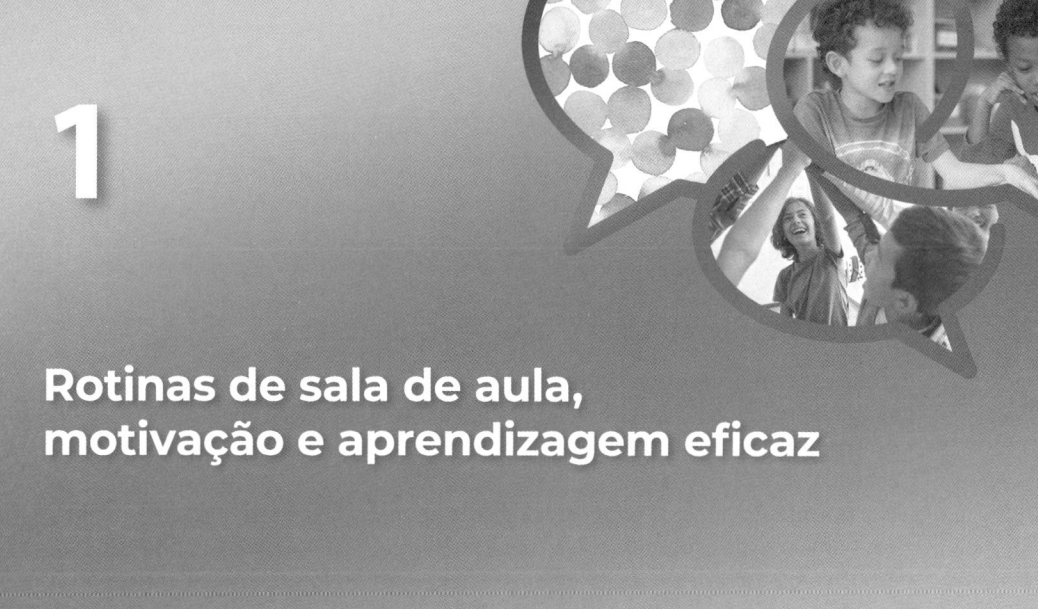

Rotinas de sala de aula, motivação e aprendizagem eficaz

APRESENTAÇÃO

Objetivo

Por que as rotinas de sala de aula promovem aprendizagem?
    Pense: <u>sublinhe</u> a palavra mais **familiar** deste objetivo.

Critérios

Utilize os critérios a seguir para melhorar a qualidade de sua resposta à pergunta do capítulo. Procure expandir sua resposta ao ler o capítulo para acrescentar esses detalhes.

- Identificar o significado de:
    - PACS;
    - motivação;
    - MERMÃ;
    - aprendizagem eficaz sob a perspectiva da ciência cognitiva.
- Explicar as conexões entre as pesquisas e a estrutura ALL-ED.
- Experimentar as rotinas de sala de aula:
    - Planeje — escolher perguntas e registre as respostas dos alunos.

- Ensine — "Listar, escrever, desenhar", "Burburinho" ou "Fato, pergunta, resposta".
- Ajuste o ensino — reagir às respostas dos alunos.

Situação inicial: Listar, escrever, desenhar

Comece sua reflexão sobre motivação pensando a respeito dos momentos em que se sentiu motivado e registre as ideias usando a rotina de sala de aula "Listar, escrever, desenhar". Faça uma lista, desenhe um esboço e/ou escreva alguns tópicos ou frases acerca de uma história que capte seu pensamento sobre o "melhor momento" em que se sentiu totalmente motivado. Recorde-se agora de um dos "piores momentos" em que mal conseguia se esforçar para fazer algo. Elabore uma lista, desenhe um esboço e/ou escreva a respeito de um desses piores momentos em que estava totalmente sem motivação. A partir de suas listas de melhores e piores momentos, você pode começar a fazer algumas observações iniciais sobre o que o motiva a agir? Guarde esses registros para consultar à medida que aprende mais sobre motivação, cognição e aprendizagem duradoura neste capítulo e na seção "Baseado em pesquisas" ao longo deste livro (veja no "Antes de Começar", em "Diário de aprendizagem", alguns exemplos a partir dessa rotina).

NA SALA DE AULA: O INÍCIO DA ALL-ED

Quando Rhonda Bondie atuava em sala de aula, estava motivada em alcançar todas as crianças da sua turma, assim como a maioria dos professores. Ela sabia que os alunos tinham experiências, compreensões, interesses, pontos fortes e necessidades distintas. Porém, quando começou a partir desses pontos fortes para eliminar lacunas de desempenho, descobriu que o planejamento demorava um tempo inacreditável. O extenso planejamento normalmente levava a uma maior participação dos estudantes, mas nem sempre resultava em um melhor aprendizado, sendo difícil identificar o que tornaria a aprendizagem mais eficaz. Ela tentou se lembrar de pesquisas e teorias que aprendeu durante sua formação docente, mas não sabia como integrar essas ideias à prática diária em sala de aula. Por vezes, passava os fins de semana criando materiais adequados, apenas para encontrar estudantes ainda desmotivados. Como consequência, Rhonda se encontrava rotineiramente com estudantes durante o almoço e depois das aulas para fornecer ajuda adicional. Sentia que os alunos do outro extremo, que precisavam de um trabalho mais desafiador, continuavam entediados ou não desafiados. Ela se perguntava se seria possível diferenciar o ensino diariamente, de forma a levar uma aprendizagem eficaz a todos os estudantes.

Após muitos anos assistindo a *workshops* e fazendo experiências em sala de aula, Rhonda descobriu que a diferenciação pedagógica diária era prática e eficaz quando se utilizavam rotinas para promover a aprendizagem dos estudantes. A autonomia e a participação deles aumentavam à medida que dependiam menos da ação e orientação direta dos professores. Melhor ainda, ela ficava menos cansada ao final do dia, porque as rotinas de sala de aula poupavam tempo no planejamento, na orientação das atividades e no controle do comportamento da turma durante as aulas. Rhonda foi capaz de ensinar quase duas unidades adicionais durante o ano, pois passou menos tempo revisando e ensinando novamente. Com a diferenciação do ensino rotineira, ela deixava a escola com tanta energia que, pela primeira vez desde que começou a atuar como professora, pôde entrar para uma academia!

Quando Rhonda começou a trabalhar com Akane Zusho, uma pesquisadora dos temas de motivação e cognição, ambas sintetizaram a investigação sobre a aprendizagem eficaz e aperfeiçoaram suas rotinas utilizando a vasta literatura em psicologia e educação. Essa colaboração resultou no desenvolvimento da estrutura *All Learners Learning Every Day* (ALL-ED), que se deu mediante o trabalho com professores de todo o mundo na implementação das rotinas com seus alunos. O modelo ALL-ED combina anos de experiência prática em sala de aula com as mais recentes investigações sobre aprendizagem e cognição.

BASEADO EM PESQUISAS: BASES TEÓRICAS DA ESTRUTURA ALL-ED

A fim de compreender como o modelo de tomada de decisão e as rotinas de sala de aula são capazes de promover a aprendizagem, resumimos suas bases teóricas e empíricas na Figura 1.1. Concentre a atenção na parte que mostra os resultados de aprendizagem dos alunos no lado direito. Você verá resultados importantes que foram associados à maior preparação para a faculdade e a carreira. Acreditamos que *todos* os alunos devem: (a) desenvolver uma compreensão profunda, duradoura e flexível do conteúdo do curso; (b) sentir-se capacitados para assumir riscos acadêmicos; (c) fazer um esforço e persistir diante dos desafios acadêmicos (o que a psicóloga social Angela Duckworth chamaria de "garra"); e, é claro, (d) experimentar o sucesso acadêmico.

A parte central da Figura 1.1 representa a base de investigação sobre aprendizagem, que demonstra que fatores tanto motivacionais quanto cognitivos são fortemente preditivos dos resultados esperados dos estudantes. Estudos acerca da motivação para o desempenho sugerem que os alunos são mais propensos a fazer esforços, persistir, assumir riscos acadêmicos e ser bem-sucedidos quando se sentem autônomos, competentes, com um sentimento de pertencimento diante dos

ALL_ED
ALL LEARNERS LEARNING EVERY DAY

Bases teóricas

ALL-ED

- Percepções iniciais

Passo 1. OSCAR (Objetivo, Situação inicial, Critérios, Ações e Reflexões)

Passo 2. Rotinas de sala de aula para observar e ouvir

Passo 3. Verificar CARR (clareza, acesso, rigor e relevância)

Passo 4. EAO (estruturas, camadas de ajuda e opções na escala de escolhas)

- **Pensamento ágil** — decisões em/se/então

Motivação
- Pertencimento
- Autonomia
- Competência
- Significado

Cognição
- Memória de trabalho
- Elaboração
- Recuperação de informações
- Metacognição
- Aprendizagem autorregulada

Resultados dos alunos
- Compreensão
- Assumir riscos acadêmicos
- Esforço
- Persistência
- Desempenho

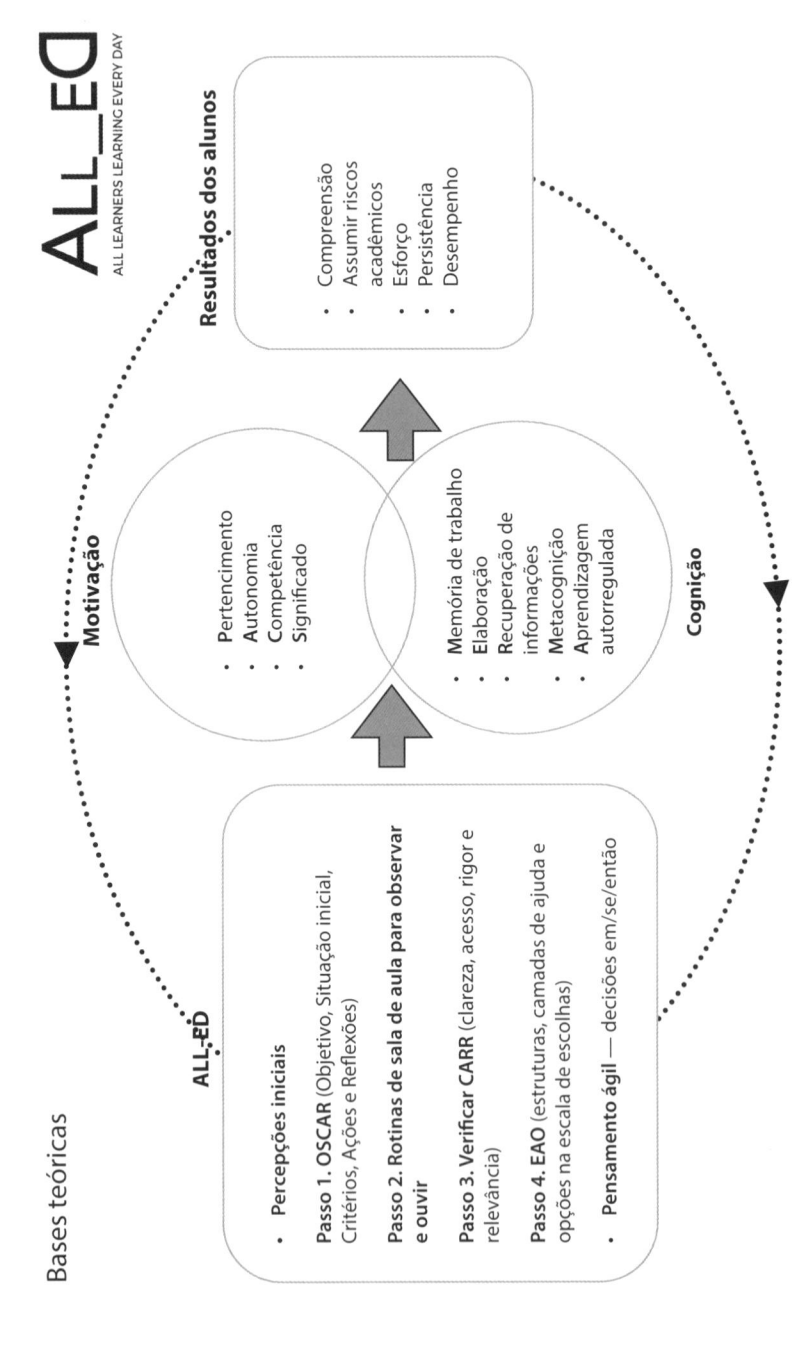

Figura 1.1 Componentes da estrutura ALL-ED, bases em pesquisas e resultados esperados dos alunos.

outros e quando percebem que o que estão aprendendo é pessoalmente significativo (TURNER, 2014). Chamamos isso de "PACS da motivação".

A pesquisa cognitiva, por sua vez, sugere que, para que uma compreensão profunda e duradoura seja desenvolvida, os alunos devem superar os limites da memória de trabalho adotando estratégias de processamento mais profundo, em que o cérebro elabora e recupera as informações a fim de interromper o processo de esquecimento e consolidar o aprendizado, superando as ilusões do conhecimento (ou ilusões do saber) (BROWN; ROEDINGER; MCDANIEL, 2014). Pesquisas também demonstram que os alunos autorregulados — que têm consciência metacognitiva sobre como pensam; que estabelecem objetivos adequados e planejam a aprendizagem; que monitoram o progresso na direção dos objetivos; que ajustam ou regulam seu pensamento, sua motivação e seus hábitos de estudo — apresentam maior probabilidade de obter sucesso acadêmico do que aqueles que não o são (PINTRICH; ZUSHO, 2007; ZIMMERMAN, 1990). A ALL-ED potencializa o que conhecemos como memória de trabalho, elaboração, recuperação de informações e metacognição, bem como a aprendizagem autorregulada (lembramo-nos dessas etapas da cognição com o acrônimo MERMÃ), criando experiências de aprendizagem eficazes e eficientes enquanto atende às diversas necessidades dos alunos.

A parte esquerda da Figura 1.1 ilustra como o modelo de tomada de decisão dos professores em quatro passos se baseia na motivação e nas ciências cognitivas que levam aos resultados dos estudantes. Ainda não vamos discutir exatamente como as etapas específicas da ALL-ED estão ligadas a essa literatura — você encontrará informação a esse respeito nos Capítulos 3 a 8. Primeiro, a seção a seguir se aprofunda nas pesquisas sobre motivação e ciências cognitivas e explica por que as rotinas promovem engajamento e aprendizagem duradoura.

PACS da motivação

Retorne à Situação inicial deste capítulo e pense sobre as seguintes perguntas: "O que motiva a sua ação?"; "O que faz você investir tempo e energia em uma tarefa, e não em outra?". Esses são os tipos de questões colocadas pelos pesquisadores motivacionais. Eles geralmente definem motivação como algo que influencia ou explica por que uma pessoa inicia uma tarefa, se uma pessoa é atraída por uma tarefa ou a evita, quanto esforço despenderá em uma tarefa e se continuará a trabalhar nela ou não caso a tenha iniciado (MAEHR; ZUSHO, 2009).

Quando se trata de compreender os efeitos no desempenho, os fatores motivacionais apresentam aquilo que pesquisadores como John Hattie (2009) chamam de "tamanho do efeito" médio. Isso significa que as intervenções na motivação podem melhorar o desempenho em aproximadamente metade de um desvio-padrão

(LAZOWSKI; HULLEMAN, 2016). Foi demonstrado que os fatores motivacionais aumentam o desempenho de maneira evidente no mundo real, e os efeitos vão além do que um professor pode alcançar em um único ano acadêmico.

Os pesquisadores desse tema identificaram os elementos da motivação intrínseca como pertencimento, autonomia, competência e significado (PACS)*. Retorne à sua Situação inicial e identifique como sua descrição de estar motivado está relacionada ao PACS. Ao ler a seção seguinte para aprender mais sobre ele, observe de que maneira suas ideias sobre motivação são confirmadas, alteradas e talvez desafiadas.

Autonomia (independência percebida)

Pesquisas sobre motivação sugerem que a autonomia é um elemento importante (RYAN; DECI, 2017). Ryan e Deci (2017), que desenvolveram a teoria da autodeterminação, uma importante teoria sobre motivação, definem autonomia como o grau em que os indivíduos percebem que podem aceitar, endossar e regular os próprios objetivos ou comportamentos. Quando as pessoas podem decidir sobre seu destino moldando o ambiente às suas necessidades e objetivos específicos, elas desenvolvem a autoeficácia e a competência, que são diretamente ligadas aos resultados de desempenho.

Pertencimento

A teoria da autodeterminação também sugere que os seres humanos apresentam um desejo inato de criar e manter relacionamentos próximos e seguros com outros indivíduos (RYAN; DECI, 2017). Os estudantes se sentem mais motivados quando têm um sentimento de conexão e pertencimento com outras pessoas, sejam elas amigos, professores ou responsáveis. As pesquisas sobre motivação apontam que esses sentimentos são centrais para a criação de um ambiente que facilite a motivação (KAPLAN; SINAI; FLUM, 2014; MAEHR; ZUSHO, 2009) e podem ser aumentados quando os alunos sentem que seus professores se importam com eles e os respeitam (WENTZEL, 2010) e quando são encorajados a trabalhar colaborativamente em grupos (ROSETH; JOHNSON; JOHNSON, 2008).

---

* N. de R.T. Em inglês, os elementos formam a sigla ABC+M (*autonomy, belonging, competence, and meaning*). Para que a sigla em português ficasse pronunciável, começamos com o pertencimento. Na explicação de cada elemento, no entanto, mantivemos a ordem original dos fatores.

Competência

Um pressuposto central da pesquisa sobre motivação é que os indivíduos são motivados para a competência. Os estudantes tendem a se engajar em tarefas quando se sentem confiantes em relação às suas capacidades de realizá-las e quando as pessoas nutrem um sentimento de autoeficácia (BANDURA, 1997). Pesquisas sobre motivação consideram a autoeficácia como um dos preditores mais fortes do desempenho acadêmico (LINNENBRINK-GARCIA; PATALL, 2016). Outros trabalhos também demonstram que, quando os estudantes endossam a meta de desenvolver uma competência (referido na literatura como ter o objetivo de dominar um conhecimento), não apenas são propensos a adotar uma mentalidade de crescimento (a compreensão de que as capacidades e a inteligência podem ser desenvolvidas) (DWECK, 2006), mas também é mais provável que busquem desafios acadêmicos e assumam riscos (MAEHR; ZUSHO, 2009).

Significado

As teorias da motivação também reconhecem que as percepções de competência nem sempre são suficientes para estimular a ação — os estudantes também devem querer completar a tarefa. Em grande parte, tais teorias assumem que eles são mais propensos a iniciar tarefas acadêmicas e se envolver nelas quando encontram um significado pessoal. Pesquisas sugerem que a qualidade do comportamento motivado é maior quando os alunos consideram a tarefa e/ou o tema importante, interessante e útil (WIGFIELD; ECCLES, 2000). Tais valores são mais preditivos dos resultados, como a escolha e a subsequente matrícula em um curso. Na Figura 1.2, resumimos 10 fatos sobre motivação que são lembretes úteis das razões pelas quais os estudantes se sentem motivados.

Nós acreditamos que, quando o ensino é ajustado para atender às necessidades dos alunos dentro da turma e prioriza a construção de compreensões profundas, duráveis e flexíveis, todos eles vivenciarão o PACS todos os dias em nossas aulas. A Tabela 1.1 apresenta um resumo de como os elementos de motivação se relacio-

TABELA 1.1 Componentes do PACS da motivação

Todos os alunos sentem			
Autonomia	Pertencimento	Competência	Significado
São capacitados a tomar posse da sua aprendizagem.	São membros valorizados de uma comunidade na qual todos aprendem.	São capazes de se dedicar a um aprendizado rigoroso.	O aprendizado é interessante e importante.

10 FATOS SOBRE A MOTIVAÇÃO

1. A motivação é mutável — não é um traço da personalidade. A alteração da tarefa ou do ambiente geral de aprendizagem pode modificá-la.
2. Quando alguém é colocado em um ambiente no qual se sente autônomo (ou no controle), competente e ao qual pertence, é mais provável que se sinta intrinsecamente motivado.
3. A competência está no cerne da motivação. Quando alguém se sente capaz de fazer um trabalho, é mais provável que o realize.
4. Os estudantes têm mais probabilidades de estar intrinsecamente motivados quando estão conscientes do que sabem e do que não sabem. Existe uma relação simbiótica entre a motivação e a aprendizagem autorregulada.
5. Porém... às vezes não é suficiente sentir que se pode fazer o trabalho. Você deve também valorizá-lo de alguma forma — talvez seja algo que lhe interesse ou que lhe seja útil para objetivos futuros (p. ex.: emprego, faculdade).
6. Quando os estudantes percebem que a tarefa é relevante para as suas vidas, são mais propensos a valorizá-la.
7. A qualidade do comportamento é geralmente muito melhor quando um indivíduo se sente intrinsecamente motivado, em oposição à motivação extrínseca. É mais provável que você se esforce mais, persista por mais tempo e aprenda mais quando a fonte da motivação é você mesmo, e não os outros.
8. Embora outras pessoas possam ser poderosas motivadoras, geralmente é melhor diminuir a comparação social se quisermos que *todos* os estudantes se sintam motivados. Essa comparação normalmente funciona para estudantes mais fortes, ao passo que, para os mais fracos, é geralmente um dissuasor. Não defina os outros como o padrão; defina a tarefa como o padrão (p. ex.: não atribua notas de forma comparativa, partindo do desempenho médio da turma).
9. Recompensas podem ser complicadas. As recompensas extrínsecas simples geralmente não promovem motivação duradoura. Se desejarmos manter a motivação, será muito mais importante encontrar formas de fazer com que os estudantes valorizem a tarefa e se sintam mais competentes sobre aquilo em que estão trabalhando. O uso de recompensas poderá ter efeito contrário se elas não forem justas (para que todos sintam que todos têm a oportunidade de recebê-las), se não fizerem com que os alunos se sintam competentes sobre o que estão fazendo e se fizerem com que não se sintam no controle. Recomendamos a criação de critérios de qualidade específicos para ajudar essas pessoas a encontrarem valor e aumentarem os sentimentos de competência a partir das tarefas atribuídas.
10. Dada essa investigação, as rotinas de sala de aula ALL-ED são centrais para fomentar a motivação.

Figura 1.2 As 10 maiores considerações sobre motivação na ALL-ED.

nam aos nossos objetivos para todos os estudantes em uma comunidade na qual todos aprendem.

Aprendizagem duradoura e MERMÃ

Além de esperar que os alunos se sintam motivados ao longo das nossas aulas, também nos esforçamos para que todos desenvolvam um aprendizado que seja flexível e duradouro. Quando o aprendizado é flexível, eles o reveem, o expandem e até o desaprendem para aprofundá-lo. Os estudantes esperam que seu aprendizado cresça e mude, mas, quando este é duradouro, ele se fixa e não é facilmente esquecido. Para compreender a aprendizagem duradoura, é necessário compreender como funciona a memória. Mais de meio século de investigação das ciências cognitivas estabeleceu que a aprendizagem depende, em grande parte, da interação entre dois sistemas de memória específicos — a memória de trabalho e a memória de longo prazo. Segundo Alan Baddeley, o pesquisador que cunhou o termo, memória de trabalho é o "[...] sistema de memória que nos permite 'ter as coisas em mente' quando executamos tarefas complexas" (BADDELEY; EYSENCK; ANDERSON, 2014, p. 13)[1]. A memória de longo prazo é o sistema de memória que detém todo o nosso conhecimento. Sob uma perspectiva puramente cognitiva, a aprendizagem pode ser definida como um processo de codificação (entrada) e recuperação (saída) de informação dentro e fora da memória de longo prazo (BADDELEY; EYSENCK; ANDERSON, 2014). O aprendizado duradouro, por sua vez, é um aprendizado que se consolida na memória de longo prazo.

Memória de trabalho. A memória de trabalho é importante porque desempenha um papel central no processo de codificação. Também está envolvida, senão em todas, na maioria das tarefas acadêmicas (PICKERING, 2006). Pelo menos até os estudantes terem automatizado o processo, a leitura, por exemplo, depende fortemente da memória de trabalho. Para ler, os leitores principiantes têm de manipular várias coisas nessa memória: primeiramente, reconhecem as letras, ligam-nas a seus sons, juntam os sons para formar uma palavra, juntam várias palavras para formar uma frase, lembram o significado de cada palavra e da frase como um todo e, depois, ligam o significado das frases. A leitura é, de fato, um processo muito complicado.

Teste sua memória de trabalho usando o quebra-cabeças mostrado na Figura 1.3 (para obter o máximo desse teste, não olhe a resposta mais à frente no capítulo). A tarefa é algo com que muitos professores do ensino básico estão familiarizados — um teste de ortografia, mas com um toque diferente. Estude os símbolos associados às letras durante 2 minutos — será pedido a você que complete um teste usando os símbolos em apenas alguns minutos. Você está pronto? Comece!

```
⌐ A      ⌐ F
⌊ B      ⌐ G
⌊ C      ⌈ H
⌐ D      ⌈ I
⌊ E
```

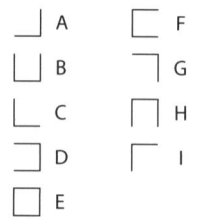

Figura 1.3 Símbolos para o teste de ortografia.

Acabaram os 2 minutos. Que estratégias você utilizou para se lembrar dos símbolos? Há, claro, muitas maneiras de memorizar as coisas — a mais comum é aquilo que os cientistas cognitivos chamam "estratégia de ensaio", na qual elas são essencialmente repetidas várias vezes. Você pode ter atribuído significado a cada símbolo, empregando uma estratégia conhecida como "elaboração". Ou, ainda, pode ter utilizado estratégias adicionais para ajudar a manter os símbolos na memória de trabalho.

Décadas de pesquisa sobre aprendizagem e memória estabeleceram que o modo como codificamos informações na memória de trabalho importa (BROWN; ROEDINGER; MCDANIEL, 2014). Por exemplo, apesar de sua popularidade entre estudantes e professores, pesquisas mostram que repetir informações incontáveis vezes até serem percebidas como "fixadas na memória" (aquilo a que os pesquisadores se referem como "estudo massivo") não é uma forma muito eficaz de aprender, se definimos o aprendizado não apenas como a aquisição de novas informações, mas também como a capacidade de aplicá-las mais tarde — um conceito conhecido como "transferência".

Agora você está pronto para o teste de ortografia? Usando apenas os símbolos, "soletre" as palavras mostradas na Figura 1.4.

Como você se saiu? Quão confiante está de que escreveu corretamente as palavras? Algumas foram mais fáceis do que outras? Se lhe pedíssemos para

CADA

FIGA

CHEIA

BEBIDA

EDIFICA

Figura 1.4 Palavras para o teste de ortografia.

repetir o teste no final do capítulo, como acha que seria o seu desempenho? Os símbolos foram guardados em sua memória de longo prazo? Em geral, entre outros fatores (p. ex., quão atento você estava à tarefa), a investigação sobre a memória prevê que seu desempenho depende, em grande parte, dos tipos de estratégias utilizados.

Elaboração: pesquisas sobre memória demonstram consistentemente que a elaboração é uma estratégia muito mais eficaz do que a repetição. Quando os estudantes dão novo significado pessoal ao material, ligando-o ao que já sabem, ou o organizam num modelo mental ou esquema, o aprendizado é muito mais duradouro (BROWN; ROEDINGER; MCDANIEL, 2014). Por que isso é mais eficaz? Porque, ao atribuir um significado a novas informações, somos muito mais propensos a consolidá-las (isto é, organizá-las e solidificá-las), e, portanto, é menos provável que as esqueçamos. Conforme qualquer aluno pode atestar, a repetição de informação várias vezes pode atrasar o esquecimento por um curto período de tempo, mas geralmente não mais que isso (BADDELEY, 2004). Por exemplo, o esquema para o teste de ortografia que acabamos de fazer é apresentado na Figura 1.5. Você pode ligar essa figura aos símbolos que lhe demos anteriormente?

Agora, se pedirmos que você repita o teste, como acha que se sairá? Muito provavelmente bem, assim como um estudante que tem um amplo conhecimento prévio (ou seja, esquemas elaborados) sobre determinado tópico.

Várias de nossas rotinas foram projetadas com esse princípio cognitivo básico em mente, incluindo "Fato, pergunta, resposta" (FPR). A FPR é uma rotina de aprendizagem em grupo desenvolvida para ajudar os estudantes a se lembrarem do significado de um texto, associando o significado dele a uma experiência anterior (ver Fig. 1.6). Como você pode perceber, parte dessa rotina envolve estudantes de habilidades diversas trabalhando em grupos, compartilhando um fato do texto e, em seguida, transformando-o em uma pergunta de como ou por quê. Depois, cada aluno se reveza respondendo à pergunta, utilizando as próprias experiências (isto é, elaborando).

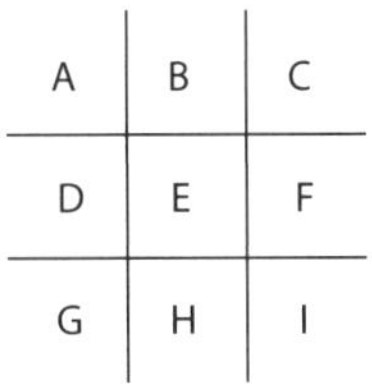

A	B	C
D	E	F
G	H	I

Figura 1.5 Esquema para o teste de ortografia.

**ORIENTAÇÕES DA ROTINA DE SALA DE AULA ALL-ED:
FATO, PERGUNTA, RESPOSTA (FPR)**

Com base na ciência cognitiva da elaboração, a FPR desafia os estudantes a atribuírem significado pessoal a um texto. Um de cada vez, eles declaram um fato a partir do texto, e o grupo escolhe um dos três fatos para discutir. Os alunos transformam o fato em uma pergunta de como ou por quê, e, em seguida, cada um se reveza para responder à pergunta com base na própria experiência, sem utilizar palavras do texto. O processo se repete até que o grupo complete a rotina com três fatos diferentes. Por fim, os estudantes refletem sobre a conexão mais significativa relacionada a cada um dos fatos que foram ouvidos ali.

Os pontos fortes dessa rotina são:

- promove a realização de conexões significativas;
- incentiva a colaboração;
- fornece um meio para que os estudantes recebam *feedback* sobre as evidências ou trechos selecionados do texto;
- permite que os estudantes explorem e brinquem com um texto;
- convida à criatividade;
- demanda ouvir e pensar sobre as respostas dos outros.

ORIENTAÇÕES DE IMPLEMENTAÇÃO

Objetivo: compreender e lembrar os fatos a partir de uma leitura.

Situações iniciais (individualmente e, depois, em pequenos grupos)

Individualmente: os estudantes identificam fatos de um texto que querem lembrar. Podem ser solicitados a elencar fatos que apoiem a ideia principal ou uma perspectiva particular; essa tarefa deve ser alinhada ao objetivo da aula. O professor também pode atribuir fatos necessários que devem ser lembrados, e, em seguida, os alunos podem escolher dois fatos adicionais por conta própria.

Grupos: o professor organiza os alunos em grupos de três integrantes com variação de níveis de leitura entre eles; em seguida, designa onde, no espaço da sala, cada grupo se reunirá, com os alunos sentados ou em pé, de frente uns para os outros — para que seja mais fácil ouvir cada um.

Critérios

- Esperados: a conexão com a experiência pessoal deve acrescentar significado; a resposta deve incluir a palavra "porque".
- De excelência: a resposta à pergunta utiliza o vocabulário do mural de palavras da sala.

Ações

O professor identifica nas orientações:

- **Papéis:** orador e ouvintes.
- **Turnos:** o professor designa um aluno em cada grupo para "ser o primeiro", lendo um fato do texto, e depois os que lerão em segundo e terceiro lugar.
- **Regras:** "Adicionar ou repetir" — os estudantes podem repetir uma resposta de um aluno ou acrescentar uma nova.
- **Tempo:** o professor define o tempo de cada rodada de "Fato, pergunta, resposta" para que todos os grupos passem pela rotina no mesmo ritmo.

    1. Fato: um de cada vez, leia o fato a ser lembrado (aqui vale a regra "Adicionar ou repetir" — fatos podem ser repetidos ou novos podem ser adicionados).
    2. Pergunta: em grupo, reformule o fato na forma de uma pergunta de "como" ou "por quê".
    3. Resposta: um de cada vez, responda à pergunta "como/por quê" usando a experiência pessoal (sem citações do texto).
    4. Refletir por meio de uma discussão aberta: discuta em grupo qual é a conexão pessoal mais memorável e por quê. Os membros se revezam no registro, escrevendo o fato e a conexão mais significativa em uma ficha e inserindo os nomes dos integrantes após a discussão aberta.
    5. Repetir: repita "Fato, pergunta, resposta" até pelo menos três fatos serem transformados em perguntas e cada pessoa ter proposto uma conexão.

Reflexões

1. Crie uma lista das conexões mais significativas ouvidas no grupo para cada um dos fatos. Use os Critérios para determinar a mais significativa.
2. Responda às seguintes perguntas: "De que trata esse texto?" e "Como esse texto se relaciona com nossas vidas?".

A FPR também garante equidade, oferecendo a cada estudante a oportunidade de compartilhar suas ideias. Além disso, a regra "Adicionar ou repetir" permite a participação dos que precisam encontrar um fato do texto mediante o uso de fatos citados por outros colegas. Os alunos utilizam a elaboração e uma discussão colaborativa estruturada para codificar o significado do texto. Enquanto eles estão engajados na FPR, o professor se encontra livre para ouvir, observar e registrar o pensamento do grupo e o vocabulário utilizado; isso permite que ele tome decisões na hora sobre como corrigir mal-entendidos e como adaptar a próxima parte da aula para aprofundar o aprendizado dos estudantes. A FPR é um grande exemplo de como as rotinas de sala de aula ALL-ED se baseiam na pesquisa e são implementadas de maneira prática, projetada para atender à diversidade do grupo. Além disso, a FPR exemplifica a prática de recuperação, que abordaremos a seguir.

Recuperação: levando em conta o modo como nossa memória está organizada, temos muito mais probabilidade de esquecer as coisas do que de lembrá-las. Podemos, no máximo, manipular apenas em torno de 4 bits de informações em nossa memória de trabalho de cada vez, e a menos que façamos algo para manter essa informação ativa nessa memória, ela só é retida por alguns segundos (BADDELEY, 2004). Alguns de vocês podem ter experimentado isso com a atividade ortográfica anterior. Buscamos intencionalmente interferir em sua memória de trabalho, inserindo um texto a ser lido antes de realizar o teste. Considerando que a janela para passar informações para a memória de longo prazo a partir da memória de trabalho é bastante curta, quanto mais tempo passa, menor é a probabilidade de sermos capazes de fazer isso. É também por isso que alguns estudantes que são lentos na pronúncia ou no cálculo têm frequentemente dificuldade em ler ou fazer aritmética: quando estão prontos para trabalhar na tarefa de ordem superior de leitura ou aritmética, podem já ter esquecido a palavra ou o número. A aprendizagem tem mais a ver com encontrar maneiras de não esquecer as informações do que com se lembrar delas. Estudos mostram que esquecemos cerca de 70% do que acabamos de ouvir ou ler (BROWN; ROEDINGER; MCDANIEL, 2014).

Portanto, as recentes pesquisas cognitivas têm se concentrado em encontrar formas mais eficazes de neutralizar esse processo natural de esquecimento. Primeiro, demonstram que ter conhecimento prévio sobre o tema ajuda muito. Quando você pode associar informações a um esquema, como o da atividade ortográfica que acabamos de concluir, é muito menos provável que você o esqueça, pois tais informações têm significado (APA, 2015; MAYER, 2011). Agora que você conhece o truque para a atividade, qual é a probabilidade de esquecer os símbolos? Provavelmente, não muito alta. Da mesma forma, ter esquemas extensos a respeito de um tópico ajuda no processamento (ou seja, codificação) de informações. Semelhantemente, no exemplo de leitura, a compreensão de leitura geralmente se torna mais fácil aos estudantes assim que têm a fonética automatizada, liberando mais capacidade de memória de trabalho para se dedicar ao significado.

Além da pesquisa sobre conhecimento prévio e codificação, os estudos também apontam que a aprendizagem é mais eficaz quando aumentamos a frequência de recuperação de informações da memória, o que os psicólogos chamam de "efeito de teste" (ou "prática de recuperação"). Quando praticamos a recuperação de informações da memória de longo prazo, isso nos ajuda a relembrá-las e, em última análise, a não as esquecer tão facilmente. Por exemplo, a FPR pede aos estudantes que repitam informações factuais do texto; quando eles fazem isso, estão essencialmente engajados na prática da recuperação.

É importante observar que a qualidade da recuperação faz diferença. Estudos mostram que, para ser mais eficaz, a recuperação deve ser repetida várias vezes, com períodos espaçados de tempo e exigindo um grande esforço. A repetição é importante para consolidar o conhecimento e automatizar as habilidades, mas devemos espaçar esse processo para permitir que ocorra algum esquecimento, de modo que, ao tentarmos relembrar informações, isso não seja sempre tão fácil. Realizar a rotina FPR uma única vez provavelmente ajudará a memória dos estudantes sobre o que leram, mas realizá-la de forma espaçada no tempo será ainda melhor.

Metacognição e aprendizagem autorregulada: quando percebemos uma tarefa como fácil, muitas vezes somos presas do que os psicólogos chamam de "ilusão do conhecimento" (ou "ilusão do saber") — a percepção de que sabemos mais do que realmente sabemos (BROWN; ROEDINGER; MCDANIEL, 2014). Ilusões do conhecimento (e o excesso de confiança que muitas vezes as acompanha) impedem a aprendizagem. Quando pensamos que sabemos algo, é menos provável que tomemos medidas para aperfeiçoar nossa compreensão — afinal de contas, nós já sabemos! Na maioria dos casos, somos muito ruins em avaliar nossas habilidades. Como destaca o vencedor do Prêmio Nobel de Economia em 2002, Daniel Kahneman (2011, p. 201), em seu livro *Rápido e devagar: duas formas de pensar*, temos uma "[...] capacidade quase ilimitada de ignorar nossa ignorância". Quantas vezes você já encontrou aquele estudante atônito que estava tão convencido de que conhecia o material a ponto de não conseguir entender por que ele ia tão mal na prova?

Alunos assim carecem essencialmente do que os pesquisadores denominam "consciência metacognitiva" (ou "consciência sobre seu pensamento"). Ela é a marca registrada de um aluno autorregulado — um estudante que, ao receber uma tarefa, pensa sobre o que sabe acerca do tema, o que fez no passado para ter sucesso em situações similares e nas metas necessárias para realizar a atividade. Ele monitora seu progresso à luz dos seus objetivos ao trabalhar na tarefa e ajusta as estratégias quando descobre que não estão funcionando. Um aluno com consciência metacognitiva reflete a respeito de seu trabalho e pensa no que poderia fazer melhor da próxima vez (ZIMMERMAN; SCHUNK, 2011).

Não é surpreendente que a pesquisa sobre a aprendizagem autorregulada revele que tais estudantes normalmente têm um bom desempenho na escola. John Hattie (2009) inclui a metacognição entre os principais fatores relacionados ao bom desempenho acadêmico. Foi descoberto que o uso de estratégias metacognitivas — incluindo o planejamento sobre como abordar uma tarefa, a avaliação do progresso e o monitoramento do entendimento — tem tamanho de efeito grande nas pesquisas. As habilidades relacionadas à aprendizagem autorregulada sempre foram consideradas críticas para o sucesso acadêmico, mas argumentamos que elas talvez sejam ainda mais imperativas agora. Normas como a Common Core State Standards (CCCS) e a Next Generation Science Standards (NGSS) enfatizam coletivamente o desenvolvimento de habilidades de pensamento de ordem superior voltadas ao mundo real, tornando o treinamento em autorregulação da aprendizagem

AS 10 MAIORES CONSIDERAÇÕES SOBRE COGNIÇÃO (MERMÃ) NA ALL-ED

1. Aprendizado duradouro é o aprendizado que é fixado. Depende muito da interação entre dois sistemas de memória específicos — memória de trabalho e memória de longo prazo. A memória de trabalho está envolvida em todas as tarefas acadêmicas (como ler e calcular) que têm múltiplas etapas.
2. Podemos lidar com no máximo 4 bits de informação por vez em nossa memória de trabalho. A menos que façamos algo para manter tal informação ativa em nossa memória de trabalho, ela só é retida por alguns segundos. Assim, a aprendizagem efetiva envolve aprender como superar os limites dessa memória.
3. Uma forma de superar os limites da memória de trabalho é usar estratégias cognitivas de processamento mais profundo, como a elaboração. Quanto mais significado você anexar às informações que está tentando aprender, mais provável será que você não as vai esquecer.
4. O conhecimento prévio (ou ter esquemas elaborados) ajuda no processamento da informação porque pode tornar mais significativa a informação recebida.
5. É menos provável que você esqueça as informações se aumentar a frequência de recuperação de informações da memória — ou o que os psicólogos chamam de "efeito de teste" (ou "prática de recuperação"). Para ser mais eficaz, essa recuperação deve ser repetida várias vezes e espaçada ao longo do tempo.
6. As ilusões do conhecimento (e o excesso de confiança que muitas vezes as acompanha) impedem a aprendizagem. Estudantes com consciência metacognitiva (ou seja, que estão conscientes do que sabem e do que não sabem) são menos propensos a ser vítimas de ilusões do conhecimento.
7. Estudantes com consciência metacognitiva também são mais propensos a regular sua aprendizagem. Quando lhes é dada uma tarefa, é mais provável que pensem sobre o que sabem acerca do tema e seus objetivos. Alunos autorregulados também são mais inclinados a monitorar seu progresso em direção às metas e a ajustar as estratégias quando descobrem que não estão funcionando. Ao concluir a tarefa, também são mais predispostos a refletir sobre o trabalho realizado e a pensar no que poderão fazer melhor da próxima vez.
8. Pesquisas sobre transferência sugerem, ainda, que, para a aprendizagem ser flexível e duradoura, é preciso saber quando e como usar esse conhecimento. Não é suficiente dominar determinado tópico; é necessário ser capaz de fazer algo com esse conhecimento. Construir consciência metacognitiva e autorregulação é uma forma de promover a transferência.
9. Pesquisas demonstram uma associação positiva entre motivação e cognição. Estudantes que vivenciam o PACS têm muito mais probabilidade de usar estratégias cognitivas eficazes que levam a um aprendizado duradouro.
10. A partir desta pesquisa, as rotinas de sala de aula ALL-ED são centrais para fomentar a aprendizagem duradoura.

Figura 1.6 As 10 maiores considerações sobre cognição (MERMÃ) na ALL-ED.

não apenas importante, mas uma necessidade (WHITE; DIBENEDETTO, 2015). Veja a Figura 1.6 para um resumo da pesquisa sobre cognição.

Importância do contexto: até agora, temos argumentado que fatores tanto motivacionais quanto cognitivos são preditores de importantes resultados de aprendizagem. A aprendizagem aumenta quando os estudantes se sentem autônomos, pertencentes a uma comunidade, competentes e encontram sentido em seu aprendizado (PACS). Pesquisas sobre cognição (MERMÃ) sugerem, ainda, que alunos autorregulados que utilizam estratégias de codificação mais eficazes para interromper o processo de esquecimento são menos propensos a cair em preconceitos relacionados ao excesso de confiança e a ilusões do conhecimento e tendem a alcançar níveis mais altos de aprendizagem.

O que ainda não dissemos é que tanto os processos motivacionais quanto os cognitivos são altamente dependentes do contexto. Muitas vezes, ouvimos dos professores que "meus alunos são simplesmente desmotivados". Há uma tendência dos docentes a pensar na motivação como um traço da personalidade — os estudantes a têm ou não. Embora seja certamente possível identificar aqueles que chegam mais ou menos motivados à sala de aula por meio de seu comportamento, é importante notar que *a motivação NÃO é um traço de personalidade. Alterar a tarefa ou o ambiente geral de aprendizagem pode mudar a motivação.* Lembre-se dos alunos que parecem desmotivados em sua aula. Se você os retirar daquele ambiente e colocá-los em outro no qual trabalhem em algo que amam — uma pista de atletismo ou seu local de trabalho —, como eles se comportarão? Em um contexto diferente, você pode observar um estudante totalmente diferente. Mais uma vez, vale lembrar que a motivação não é um traço da personalidade.

Da mesma forma, as pesquisas sobre autorregulação da aprendizagem pressupõem que ela é uma habilidade ensinável. As habilidades a ela associadas são habilidades aprendidas e podem ser modificadas e melhoradas, tornando-a, assim, um alvo ideal para intervenção em qualquer nível de idade. Pesquisas sugerem que os estudantes são mais propensos a regular sua aprendizagem quando têm recursos disponíveis, incluindo tempo, colegas e professores eficazes e solidários, bem como acesso a materiais complementares. Eles estão mais inclinados a se tornar autorregulados quando são cobrados nesse sentido, seja diretamente (mediante instruções), seja indiretamente (por meio de *feedback* ou de atividades que estimulem isso). Estudos indicam que as autoavaliações que pedem a eles que reflitam sobre o que sabem ou não acerca de determinado tópico (a fim de superar ilusões do conhecimento) e sobre a profundidade de seu conhecimento a respeito de pontos chave do estudo promovem a regulação da aprendizagem. Ainda, pesquisas sugerem que o treinamento em metacognição é mais eficaz durante o ensino com pequenos grupos (HATTIE, 2009).

Retorne mais uma vez à rotina "Listar, escrever, desenhar" da Situação inicial e reveja seu registro sobre uma experiência em que você se sentiu motivado ou desmotivado. Usando as pesquisas deste capítulo, você consegue explicar a razão de se sentir motivado e desmotivado? Se pudesse modificar alguma coisa em sua história, o que

---

ORIENTAÇÕES DA ROTINA DE SALA DE AULA ALL-ED: LISTAR, ESCREVER, DESENHAR (ROTINA INDIVIDUAL)

Antes do início de uma atividade, os professores ativam o conhecimento prévio dos alunos e coletam informações sobre o que sabem e sobre as perguntas que têm a respeito do tópico. "Listar, escrever, desenhar" é uma rotina individual projetada a fim de oferecer opções para que os alunos registrem suas memórias. Essas opções facilitam a escrita das memórias, permitindo que o foco deles passe a ser seu pensamento sobre o tópico. Quaisquer outras opções disponíveis e facilmente utilizadas pelos estudantes em seu ambiente podem ser usadas, tais como digitar, criar imagem com legenda ou fazer uma colagem, se você estiver usando um computador. O objetivo é possibilitar que todos elaborem um registro rápido e visível de suas reflexões a respeito do tema. Essa rotina pode ser usada como uma introdução a um tópico ou uma verificação de compreensão no meio de uma aula ou uma história sendo lida em voz alta. Também pode ser empregada como uma reflexão no final da atividade, refletindo sobre o que o aluno lembrará ao concluir a tarefa e por que essa parte é importante.

Os pontos fortes desta rotina são os seguintes:

- leva pouco tempo;
- é divertida (os alunos gostam de registrar e compartilhar porque escolhem diferentes opções);
- mostra pontos-chave que estão na mente dos estudantes.

ORIENTAÇÕES DE IMPLEMENTAÇÃO

Objetivo: registrar seu pensamento com detalhes.

Situação inicial

Individualmente: peça aos estudantes que pensem, sozinhos e em silêncio, sobre uma pergunta ou uma solicitação. Por exemplo, "Pense em um momento em que você... [relacionado ao tópico]"; ou "Como você aprendeu _____"; ou "Pense em um momento em que você estava motivado...". Você pode pedir a eles que resumam uma aula usando "Listar, escrever, desenhar", captando os pontos mais importantes, ou que descrevam uma parte de uma história ou um personagem.

Critérios

- Esperados: responder à solicitação; incluir detalhes.
- De excelência: a resposta à pergunta utiliza o vocabulário do mural de palavras da sala; inclui como você se sentiu.

> **Ações**
>
> O professor identifica nas orientações:
>
> - **Regras:** você deve aproveitar todo o tempo para responder; assim, se você concluir seu desenho, acrescente palavras; ou, se acabar de escrever, acrescente um esboço. Quando achar que terminou, releia o que escreveu ou desenhou e inclua mais dois detalhes. Continue até que o tempo se encerre.
> - **Tempo:** cerca de 2 a 4 minutos.
>
> 1. Peça aos alunos para listar, escrever, desenhar, a fim de responder à solicitação.
> 2. Lembre os alunos de que devem reler e adicionar mais dois detalhes quando pensarem que concluíram.
>
> **Reflexões**
>
> 3. Peça aos alunos que revejam o que fizeram e circulem a parte mais importante.
>
> Após a realização dessa rotina individual, pode-se fazer uma discussão livre e, depois, a rotina em grupo "Descoberta dominó", a fim de reunir as partes mais importantes (circuladas) das respostas.

mudaria no sentido de aumentar sua motivação nesse contexto? Use a rotina "Listar, escrever, desenhar" para reunir suas anotações enquanto lê os próximos capítulos.

Aplicando a pesquisa à prática de sala de aula

Como observou Marvin, um professor de ciências exemplar, "a motivação alimenta a aprendizagem, ao passo que a cognição a freia, como um paraquedas em um carro *dragster**". Quando estamos elaborando experiências de aprendizagem, queremos tanto fomentar a motivação quanto prestar atenção ao modo como os limites cognitivos podem aumentar ou criar restrições à aprendizagem efetiva. Embora os acrônimos facilitem a memorização do PACS e do MERMÃ, elaboramos rotinas de sala de aula que incorporam recomendações das pesquisas a fim de facilitar sua aprendizagem, para que você possa se concentrar na implementação das rotinas. Por exemplo, você poderia começar com o simples hábito de registrar as respostas dos estudantes pelo menos uma vez a cada aula. Estas podem dizer respeito a qualquer pergunta com múltiplas respostas ou explicações. Esse hábito do professor pode ser usado em muitas práticas de sala de aula diferentes e apresenta muitos benefícios. Para estudantes, fornece um meio para que reflitam sobre como seu pensamento

---

* N. de T. O *dragster* é um veículo leve com motores de alta potência especialmente projetado para provas de arrancada.

mudou em função do aprendizado em uma aula ou unidade. Os docentes usam as respostas para ajustar o ensino, respondendo a perguntas específicas dos alunos ou os agrupando por respostas semelhantes ou diferentes. O registro dessas respostas também chama a atenção dos professores para a eficácia das perguntas. A qualidade delas é revelada a partir do que é feito com as respostas. Registrar as respostas é um ótimo meio para dar início a um pensamento ágil docente.

Há muitas maneiras de registrar as respostas sem acrescentar muito tempo a uma aula. Organizamos as possibilidades em três categorias: "Compartilhar", "Reunir e agrupar" e "Passar pela sala toda". As diferenças são importantes porque o modo como as respostas são registradas influencia a forma como os estudantes recebem *feedback* e quão rápido os professores podem usá-las para ajustar o ensino. Por exemplo, cada mesa com um pequeno grupo pode resumir as respostas individuais em uma resposta única, que é compartilhada por aquele que chamamos "repórter do grupo" ou escrita com letras grandes em um papel para a rotina "Mostrar e compartilhar", sem qualquer fala. As respostas podem ser escritas por cada mesa ou grupo e afixadas no quadro ou inseridas em um documento digital. A rotina "Mostrar e compartilhar" leva muito pouco tempo para ser realizada, com o professor reunindo as respostas em nível de grupo, não de indivíduos. Como *feedback*, grupos geralmente podem observar como suas respostas foram semelhantes ou diferentes das dos demais.

Há pelo menos três maneiras distintas de registrar as respostas. Cada método resulta em uma coleção diferente de respostas dos estudantes. Lembre-se de que o professor deve se habituar a registrá-las de forma visível pelo menos uma vez durante cada aula. Você precisará de uma variedade de métodos para fazer isso, considerando o tempo da aula, o tamanho das respostas, o *feedback* que deseja que os alunos recebam e a organização das respostas coletadas a fim de ajustar o ensino. Os estudantes podem responder a perguntas de diversas formas, tais como escrevendo, desenhando, falando, movendo-se e construindo. O método de coleta das respostas terá de se adequar à forma e ao tamanho das respostas dos estudantes.

Métodos de registro das respostas dos estudantes

1. **Compartilhar**

   Objetivo: avaliar as respostas dos alunos de modo que vejam como suas ideias são semelhantes ou diferentes das dos demais. As ideias devem ser compartilhadas por todos os membros da turma. Evite, como prática inicial, chamar alunos que estão com a mão levantada para coletar suas respostas. Comece com uma rotina em grupo ou individual e, em seguida, solicite respostas adicionais. Rotinas que utilizam o método "Compartilhar" são a "Descoberta dominó" e a "Mostrar e compartilhar".

2. **Reunir e agrupar**

   Objetivo: quando você precisa que as respostas sejam agrupadas para determinar as próximas etapas da aula ou para formar grupos de alunos, deve-se usar o método "Reunir e agrupar", em vez do "Compartilhar". A diferença é que, em "Reunir e agrupar", as respostas individuais são classificadas em categorias como parte do processo de coleta. Isso permite que você identifique os padrões já durante as aulas, em vez de levar as respostas para casa, classificá-las e retornar um ou dois dias depois para lidar com as diferenças entre os estudantes. Além disso, como as respostas individuais são escritas e guardadas, tanto professores quanto alunos podem voltar às respostas originais depois, para reflexão. A rotina "Burburinho" usa o método "Reunir e agrupar".

3. **Passar pela sala toda**

   Objetivo: quando há necessidade de que os alunos respondam sobre um tema ou questão baseada na discussão em pequenos grupos e eles precisam de *feedback* por escrito, "Passar pela sala toda" é o método mais eficaz. Nele, você posta um tópico, uma fotografia, uma tabela de dados, uma pergunta, um mapa — qualquer ideia ou informação disparadora que gostaria que os alunos discutissem e registrassem suas respostas. Os estudantes formam pequenos grupos em cada estação, debatem e documentam as respostas em cartolina ou em um computador. Em seguida, trocam de estação, lendo o que os outros grupos responderam e contribuindo para o *feedback* às respostas originais. Essa rotação continua "pela sala toda" até que todos tenham participado das discussões sobre os tópicos necessários. Juntos, você e os alunos podem procurar padrões nas respostas às diferentes ideias disparadoras. Essa é uma ótima maneira de iniciar ou revisar unidades, um momento em que você quer ativar os conhecimentos dos alunos e fazê-los lembrar o que sabem e, ao mesmo tempo, aprofundar o conhecimento deles por meio de discussões entre pares. O professor se beneficia do tempo para escutar as conversas dos alunos em volta da sala. A rotina "Carrossel de ideias" utiliza o método "Passar pela sala toda".

As rotinas "Descoberta dominó" ou "Mostrar e compartilhar" devem ser usadas antes de coletar as respostas de alunos com a mão levantada. Nessas rotinas, cada estudante compartilha suas respostas em pequenos grupos ou representantes as relatam para a classe inteira. A oportunidade de ouvir cada indivíduo ou indivíduos por meio de um representante do grupo sinaliza aos alunos que suas ideias são valorizadas. Para os estudantes, as rotinas "Descoberta dominó" e "Mostrar e compartilhar" constroem sentimentos de PACS mediante a troca e a construção a partir das ideias dos colegas. Os alunos sabem que o professor está interessado e valoriza as ideias de todos, pois todos são ouvidos e as respostas são registradas em papel, no quadro ou em um documento digital. Você pode chamar alunos com a mão levantada depois da rotina, quando quiser respostas adicionais. Os professores só podem ajustar o ensino com base nas necessidades que eles percebem. "Descoberta dominó" e "Mostrar e compartilhar" são rotinas essenciais porque, ao mesmo tempo que os estudantes estão aprendendo, os docentes podem escutar e observar os alunos a fim de detectar seus pontos fortes e suas necessidades na busca por uma aprendizagem eficaz.

As rotinas do tipo "Reunir e agrupar" — "Burburinho" e "Classificar e organizar" — geralmente levam mais tempo do que aquelas relacionadas ao método "Compartilhar", tais como "Descoberta dominó" e "Mostrar e compartilhar". Entretanto, os alunos praticam mais oralmente e recebem mais *feedback*, e os professores concluem a rotina com as respostas categorizadas em grupos *versus* uma grande lista. Essas rotinas podem ser usadas a qualquer momento na aula (início, meio ou fim). "Reunir e agrupar" será a estratégia mais eficiente quando você quiser descobrir o que os estudantes estão pensando e, depois, usar isso para formar grupos.

A rotina "Carrossel de ideias", do método "Passar pela sala toda", é particularmente útil quando você percebe que muitos estudantes podem não ter uma resposta única para a pergunta. A colaboração permite que eles aprendam com os colegas e elaborem ideias de forma colaborativa. Normalmente, após realizarem o "Carrossel de ideias", todos serão capazes de responder individualmente à pergunta. Essa rotina é bastante significativa ao iniciar ou revisar um tópico, pois os estudantes não começam elaborando respostas individuais. Em geral, faz sentido solicitar aos grupos ou estudantes que se movam em direção à questão a que estão prontos para responder — isso os estimula a começarem a partir de um lugar em que se sentem mais confiantes e no qual têm mais chances de participar porque têm uma ideia a ser compartilhada. Eles têm bastante tempo para falar durante o "Carrossel de ideias", e o professor ganha um tempo de escuta essencial.

Você vai perceber um padrão na estrutura da rotina, que sempre começa com um objetivo, oferecendo, em seguida, critérios para monitorar a qualidade das respostas e terminando com uma reflexão. Reveja a seção "Baseado em pesquisas" neste capítulo e observe como a estrutura dessas rotinas induz à autorregulação da aprendizagem; ela aproveita as recomendações destas pesquisas. Baseando-se nos princípios básicos das rotinas de motivação e da ciência cognitiva, o modelo ALL-ED fornece aos professores uma estrutura de tomada de decisão que transformará o ambiente de aprendizagem em outro no qual todos os estudantes se sentem motivados a aprender, tanto por conta própria quanto com os outros, alcançando resultados de aprendizagem duradouros.

ORIENTAÇÕES DA ROTINA DE SALA DE AULA ALL-ED: BURBURINHO

"Burburinho" é uma rotina de aprendizagem em grupo na qual os estudantes escrevem, individualmente, suas respostas em um papel ou nota adesiva, as compartilham com outro colega, escutam a resposta dele e, depois, trocam os papéis com as respostas. Os alunos continuam compartilhando e trocando com outros companheiros para encontrar padrões entre as respostas por determinado período de tempo ou número de "trocas de respostas". Eles devem ler a resposta a cada vez antes de fazer a troca; ao final, criam rótulos ou categorias de padrões que perceberam a partir dessa dinâmica. As respostas são organizadas em categorias, e a rotina termina com a possibilidade de ver não apenas os padrões entre as respostas dos estudantes, mas também as respostas individuais.

Os pontos fortes dessa rotina são os seguintes:

- coloca os estudantes em pé e em movimento;
- todos têm que participar da conversação;
- exige que os alunos escutem e repitam as ideias dos outros;
- permite que vários estudantes falem ao mesmo tempo, sem esperar por sua vez;
- padrões ou agrupamentos podem ser utilizados para dar continuidade à aprendizagem.

ORIENTAÇÕES DE IMPLEMENTAÇÃO

Objetivo: trocar ideias para encontrar semelhanças e diferenças.

Situação inicial: peça aos estudantes que anotem uma ideia em uma nota adesiva ou papel comum junto com seu nome. Por exemplo:

- escreva três perguntas e coloque uma estrela ao lado da que deve ser respondida com mais urgência;
- resuma em uma palavra como você está se sentindo;
- identifique a próxima etapa da sua aprendizagem;
- liste uma estratégia usada para fazer revisão para uma prova.

Observação: utilize apenas uma ideia por vez na atividade "Burburinho". Peça aos alunos que coloquem uma estrela na pergunta ou ideia mais importante, caso tenham escrito mais de uma. Eles compartilharão a única pergunta ou ideia com estrela durante essa rotina.

Critérios

- Esperados: utilizar a palavra "porque"; explicar com detalhes, inclusive com representação visual das ideias.
- De excelência: fazer conexões com a unidade anterior; utilizar vocabulário do mural de palavras.

Ações

O professor identifica nas orientações:

- **Papéis:** orador e ouvinte.
- **Turnos:** simultaneamente, todos os alunos formam pares e, em seguida, se revezam como oradores e ouvintes.
- **Regras:** os estudantes devem ler o que está escrito no papel (não devem apenas trocar os papéis sem compartilhar as anotações).
- **Tempo:** 3 minutos.

1. Convide os estudantes para se juntarem a você em um espaço aberto com suas Situações iniciais escritas em um pedaço de papel comum ou nota adesiva.
2. Diga que há um burburinho sobre _____ (qualquer que tenha sido o tópico utilizado para a rotina). Pergunte aos alunos o que sabem a respeito de burburinho (p. ex., que ele se espalha rapidamente e que as pessoas repetem o que ouviram de outras).
3. Diga à turma que vamos fazer nosso burburinho, indo até alguém, lendo nossa resposta, ouvindo a dele e, depois, trocando os papéis. Em seguida, cada aluno vai até outro colega e faz a mesma coisa novamente. Dê as instruções para o padrão de ação "Escutar, ler, trocar". Os estudantes podem usar o nome escrito no papel quando fazem o burburinho: "Ouvi de Marvin que...".
4. Permita que os alunos troquem ideias com o maior número possível de pessoas em 3 minutos.
5. Acabe com o burburinho. Peça a um estudante que está segurando uma resposta que acha semelhante a outras para lê-la em voz alta. Coloque-a em um quadro branco ou cartolina e, depois, solicite a outros que coloquem seu papel ao lado deste, se acharem que ele faz parte de um mesmo grupo. Peça aos alunos que leiam a resposta em voz alta enquanto as colocam em um grupo.
6. Incentive a turma a dar um nome ao grupo de respostas semelhantes. Solicite aos alunos que apresentem uma resposta muito diferente — e comece um segundo grupo. Convide outros a colocarem em volta as respostas semelhantes para estabelecer um segundo grupo e proponha um *brainstorming* para o nome desse novo grupo.
7. Continue adicionando grupos até que todos os papéis sejam coletados.

Reflexões

1. Discuta o que nosso burburinho pode dizer sobre nosso aprendizado, nossas perguntas e sobre nós mesmos.
2. Ajuste o ensino com base nos resultados da rotina "Burburinho". Por exemplo, agrupe alunos por respostas semelhantes para realizar uma discussão ou guarde os papéis e depois faça com que os estudantes retornem a suas respostas após várias aulas a fim de refletir sobre como seu pensamento permaneceu o mesmo ou mudou.

EXPERIMENTE AS ROTINAS DE SALA DE AULA: APRENDIZAGEM PRECISA, EFICAZ E EFICIENTE PARA TODOS

Planeje: escolha perguntas e registre as respostas dos alunos

Examine um plano de aula que será aplicado em breve. Identifique pelo menos uma pergunta que você vai fazer em que poderia usar uma rotina para registrar as respostas dos estudantes. Escolha uma pergunta cujas respostas são importantes. Por exemplo, você pode querer saber se todos se lembram de cinco palavras do vocabulário, percebem os passos envolvidos na resolução de um problema, podem inferir uma resposta a uma pergunta abstrata ou lembrar do que foi lido no dia anterior. O registro das respostas permite que você colete essas informações. Selecione uma pergunta que tenha múltiplas respostas e que estas sejam importantes para a aula seguinte.

Ensine: Burburinho ou Fato, pergunta, resposta (FPR)

Para embarcar em sua jornada na direção de um pensamento ágil docente, registre as respostas dos alunos durante a aula pelo menos uma vez. Por exemplo, você pode fazer uma pergunta importante, como "Como a energia do Sol entra na comida que nós comemos?" ou "O que você vai lembrar da lição de hoje?". À medida que os alunos levantam as mãos e são chamados, você, um monitor ou um estudante pode registrar as respostas. Essas respostas atuam como uma Situação inicial e podem ser usadas para ajudar os estudantes a reconhecerem o próprio crescimento. O registro rotineiro das respostas durante cada aula proporciona a eles um ponto para voltar à reflexão. As respostas, visíveis e por escrito, lhes oferecem benefícios adicionais. Por exemplo, aqueles que necessitam de mais tempo para o processamento do idioma ou de ajuda para sua memória de trabalho podem usar a lista escrita para entender as respostas dos outros colegas. Estudantes que estão simplesmente sentados onde é difícil ouvir seus pares agora podem ler as respostas escritas. Respostas registradas proporcionam a todos um meio de pensar, em vez de ficarem confusos porque não ouviram o que foi dito na aula. Mais importante ainda, essa rotina também oferece aos professores uma oportunidade de obterem conhecimento sobre os alunos enquanto as aulas estão em andamento.

Escolha uma das cinco rotinas para registrar respostas a fim de pôr em prática uma vez em cada aula: "Descoberta dominó" (Cap. 2), "Mostrar e compartilhar" (Cap. 5), "Burburinho" (Cap. 1), "Classificar e organizar" (Cap. 5) e "Carrossel de ideias" (Cap. 7). Elas propiciam muitos benefícios aos estudantes, incluindo a promoção da reflexão e o estabelecimento de metas e responsabilidade, ao mesmo tempo que dão valor e importância às respostas deles. Além disso, esse retorno dos alunos fornece aos professores os dados necessários para esclarecer suas percepções e depois ajustar o ensino. Por exemplo, antes de uma miniaula (ou minilição), o docente solicita aos alunos que registrem perguntas sobre o tema em cada grupo e, depois, ajusta o ensino para respondê-las. Essa prática não requer tempo de planejamento ou qualquer material adicional e expande a percepção dos professores sobre as Situações iniciais dos alunos (incluindo suas dúvidas) a fim de ajustar a aula para aqueles que estão em sala naquele momento.

Ajuste o ensino: reaja às respostas dos alunos

Use as respostas dos alunos que você registrou de alguma forma durante a aula. Por exemplo, você pode acrescentar à lista de respostas novas ideias que surjam durante a aula ou perguntar à turma quais ideias registradas foram discutidas na aula. Se as dúvidas forem anotadas, você poderá perguntar como elas foram respondidas na miniaula. Se os alunos estiverem usando o vocabulário "esperado" em suas respostas, você poderá ajustar o ensino para revisar outras palavras ou utilizar palavras que os desafiem. O registro das respostas lhe dará um sinal a respeito de possíveis ajustes a serem feitos na aula a fim de ocupar o tempo de forma mais estratégica e de manter um registro escrito resumindo o aprendizado dos alunos.

Lista de verificação para implementar rotinas em seu ensino

Em loja.grupoa.com.br, acesse a página do livro por meio do campo de busca, clique em Material Complementar e baixe recursos adicionais que ajudarão você a implementar a "Descoberta dominó" em sala de aula.

Planeje	Ensine	Ajuste o ensino
Planeje registrar as respostas dos alunos a pelo menos uma de suas perguntas em cada aula. Planeje possíveis maneiras de utilizar tais respostas na aula.	"Burburinho", "FPR" ou "Descoberta dominó"	Reaja às respostas dos estudantes durante a aula.

Critérios de qualidade para implementar rotinas de sala de aula	
Esperados	**De excelência**
• A rotina de sala de aula é utilizada com frequência diária, semanal ou vinculada a um tipo específico de ensino, como, por exemplo, miniaula, exercícios individuais ou revisão. • Identificar os critérios para um trabalho de alta qualidade ao atribuir pelo menos uma tarefa em cada aula (por exemplo, na rotina "Troca entre pares", antes de pedir aos alunos que compartilhem suas ideias com um parceiro, o professor pode dizer: "Critério esperado para uma escuta de alta qualidade significa que você é capaz de repetir o que seu colega lhe disse; e o critério de excelência para uma escuta significa que você pode repetir e elaborar ou fazer uma pergunta sobre a ideia do seu colega").	• Ver o trabalho ou as respostas dos estudantes antes de planejar a aula seguinte. • Durante pelo menos uma semana, registrar diariamente o que os alunos disseram e que o surpreendeu durante as rotinas. • Retornar às respostas registradas para observar a evolução dos estudantes. • Utilizar respostas registradas para adaptar o ensino, respondendo a dúvidas que foram levantadas ou atribuindo uma tarefa ou pergunta relacionada às respostas deles.

REFLEXÃO SOBRE O CAPÍTULO

Resumo do capítulo

Neste capítulo, exploramos por que as rotinas de sala de aula promovem o engajamento dos alunos sob um ponto de vista motivacional e uma perspectiva cognitiva. Descrevemos a origem da estrutura ALL-ED e suas bases tanto na prática em sala de aula quanto em pesquisas. Sintetizamos as pesquisas sobre motivação em pertencimento, autonomia, competência e significado (PACS) e sobre ciência cognitiva em memória de trabalho, elaboração, recuperação, metacognição e aprendizagem autorregulada (MERMÃ) para que professores possam usá-las como ferramentas voltadas a planejar um ensino mais eficaz e entender como a aprendizagem acontece. Encorajamos você a experimentar rotinas que são baseadas na ciência e factíveis de implementar diariamente, como estabelecer uma Situação inicial, a rotina de elaboração (FPR) e o registro de respostas dos alunos.

Diário de aprendizagem: registro de pontos-chave

Crie um diário de aprendizagem para acompanhar suas ideias sobre como atender às diversas necessidades de seus alunos, registrando em um caderno ou arquivo de computador as respostas às quatro perguntas apresentadas a seguir:

1. O que foi mais interessante e útil para você neste capítulo?
2. Por que isso foi interessante e útil?
3. Como isso se conecta ao que você conhece sobre atender às necessidades de aprendizagem de todos os alunos?
4. Que pesquisas deste capítulo você poderia usar para explicar ou apoiar decisões a fim de ajustar o ensino?

Guarde as respostas para reflexão após ter lido mais capítulos deste livro e ter aplicado suas ideias em sala de aula. Responderemos a essas mesmas quatro questões ao final de cada capítulo.

Retorne à sua Situação inicial

Retorne à sua primeira resposta à pergunta do capítulo "Por que as rotinas de sala de aula promovem aprendizagem?". Acrescente novas ideias ou as revise de outra forma. Circule a parte mais importante e a guarde para rever após a leitura do Capítulo 4 (passo 2: observar e ouvir) e do Capítulo 6 (passo 4: ajustar EAO). Isso vai permitir que você acompanhe como sua opinião permanece a mesma ou muda à medida que lê e implementa essas rotinas em sala de aula.

NOTA

1. Você pode estar se perguntando qual é a diferença entre memória de trabalho e memória de curto prazo. É essencialmente a mesma coisa se você definir a memória de trabalho como um sistema de memória que envolve o armazenamento temporário de informações. Porém, como o nome indica, há situações em que você faz mais do que simplesmente armazenar informações na memória de trabalho. Muitas vezes você está adotando estratégias para manter as informações nessa memória a fim de que possa fazer algo com elas mais tarde. Vamos exemplificar: numa atividade de soletração, você tem que manter a conexão letra-símbolo em sua memória de trabalho a fim de realmente soletrar uma palavra; essa é a razão pela qual os cientistas cognitivos preferem agora usar a expressão "memória de trabalho" em vez de "memória de curto prazo". Há outros aspectos mais complicados da memória de trabalho (p. ex.: o *buffer* episódico, o *loop* fonológico, o esboço visuoespacial, o executivo central), que não abordamos neste livro e que também são distintos da memória de curto prazo.

2

Os extremos em constante mudança em nossas salas de aula

VISÃO GERAL

Objetivo

Por que precisamos ajustar ou diferenciar o ensino?
   Pense: circule a palavra mais <u>importante</u> deste Objetivo.

Critérios

Utilize os critérios a seguir para aumentar a qualidade de sua resposta à pergunta do capítulo. Tente expandir sua resposta ao ler o capítulo para acrescentar esses detalhes.

- Identificar de que forma se dá a diversidade dos estudantes na sala de aula, o que cria oportunidades e obstáculos para o engajamento deles em sua matéria.
- Explicar as pesquisas que descrevem a diversidade dos estudantes.
- Experimentar as rotinas de sala de aula:
  - Planeje — "Planejamento de tração".
  - Ensine — "Descoberta dominó".
  - Ajuste o ensino — "Instruções inclusivas".

Situação inicial: fazer anotações — percepções dos extremos

Comece refletindo sobre seus alunos no contexto da sua área de ensino. Identifique uma tarefa específica utilizada nas aulas, tal como leitura independente, e faça um *brainstorm* a respeito do quanto os estudantes são diferentes ao fazer essa tarefa e como isso impacta a aprendizagem. Pense em todas as coisas que os estudantes já têm e acrescentam para a atividade e também pense no que eles precisam aprender:

- leve em conta os interesses deles relacionados à tarefa;
- coloque vários dos pontos fortes dos alunos na tarefa;
- decomponha a tarefa e considere tudo que os estudantes precisam aprender ou adquirir antes mesmo de iniciá-la.

Use esse exercício para começar a examinar as muitas variações e dimensões das características dos alunos (experiências, pontos fortes, necessidades, interesses, compreensões) que impactam a aprendizagem em sua área de ensino (ver Fig. 2.1).

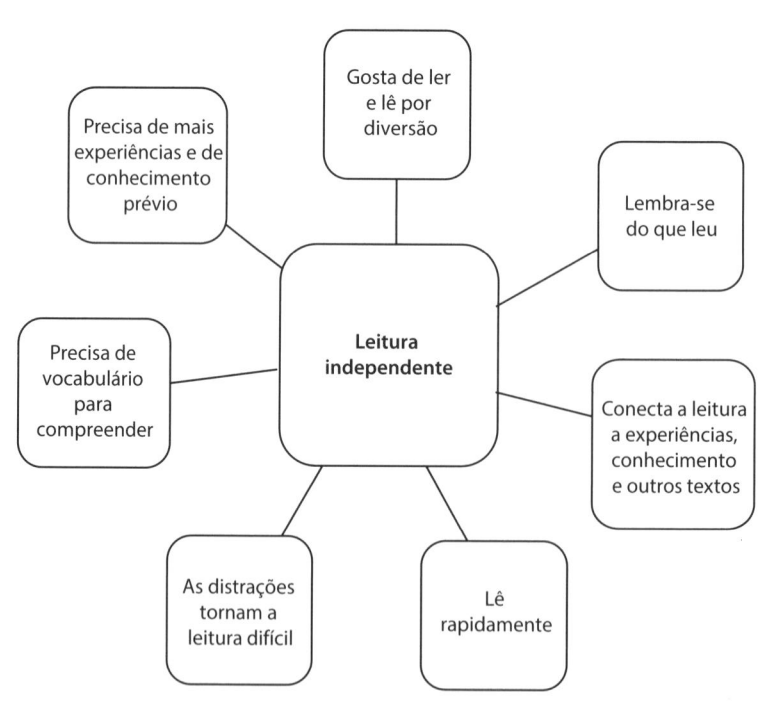

Figura 2.1 *Brainstorm* acerca da diversidade de fatos sobre os estudantes em relação à leitura independente.

Releia suas redes de heterogeneidade dos estudantes. Para saber mais sobre essa abordagem que torna visíveis nossas próprias percepções acerca da diversidade entre os estudantes em relação ao nosso currículo, experimente a rotina "Planejamento de tração". Pense em como os extremos de sua rede começam a responder à pergunta do capítulo "Por que precisamos ajustar ou diferenciar o ensino?". Reserve um tempo para anotar sua resposta inicial. Retornaremos a essa pergunta no final do capítulo e do livro para refletir a respeito de como seu pensamento foi confirmado, desafiado ou mudado.

NA SALA DE AULA: QUAIS SÃO OS EXTREMOS?

Perto do final do ano letivo, uma das atividades favoritas da Sra. Ford é passar um vídeo do primeiro dia de aula em que os alunos do 6º ano se apresentam e declaram o que esperam aprender. Os objetivos iniciais ali registrados servem como um ponto de partida para ajudar o grupo a refletir sobre os aprendizados ao longo do ano. Os estudantes riem alto ao reconhecer o quanto mudaram em apenas oito meses. É claro que as mudanças físicas são dramáticas do início ao final de cada ano letivo. Eles crescem, suas vozes mudam e muitas vezes os penteados ou estilos de roupas são novos. Depois de passar todo esse tempo juntos, agora também reconhecem as inúmeras formas em que são diferentes e únicos em relação a conhecimentos, língua, interesses, experiências durante a infância, família, cultura e habilidades especiais.

Essa história do vídeo do 6º ano ilustra o quanto os alunos estão constantemente se transformando de várias maneiras e em velocidades distintas. Quando pretendemos ajustar o ensino com vistas a atender às necessidades acadêmicas de todos, devemos lembrar que eles estão mudando continuamente e que, junto com as diferenças, compartilham experiências. A quantidade de tempo que temos na escola para aprender é predefinida, assim como grande parte do currículo. As diferenças nas Situações iniciais e nas velocidades de mudança dos alunos, assim como o tempo de aula fixo e os objetivos de aprendizagem necessários, criam uma tensão para os professores. Como você pode fornecer ensino adequado a cada estudante dentro do tempo disponível e das restrições curriculares? Observamos que docentes efetivos monitoram constantemente o aprendizado dos alunos, levando em conta as interações entre eles e os estudantes durante as aulas e as relações entre os estudantes e o currículo. Essa percepção é vital porque é o início — o ímpeto que é a razão para se fazerem ajustes no ensino.

BASEADO EM PESQUISAS: IDENTIFICANDO OS EXTREMOS

Diversidade nas salas de aula

As pesquisas geralmente confirmam a percepção dos professores sobre as mudanças na diversidade geral da população estudantil do ensino básico. Quando se trata de diversidade étnica, um recente relatório divulgado pelo Departamento* de Educação dos Estados Unidos de 2014 revelou que a porcentagem de alunos do ensino básico da escola pública que se identificaram como brancos caiu para menos de 50%, ao passo que a de estudantes hispânicos e asiáticos aumentou (MUSU-GILLETTE *et al.*, 2016). A porcentagem de estudantes de escolas públicas que não eram falantes nativos de inglês foi maior em 2014 e 2015 do que há uma década, perfazendo cerca de 9% da população estudantil. Não surpreende que o índice de estudantes que aprendem inglês como segunda língua varie por Estado — West Virginia teve o número mais baixo (apenas 1%), ao passo que quase um quarto da população estudantil da Califórnia se encontra nessa situação. Em 2014, aproximadamente 14% que tinham o inglês como segunda língua apresentavam dificuldades de aprendizagem.

Em termos do total de estudantes que recebem serviços de educação especial, de acordo com o Individuals with Disabilities Education Act (IDEA), aproximadamente 13% (ou 6,6 milhões) da população escolar pública os receberam em 2014 e 2015. Mais alunos do sexo masculino foram beneficiados do que os do sexo feminino, e mais estudantes indígenas e negros do que brancos foram contemplados. A esmagadora maioria dos que receberam serviços de educação especial (95%) estava matriculada em escolas regulares. Além disso, houve um aumento dramático na porcentagem de alunos que passaram a maior parte do tempo em salas de aulas regulares: saltou de 33% (1990) para 62% (2014 e 2015), um crescimento de 29 pontos percentuais. Há poucos dados recentes disponíveis sobre estudantes considerados superdotados e com altas habilidades, embora, em 2006, aproximadamente 6% da população total da escola pública nos Estados Unidos tenha sido identificada como superdotada (SNYDER; DILLOW, 2015).

A National Assessment of Education Progress (NAEP, 2015), mais comumente conhecida como Nation's Report Card**, é um instrumento útil para fornecer uma imagem geral do desempenho acadêmico dos estudantes norte-americanos. As avaliações são aplicadas periodicamente a uma amostra nacional representativa dos alunos de 4º e 8º ano e do último ano do ensino médio em nove disciplinas diferen-

---

* N. de T. Do inglês *Department*, é a instância superior equivalente a um ministério, no contexto brasileiro.

**N. de R.T. Em português, o "boletim escolar da nação" — a NAEP é equivalente à avaliação antigamente chamada de Prova Brasil (desde 2019, todas as avaliações externas nacionais do Sistema de Avaliação da Educação Básica passaram a ser chamadas apenas de Saeb).

tes. Ao examinar os resultados de 2015 sobre o desempenho nos temas centrais de leitura e matemática, conseguimos entender a variação de desempenhos no interior das séries e entre elas.

Primeiro, em termos de leitura, 36% dos alunos do 4º ano, 34% dos do 8º ano e 37% dos do último ano do ensino médio atingiram o nível de proficiência ou o superaram nesse quesito em 2015, indicando notas de desempenho acadêmico sólidas. Em contraste, 31% das notas dos alunos do 4º ano, 24% dos de 8º ano e 28% dos do último ano do ensino médio apresentaram resultados abaixo do nível básico (NAEP, 2015). Em relação à matemática, 40% dos estudantes do 4º ano, 33% dos do 8º ano e 25% dos do último ano do ensino médio alcançaram o nível de proficiência ou o superaram. Por outro lado, 18% dos alunos do 4º ano, 29% dos do 8º ano e 38% dos do último ano do ensino médio tiveram um desempenho abaixo do nível básico. Quando os dados são separados por grupos específicos, os estudantes que recebem serviços de educação especial e os que aprendem inglês como segunda língua geralmente apresentam desempenho aquém do nível básico de proficiência em todas as séries, tanto em leitura quanto em matemática.

Esses resultados sugerem uma tendência de aumento da diversidade acadêmica nas escolas norte-americanas. As avaliações do NAEP (2015) atestam que existe uma porcentagem substancial de alunos do ensino fundamental e do ensino médio que não estão atingindo os padrões de proficiência em matemática e leitura, confirmando que nem todos estão cotidianamente aprendendo na escola. É importante observar que essas tendências não são exclusivas do contexto dos Estados Unidos. Resultados de avaliações internacionais em grande escala, como o Programa Internacional de Avaliação de Estudantes (Pisa, do inglês Programme for International Student Assessment), que foca questões de equidade, também abordam a variabilidade nas notas de desempenho. Ao relatar os dados de avaliações de 2015, a Organização para a Cooperação e Desenvolvimento Econômico (OCDE), que supervisiona o Pisa, chegou à seguinte conclusão: "Claramente todos os países e economias têm excelentes estudantes, mas poucos têm possibilitado que todos os estudantes se superem" (OECD, 2016, documento *on-line,* tradução nossa). De fato, apenas poucos países conseguiram que quatro a cada cinco jovens de 15 anos alcançassem os níveis básicos de proficiência em ciências, leitura e matemática; entre eles, estão Canadá, Estônia, Finlândia, Hong Kong (China), Japão, Macau (China) e Singapura (OECD, 2016).

Perigo de generalizar extremos

Para atingir nosso objetivo de engajar os extremos, é importante entender a natureza destes e especialmente a extensão da heterogeneidade que existe na proficiência acadêmica das escolas de nosso país. Como demonstram as estatísticas que apresentamos, os professores são confrontados com uma considerável diversidade acadêmica, revelando a necessidade urgente de uma educação diferenciada (FUCHS, 2006). Entretanto, as pesquisas também sugerem que a diferenciação pedagógica é relativamente incomum na maioria das salas de aula, particularmente em grandes distritos escolares urbanos, que encontram uma considerável diversidade linguística, cultural e acadêmica. Diante de tal desafio, a maioria dos docentes opta por uma abordagem de ensino única para todos, lidando de forma seletiva com as diferenças entre os estudantes, ou se concentrando mais naqueles academicamente competentes. Os resultados de numerosos estudos indicam que as crianças que apresentam níveis de desempenho inferiores recebem menos atenção diferenciada do que as que apresentam níveis mais elevados de resultados, o que pode aumentar as disparidades de desempenho entre os extremos (FUCHS, 2006).

É nesse contexto que interpretamos as estatísticas mostradas na seção anterior. Embora os dados do NAEP indiquem claramente que certos grupos alcançam resultados superiores aos de outros, acreditamos fundamentalmente que um fator que contribui muito para isso é a falta de um ensino direcionado, e não que certos estudantes sejam mais capazes do que outros. Os proponentes do Desenho Universal para a Aprendizagem (DUA) defendem essa visão:

> Os avanços das pesquisas em neurociência e educação nos últimos 40 anos remodelaram nossa compreensão do cérebro a respeito da aprendizagem. Uma das descobertas mais claras e importantes decorrentes da pesquisa do cérebro é que não existe o "estudante comum". Em vez disso, o aprendizado é tão único para os indivíduos quanto suas impressões digitais ou DNA. A noção de categorias amplas de aprendizes — "inteligente/não inteligente", "com deficiência/sem deficiência", "regular/não regular" — é uma simplificação grosseira que não reflete a realidade. Ao categorizar os estudantes dessa forma, sentimos falta de muitas qualidades e pontos fortes sutis e importantes. A ciência mostra que qualidades ou habilidades individuais não são estáticas ou fixas; pelo contrário, elas mudam constantemente e existem na relação com o ambiente (HALL; MEYER; ROSE, 2012, p. 2).

É importante ter em mente que os extremos das diferenças de desempenho não são características duradouras e estáveis de um indivíduo ou de um grupo de alunos e que o ensino direcionado pode contribuir muito para preencher as lacunas de desempenho. Um estudo recente descobriu que 71% da variabilidade no engajamento dos alunos poderia ser atribuída a variáveis da sala de aula, e não a variáveis relacionadas aos estudantes (COOPER, 2014), ressaltando a importância de se olhar além das características dos alunos quando se trata de compreender o engajamento acadêmico.

Embora as estatísticas sejam úteis ao nos permitir compreender melhor a variação do desempenho acadêmico que existe em nossas escolas, elas não nos dizem nada sobre os estudantes, e há um perigo inerente na extrapolação desses resultados para os indivíduos. Conforme a pesquisa a respeito do DUA mostrou, a variabilidade ou heterogeneidade dentro de grupos de alunos é a norma. Uma pontuação "média" não pode captar adequadamente os perfis de cada membro desse grupo. O fato de que os alunos têm o inglês como segundo idioma ou são identificados como tendo uma deficiência não significa necessariamente que enfrentarão dificuldades em todas as tarefas acadêmicas. Da mesma forma, não significa que os alunos com altas habilidades não tenham a própria cota de desafios, mesmo acadêmicos. Todos nós temos pontos fortes e fracos, e esses atributos são suscetíveis de mudar, dependendo do contexto. Por essa razão, aconselhamos a implementação de avaliações individualizadas frequentes a todos os estudantes de uma turma, não apenas àqueles com dificuldades.

Percepção e pensamento dos professores

Tendo isso em mente, reflita sobre aquilo que Carol Dweck (2006) chamou de "mentalidade de crescimento" — pensar não no que certos estudantes ou grupos *não conseguem* fazer, mas no que *todos têm condições* de realizar, e que mudanças você precisa promover em seu currículo e em suas práticas para alcançar esse objetivo. Você consegue imaginar que é o sistema educacional, o currículo ou as aulas que apresentam "deficiências", e não os estudantes? (HALL; MEYER; ROSE, 2012). Os pesquisadores do DUA sugerem que os currículos tradicionais são "deficientes", uma vez que funcionam apenas para determinados tipos de alunos capazes de decodificar textos impressos ou de fisicamente virar páginas. Alguns também argumentam que o sistema educacional está atualmente estruturado para beneficiar certos estudantes em detrimento de outros. As pesquisas sobre pedagogia culturalmente relevante (LADSON-BILLINGS, 1995), por exemplo, apontam que muitos alunos pertencentes a grupos minoritários não percebem a escola e a escolaridade como validadoras, libertadoras ou emancipatórias. Que mudanças você necessita fazer em sua prática de ensino para garantir acesso justo e igualitário de modo que todos os estudantes atinjam o nível de proficiência? Você pode mudar seu pensamento, passando de professores para ensino (HIEBERT; STIGLER, 2017) e de alunos para aprendizagem?

Expectativas dos professores

Entre as principais contribuições do último século do campo da psicologia para a aprendizagem, está a pesquisa a respeito das expectativas dos professores. *As expectativas dos professores importam.* No primeiro estudo acerca dos efeitos do professor — agora apropriadamente chamado de "efeito Pigmaleão" (ROSENTHAL; JACOBSON, 1968) —, docentes que simplesmente foram informados de que era provável que seus alunos se desenvolvessem, esperavam mais desses estudantes, e, consequentemente, verificou-se que eles se desenvolviam em níveis mais elevados. Com base nesse trabalho inicial, desde então os pesquisadores têm examinado como as expectativas dos professores afetam seus comportamentos.

Evidências empíricas sugerem que os docentes geralmente interagem menos com estudantes com baixas expectativas de desempenho, oferecendo-lhes menos tempo de espera* e elogios (BROPHY, 1985), em última análise minando sua motivação e realização subsequentes. Em contraste, professores com altas expectativas em relação aos alunos são mais propensos a se envolver em práticas de apoio motivacional destinadas a promover um clima acolhedor na sala de aula (RUBIE-DAVIES *et al.*, 2015). Eles são mais inclinados a acreditar e utilizar agrupamentos de alunos não segmentados por habilidades (agrupamento flexível), promover aprendizagem autorregulada (ou seja, estabelecimento de metas e apoio no monitoramento do progresso em direção aos objetivos) e proporcionar escolha e autonomia a todos (RUBIE-DAVIES *et al.*, 2015). Todas essas práticas são enfatizadas pela estrutura ALL-ED.

Todos nós somos tendenciosos de alguma maneira ou forma[1], e não pretendemos sugerir que alguns professores são mais tendenciosos do que outros. Mesmo os educadores mais bem-sucedidos e bem-intencionados são capazes de sofrer os efeitos das expectativas dos professores. A boa notícia é que estas, assim como a capacidade acadêmica, não são imutáveis. Intervenções em relação a tais expectativas demonstram não só que essas crenças são maleáveis, mas que a formação de professores para a prática de altas expectativas pode melhorar o desempenho dos alunos. Por exemplo, Rubie-Davies *et al.* (2015) formaram um subconjunto de professores da Nova Zelândia no uso de grupos flexíveis, na oferta de escolha aos estudantes e no estabelecimento de metas e descobriram que os alunos desses docentes obtiveram notas mais altas em matemática do que os dos professores que não receberam essa formação. De maneira semelhante, nossa abordagem de diferenciação pedagógica apoia os professores no estabelecimento de altas expectativas para todos os alunos.

---

* N. de R.T. O conceito de "tempo de espera" como uma variável de ensino foi inventado por Mary Budd Rowe (1972). "Tempo de espera" são os períodos de silêncio entre a pergunta do professor e as respostas completas dos alunos (*wait time 1*) e entre a resposta dos alunos e a reação do professor (*wait time 2*). Estudos indicam que oferecer um tempo de espera (ou tempo para pensar) de pelo menos 3 segundos após fazer uma pergunta traz impactos positivos na aprendizagem. Em seu artigo, Rowe (1972 apud STAHL, 1994) cita os seguintes resultados: o tamanho e a exatidão das respostas dos alunos aumentam; o número de casos em que ninguém sabe a resposta diminui; o número de alunos que se voluntariam a responder aumenta; e as notas nas avaliações tendem a aumentar.

Estrutura ALL-ED de tomada de decisão do professor

Agora que você tem um embasamento sobre os extremos, vamos voltar à sua Situação inicial no começo do capítulo para pensar novamente: quais são os extremos que pretendemos engajar? Os estudantes não se encaixam em níveis claros, tais como altos, médios e baixos, porque há muitas variáveis envolvidas nas atividades de aprendizagem e porque eles variam em mais de uma dimensão. Por exemplo, durante uma atividade de leitura, os alunos podem variar em seu nível de leitura atual, gerando extremos relacionados ao acesso e ao rigor para estudantes envolvidos na mesma tarefa. Fatores como falta de frequência regular e de conhecimento cultural também impactam a compreensão de texto, independentemente do nível de leitura dos alunos. As maneiras como os estudantes diferem entre si têm conexões ou dimensões importantes para a aprendizagem. Ao longo do ano, à medida que os estudantes se desenvolvem, os modos como eles diferem vão constantemente mudando. Portanto, o esforço dos professores para perceber isso deve ser um processo contínuo, em que aprendem sobre os alunos com alguma profundidade e criam vínculos entre os alunos e eles. Além de aprender com os alunos, os educadores precisam rever sua visão dos alunos refletindo as mudanças que ocorrem com eles.

Quando pensamos em engajar todos em nossas turmas heterogêneas, imaginamos uma rede tridimensional, com novas conexões surgindo continuamente. A diversidade acadêmica é uma rede dinâmica de forças, necessidades e interesses que facilitam e às vezes bloqueiam ou desafiam a aprendizagem nos diferentes contextos. As características desses estudantes são circunstanciais, relacionadas à tarefa de aprendizagem específica; não são atributos fixos deles. Fortes habilidades de conversação com amigos podem facilitar o trabalho com projetos em pequenos grupos, por exemplo, mas podem representar um desafio para estudantes que respondem a questões espontaneamente durante uma discussão acadêmica e estruturada sobre literatura, ou quando estão preparando um discurso para falar em público. Ser capacitado para a escrita acadêmica em espanhol pode constituir tanto um ponto forte quanto um desafio ao escrever em inglês, devido às diferentes expectativas culturais que envolvem a estrutura de um texto escrito.

As características dos alunos nos extremos são específicas para cada tarefa e tópico que estão sendo ensinados. Como os extremos estão relacionados a cada tarefa de aprendizagem, os professores estão em um ciclo contínuo de perceber os pontos fortes dos alunos que facilitam seu aprendizado e de eliminar ou evitar desafios para uma aprendizagem eficaz e eficiente. Rotinas de sala de aula permitem aos docentes encontrar tempo durante as aulas para ouvir e observar o modo como os estudantes aprendem, percebendo continuamente seus pontos fortes e suas necessidades e reconhecendo os extremos em constante mudança dentro do contexto de tarefas específicas. Essa capacidade de ouvir e observar é vital para garantir que todos os alunos estejam aprendendo todos os dias, pois os professores só podem reagir ao que percebem na sala de aula. Aprender a partir dos alunos é um hábito fundamental para diferenciar ou ajustar o ensino. Todos os ajustes são baseados na percepção dos docentes sobre as necessidades de aprendizagem dos alunos; portanto, os esforços rotineiros para observar, expandir e revisar nossas percepções a respeito dos estudantes são necessários antes de começarmos a tomar decisões pedagógicas.

As rotinas de sala de aula destacadas neste capítulo ("Fazer anotações" e "Planejamento de tração") e várias outras que apoiam o hábito docente de registrar diariamente as respostas dos alunos aumentam a consciência do nosso conhecimento sobre eles e nos convidam a aproveitar os seus pontos fortes em nossos planos de aula. Por exemplo, você pode revisar uma atividade ou pergunta a cada semana para saber mais sobre seus alunos. A atividade pode ser uma pergunta em um bilhete de saída*, uma oportunidade para fazer um desenho ou uma fala individual de 3 minutos em que os estudantes compartilham coisas que gostam fora da escola. Eles podem ser convidados a colocar um selo ou um adesivo em seu trabalho que mostre uma habilidade que utilizaram, como pensar, ouvir ou se concentrar. Outra maneira de aprender com estudantes é pedir-lhes que ensinem a você ou à turma um jogo que conhecem ou como dizer algo em uma língua que dominam. Por fim, ao guardar os registros das respostas dos alunos, você (e também eles) pode notar padrões em seu pensamento, linguagem e compreensão. As respostas oferecem um meio para aprender mais a respeito dos estudantes e ajustar com precisão o ensino para atender às suas necessidades de aprendizagem.

As rotinas de sala de aula fornecem o tempo necessário de observação e escuta para ajudar professores a expandirem suas percepções sobre seus alunos em cada unidade ao longo do ano. Isso é uma mudança de atitude de conhecer os alunos na primeira unidade do ano e depois mergulhar no currículo, para uma postura de esforço intencional e planejado voltada a aprender continuamente com e sobre os estudantes a fim de construir estrategicamente novos aprendizados sobre as bases atuais. Nossas percepções informam nossas expectativas; assim, tornar visíveis nossas percepções para nós mesmos e buscar aprender com e sobre os nossos alunos é fundamental para oferecer uma diferenciação pedagógica precisa, eficaz e eficiente.

---

* N. de R.T. O bilhete de saída é um recurso usado para verificar rapidamente o domínio dos alunos sobre determinado conteúdo ou habilidade central ao final de uma aula. Os estudantes respondem a uma pergunta ou realizam um exercício breve em uma ficha, folha ou arquivo digital que o professor coleta antes de encerrar a aula. Essa estratégia proporciona um momento de reflexão para os alunos e, ao mesmo tempo, evidências sobre a aprendizagem da turma, a partir das quais o professor pode ajustar o planejamento para as aulas seguintes.

EXPERIMENTE AS ROTINAS DE SALA DE AULA: APRENDIZAGEM PRECISA, EFICAZ E EFICIENTE PARA TODOS

Planeje: Planejamento de tração

O "Planejamento de tração"* prepara nosso pensamento antes do planejamento da unidade e da aula visando a reconhecer nossas próprias características e as dos alunos que podem fortalecer ou desafiar a aprendizagem. O "Planejamento de tração" pede aos professores que anotem os objetivos de uma unidade ou tópico de estudo no centro de um círculo. Em seguida, eles fazem um *brainstorm* sobre os pontos fortes dos alunos que se conectam aos objetivos. A atenção é focada nos interesses tanto do professor quanto dos alunos, listando tudo que pode ser interessante, valioso, útil e significativo sobre tais objetivos.

ORIENTAÇÕES DA ROTINA DE SALA DE AULA ALL-ED: PLANEJAMENTO DE TRAÇÃO — PLANEJAMENTO DO PROFESSOR

Esse planejamento é projetado para focar nossa atenção nos pontos fortes que **estudantes e professores** trazem para uma unidade de estudo. O "Planejamento de tração" auxilia os professores a visualizarem formas práticas e concretas de aumentar a relevância de uma unidade de estudo (ver Fig. 2.2).

Os pontos fortes dessa rotina são os seguintes:

- reflete as percepções dos professores;
- define a estrutura ou perspectiva para o planejamento;
- pode ser adaptada e completada pelos estudantes.

ORIENTAÇÕES DE IMPLEMENTAÇÃO

Objetivo: basear a nova aprendizagem de uma unidade nos pontos fortes.

Situação inicial: completar a atividade "Fazer anotações" (Situação inicial deste capítulo).

---

* N. de R.T. O nome "Planejamento de tração" se refere ao processo de criar mais "aderência" entre os estudantes e o currículo, de forma que eles se sintam mais conectados com este. Nessa metáfora, o currículo é o solo onde os estudantes pisam para se sentirem firmes quando dão o impulso para frente, conforme avançam pelo currículo.

> **Critérios**
>
> - *Esperados:* as conexões com os objetivos são razoáveis.
> - *De excelência:* as conexões incluem uma grande variedade de habilidades, pontos fortes e interesses compartilhados tanto por indivíduos quanto por grupos de estudantes.
>
> **Ações**
>
> No planejamento, o professor segue as orientações apresentadas a seguir.
>
> 1. Identifique os objetivos para a unidade de estudo: quais são as compreensões centrais, os conhecimentos e as habilidades que os alunos aprenderão.
> 2. Construa novas aprendizagens com base nos pontos fortes dos alunos e nos interesses de alunos e professor relacionados aos objetivos da unidade de estudo.
> 3. Pense nas conexões das metas da unidade com a vida cotidiana dos alunos e na importância desse tópico para o presente e para o futuro.
> 4. Identifique as necessidades dos estudantes e a parte mais difícil de aprender da unidade. Use as informações de 2 e 3 para apoiar as necessidades dos estudantes e a aprendizagem da parte mais difícil da unidade.
>
> **Reflexões**
>
> 1. Compartilhe seu "Planejamento de tração" com um colega e peça a ele que acrescente pelo menos duas ideias de pontos fortes, habilidades e interesses adicionais de seus alunos e de você mesmo que se conectem ao tema proposto.
> 2. Conecte essas ideias e as revise para fortalecer as conexões, as principais avaliações ou as atividades da unidade.

    É importante considerar os pontos fortes e os interesses com um amplo escopo. Algumas características podem ser menos valorizadas durante as aulas, tais como enviar mensagens ou conversar com amigos, mas inclua no *brainstorm* essas e quaisquer outras ideias que se relacionem aos objetivos. Você está literalmente baseando os objetivos nos pontos fortes e nos interesses que você e seus alunos trazem para a sala de aula a fim de ajudá-lo a perceber como a aprendizagem terá como base o conhecimento anterior e como ela oferece tração para alcançar novos conhecimentos.

    Na sequência, você fará conexões entre os objetivos e o cotidiano dos estudantes e poderá prever como o domínio desses objetivos pode ser útil para o futuro dos alunos. Por fim, identificará a parte mais difícil da unidade e as necessidades de aprendizagem para alcançar esses objetivos que você já pode prever utilizando o que já conhece sobre seus alunos. Esse "Planejamento de tração" apoia os professores na construção de pontos fortes, aproveitando o conhecimento anterior para obter um novo e identificando desde o início onde será necessário investir mais tempo para atender às necessidades de aprendizagem dos estudantes.

Diferenciação pedagógica na prática **55**

Planejamento de tração

Título da unidade: _____

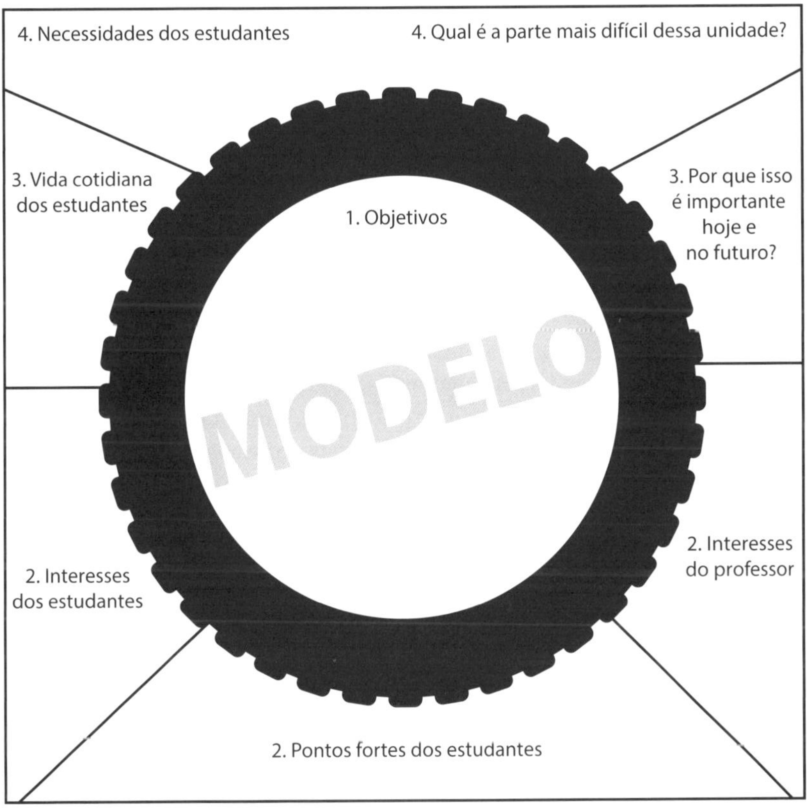

- 4. Necessidades dos estudantes
- 4. Qual é a parte mais difícil dessa unidade?
- 3. Vida cotidiana dos estudantes
- 1. Objetivos
- 3. Por que isso é importante hoje e no futuro?
- 2. Interesses dos estudantes
- 2. Interesses do professor
- 2. Pontos fortes dos estudantes

MODELO

Figura 2.2 Planejamento de tração.

Ensine: "Descoberta dominó" antes de ouvir quem levanta a mão

Depois de fazer uma pergunta e dar tempo aos estudantes para que discutam suas respostas em uma mesa ou em um pequeno grupo, explique que eles ouvirão uma resposta de um repórter de cada grupo. Enquanto esses repórteres falam, todos os demais serão ouvintes, prestando atenção a um objetivo de escuta previamente informado pelo professor, como identificar padrões, palavras de vocabulário, evidências extraídas de um texto ou outro tipo de orientação. Cada pessoa do grupo se prepara para ser o repórter, talvez anotando uma resposta e duas ideias de reserva. As respostas do repórter devem ser breves para que cada grupo seja ouvido e os ouvintes possam se lembrar do que foi dito. O professor chama um repórter de cada grupo, reforçando a regra do "Adicionar ou repetir": as respostas podem confirmar algo que já foi apresentado, mas o repórter tem de identificar quem o disse, ou contribuir com uma nova ideia. Registre as contribuições dos alunos em uma lista visível para todos à medida que cada grupo compartilha as respostas. Relembrar a eles o objetivo da escuta os ajuda a discutir e organizar as respostas. Após a "Descoberta dominó", permita que os estudantes levantem a mão caso queiram trazer ideias adicionais. Convide-os a elogiar os grupos, utilizando os critérios definidos para respostas de alta qualidade.

Por que usar a "Descoberta dominó" antes de ouvir quem levanta a mão? A "Descoberta dominó" promove o engajamento inclusivo e equitativo em salas de aula nas quais os alunos têm necessidades de aprendizagem diversas, pois os professores garantem que todos tenham oportunidades iguais para que suas vozes sejam ouvidas. Como todo estudante sabe que terá chance de compartilhar seu pensamento ou que suas ideias serão apresentadas pelo repórter do grupo, esse engajamento aumenta. À medida que isso acontece, aumentam também as oportunidades de pensar, porque todos são responsáveis por elaborar uma resposta para as perguntas, o que oferece aos alunos mais chances de usarem propositalmente o vocabulário acadêmico e de obter *feedback* imediato sobre suas ideias. Por fim, a "Descoberta dominó" fornece um meio eficiente de coletar e organizar informações para uma avaliação formativa da turma que podem ser usadas pelo professor para adaptar o ensino com vistas a melhor atender às necessidades dos estudantes.

Ajuste o ensino: Instruções inclusivas

Use as "Instruções inclusivas" para ajustar as rotinas de aprendizagem em grupo e adequá-las às necessidades dos alunos, além de estruturar cada rotina com OSCAR (Objetivo, Situação inicial, Critérios, Ações, Reflexões). As "Instruções inclusivas" são compostas de quatro partes: papéis, turnos, regras e tempo. Referimo-nos a isso como "Instruções inclusivas" quando cada uma dessas partes é identificada, porque, ao sermos específicos com os estudantes, aumentamos a clareza dos resultados e dos comportamentos esperados. Além disso, elas podem ser ajustadas para se encaixar nas necessidades de aprendizagem. Por exemplo, você pode estabelecer que alunos que estavam ausentes sejam os últimos a compartilhar uma resposta com seu pequeno grupo. Também pode optar por uma regra de "Adicionar ou repetir", o que significa que eles podem repetir uma resposta relatada por outro colega ou acrescentar uma nova ideia. Dessa forma, todos podem participar de maneira significativa da discussão em grupo, independentemente de terem faltado ou não no dia anterior. Quanto mais específico você for em relação a papéis, turnos, regras e tempo, maiores serão as possibilidades de desafiar e engajar todos os alunos. Conforme já discutimos na seção de pesquisa, os papéis

ORIENTAÇÕES DA ROTINA DE SALA DE AULA ALL-ED: DESCOBERTA DOMINÓ

A "Descoberta dominó" reúne de forma equitativa as respostas de todos os membros de uma classe ou grupo. Os representantes de cada grupo (repórteres de mesa ou grupo) compartilham as respostas, enquanto o professor as registra no bloco de papel *flip chart*, no quadro branco ou no *slide* ou documento projetado. Respostas adicionais são obtidas de estudantes individuais depois dos representantes.

Os pontos fortes dessa rotina são os seguintes:

- equidade na coleta de respostas dos estudantes;
- os alunos exercitam linguagem oral, vocabulário e escuta;
- os alunos aprendem com muitos colegas da turma;
- os alunos estão em pé, em movimento e se divertindo;
- os alunos têm um motivo para ouvir.

ORIENTAÇÕES DE IMPLEMENTAÇÃO

Objetivo: encontrar padrões e surpresas entre as respostas dos estudantes.

Situação inicial: os indivíduos pensam em uma resposta a uma pergunta. Para isso, você pode usar a rotina "Listar, escrever, desenhar".

Critérios

- *Esperados:* utiliza a palavra "porque"; explica com detalhes; inclui representação visual de ideias.
- *De excelência:* faz conexão com a unidade anterior ou eventos atuais; usa o vocabulário do mural de palavras da sala.

Ações

O professor identifica nas orientações:

- **Papéis:** orador e ouvintes.
- **Turnos:** o professor seleciona os alunos que falarão em primeiro e segundo lugar em cada grupo, definindo, assim, o sentido do turno de fala* para que os membros do grupo se revezem, compartilhando (um de cada vez) sua resposta.
- **Regras:** "Adicionar ou repetir" — os alunos podem adicionar novas ideias ou repetir às de outro colega. Isso apoia o orador — quando alguém é o orador e precisa de uma resposta para compartilhar (p. ex., se um estudante estava ausente ou atrasado e não tem a Situação inicial para compartilhar), alguém no grupo pode deixar o integrante usar sua resposta. Essa regra assegura que todos pratiquem falar sobre o tema.

---

* N. de R.T. Definir quem fala primeiro e que o segundo a falar está ao lado direito do primeiro, por exemplo, indica que o turno de fala vai girar em sentido anti-horário no grupo.

- **Tempo:** cada estudante fala por determinado período de tempo (que pode variar entre 10 segundos até 2 minutos, dependendo do tamanho da resposta esperada e do tempo de aula).

1. Indique um motivo para ouvir ou apresente um objetivo para essa atividade.
2. Decida quem vai reportar primeiro (tanto os indivíduos dentro do grupo quanto os repórteres que vão apresentar uma resposta para representar seu grupo).
3. Aponte o aluno que irá em segundo lugar, estabelecendo o sentido do turno de fala para as pessoas se apresentarem umas após as outras.
4. Peça a cada pessoa do grupo para compartilhar sua resposta (geralmente a "Situação inicial").
5. Alunos se revezam para completar a tarefa até que todos tenham falado, um após o outro, como dominós caindo.
6. Registre as respostas dos alunos (no quadro/*flip chart*/computador).

Reflexões

1. Reserve alguns minutos para anotar padrões e surpresas que os alunos perceberam, bem como para fazer perguntas.
2. Peça aos estudantes que façam elogios aos repórteres, usando critérios específicos.
3. Peça aos alunos que deem feedback sobre o processo, sugestões, ajustes ou novas regras para a próxima "Descoberta dominó".
4. Ajuste o ensino com base nas respostas dos alunos.

envolvem designar quem será o ouvinte e quem será o orador. Um registrador e/ou repórter ou representante de grupo pode ser adicionado para compartilhar os resultados da colaboração do grupo com a turma. Funções gerenciais, tais como coleta de materiais ou limpeza do espaço, devem ser realizadas antes ou após uma rotina de aprendizagem em grupo, mas não no decorrer dela. Durante essas rotinas, os papéis devem ser essenciais para promover a discussão. Sempre deve haver uma razão para ouvir um orador; caso contrário, os estudantes não saberão o que devem ouvir e lembrar.

"Turnos" significa simplesmente identificar quem está atuando primeiro como orador em cada grupo. Isso evita que se perca tempo e que os alunos se esforcem menos na atividade enquanto escolhem quem vai começar. Os turnos devem ser sempre designados pelo professor para atingir um objetivo de ensino. Por exemplo, pode haver momentos em que você deseja fazer uma pergunta a um aluno específico para ele começar. Pode haver outras ocasiões nas quais você quer que um estudante com uma resposta correta e completa comece. Ao designar um aluno para dar início à conversa em grupo por um motivo específico, os professores podem direcionar discussões em grupo eficientemente, mirando o objetivo de ensino.

As regras são feitas para garantir rigor e acesso a todos os estudantes. Por exemplo, "Apontar e repetir" permite aos que ainda estão elaborando uma resposta e àqueles que falam inglês há pouco tempo que simplesmente apontem para um estudante a fim de repetir o que eles disseram. Dessa forma, todos podem participar da discussão do grupo. À medida que o ano avança, as regras podem mudar, garantindo que a rotina mantenha o rigor; portanto, "Apontar e repetir" pode mudar para "Apontar, repetir, repetir" ou para "Apontar, repetir, adicionar ou repetir" a fim de assegurar que todos os estudantes estejam usando linguagem oral acadêmica na discussão em grupo.

Por fim, o tempo é sempre definido para garantir a equidade de oportunidades, compartilhar as ideias na turma e assegurar tempo para pensar sobre as respostas antes de ser necessário responder. Esse tempo, que pode ser controlado pelo professor por meio de um relógio ou um cronômetro, deve ser sempre estabelecido e mantido para que cada indivíduo compartilhe suas ideias e todos os membros do grupo pensem acerca do que foi ouvido antes de prosseguir para mais compartilhamento. Também deve haver tempo livre de discussão durante cada rotina de aprendizagem em grupo. O controle do tempo permite que um professor reduza o tempo quando os alunos estão elaborando suas respostas, a fim de que possam dar uma resposta parcial e serem bem-sucedidos. Ele também possibilita que um professor o prolongue com vistas a propiciar explicações mais longas por parte dos alunos. Outra vantagem desse controle é que o tempo destinado às rotinas de aprendizagem em grupo nunca é ultrapassado, uma vez que é gerenciado em cada etapa da rotina.

Os professores utilizam as quatro partes das "Instruções inclusivas" (papéis, regras, turnos e tempo) visando a garantir equidade e engajamento de todos os alunos durante as discussões em pequenos grupos. Há exemplos de dilemas no Capítulo 8, em que você pode praticar, ajustando papéis, turnos, regras e tempo a fim de eliminar desafios e aumentar o rigor e a aprendizagem dos estudantes durante a rotina do grupo.

Lista de verificação para implementar rotinas em seu ensino

Em loja.grupoa.com.br, acesse a página do livro por meio do campo de busca, clique em Material Complementar e baixe recursos adicionais que ajudarão você a implementar a "Descoberta dominó" e o "Planejamento de tração" em sala de aula, além de ferramentas para conhecer os seus alunos.

Planeje	Ensine	Ajuste o ensino
"Planejamento de tração"	"Descoberta dominó"	"Instruções inclusivas"

Critérios de qualidade para implementar as rotinas de sala de aula	
Esperados	**De excelência**
• Observar os pontos fortes dos estudantes no planejamento e na sala de aula. • Aumentar o tempo gasto refletindo no planejamento e na sala de aula. • Compartilhar os resultados dessas rotinas com um colega e discutir suas observações sobre as respostas dos estudantes. • Alterar a estrutura de tarefas diariamente ou semanalmente ou conforme um tipo específico de ensino, como, por exemplo, miniaula, exercícios individuais ou revisão.	• Implementar uma atividade ou pergunta com o objetivo de aprender sobre os estudantes em cada aula. • Ampliar seu pensamento e suas percepções sobre os estudantes. • Ampliar as percepções dos estudantes sobre eles mesmos. • Incentivar a autonomia dos estudantes, pedindo a eles que ajudem no registro de respostas ou gerenciando a coleta delas.

REFLEXÃO SOBRE O CAPÍTULO

Resumo do capítulo

Neste capítulo, respondemos à pergunta "Por que precisamos ajustar ou diferenciar o ensino?". Para atingir esse objetivo, identificamos nossas Situações iniciais com a rotina "Fazer anotações" a fim de registrar as percepções sobre as características dos alunos, as quais variam amplamente, criando extremos que são desafiadores para promover o engajamento dentro do tempo e das restrições curriculares. Examinamos estatísticas que abordam a crescente gama de diversidade étnica e acadêmica dos estudantes, o que confirma a percepção dos docentes a respeito da ampla heterogeneidade de pontos fortes e necessidades dos alunos que impactam a aprendizagem efetiva de cada lição. Fornecemos rotinas de sala de aula para utilizar diariamente no ensino. Para planejar, destacamos como o "Planejamento de tração" pode aumentar nossa consciência das relações entre as características que percebemos nos estudantes e o currículo exigido. Também descrevemos como mudar a estrutura da aula permite que os professores ouçam e observem os alunos enquanto estes recebem *feedback* de seus pares sobre as ideias deles. Ao utilizar estruturas mutáveis, você começou a desenvolver respostas ágeis às necessidades dos alunos durante a aprendizagem nas aulas. Nós o encorajamos a ajustar o ensino, planejando aprender com seus alunos a cada aula antes de começar a ensinar. Por fim, pedimos a você que retorne à sua Situação inicial sobre como suas percepções acerca dos estudantes refletem na aprendizagem e no planejamento dos próximos passos a fim de assegurar que todos estejam aprendendo diariamente.

Diário de aprendizagem: registre pontos-chave

Em seu diário de aprendizagem, acompanhe suas ideias sobre como atender às necessidades de seus diferentes alunos, respondendo às mesmas quatro perguntas que apresentamos no Capítulo 1:

1. O que foi mais interessante e útil para você neste capítulo?
2. Por que isso foi interessante e útil?
3. Como isso se conecta ao que você conhece sobre atender às necessidades de aprendizagem de todos os alunos?
4. Que pesquisas deste capítulo você poderia usar para explicar ou apoiar decisões a fim de ajustar o ensino?

Guarde as respostas para reflexão após ter lido mais capítulos deste livro e ter aplicado suas ideias em sala de aula. Responderemos a essas quatro perguntas ao final de cada capítulo.

Retorne à sua Situação inicial

Retorne ao seu quadro de características dos alunos que impactam a aprendizagem em sua área de estudo. Adicione e ajuste características que podem ser importantes no planejamento do ensino. Pense em como elas podem se alterar e como você (junto com os alunos) observará essas modificações ao longo do ano letivo. Identifique formas de documentar as características dos alunos por meio do trabalho deles — fotos do aprendizado e vídeos facilitam a percepção das transformações de forma semelhante à apresentada em nossa história inicial.

Agora, volte à pergunta deste capítulo: "Por que precisamos ajustar ou diferenciar o ensino?". Confira sua primeira resposta preliminar e pense em como ela foi confirmada, alterada ou desafiada após ler o capítulo e experimentar as rotinas de sala de aula em seu planejamento e na prática com os estudantes. Acrescente novas ideias à sua resposta ou revise-a de outra forma. Circule a parte mais importante e guarde-a para retornar após o Capítulo 8.

Agora que sabemos por que precisamos da diferenciação pedagógica, vamos voltar nossa atenção para o próximo capítulo, a primeira etapa de nossa estrutura, "Passo 1: Identificar OSCAR".

NOTA

1. Caso esteja interessado em explorar mais seus vieses, recomendamos conhecer o Teste de Associação Implícita, em Project Implicit (2011).

3

Passo 1
Identificar OSCAR

VISÃO GERAL

Objetivo

Quais são as partes ajustáveis de cada aula?

Pense: faça uma lista de partes das aulas com base no modelo de planejamento da sua escola, ou outro formato de plano de aula que utiliza, ou mesmo em aulas que você se lembre de sua própria escolarização. Coloque uma estrela ao lado de uma parte que é normalmente consistente para todos os alunos.

Critérios

- Identificar as partes ajustáveis, OSCAR, de uma aula ou atividade.
- Explicar as pesquisas sobre aprendizagem autorregulada e sua relação com as partes ajustáveis.
- Experimentar as rotinas de sala de aula:
  - Planeje — identificar OSCAR nos planos de aula.
  - Ensine — "Pensar, falar, trocar livremente" (PFT).
  - Ajuste o ensino — "Critérios: verificar e refletir"

Situação inicial: explorando uma aprendizagem bem-sucedida

Reserve um tempo para pensar em uma experiência de aprendizagem bem-sucedida pela qual você tenha passado. Use a rotina individual "Listar, escrever, desenhar" para registrá-la, descrevendo em detalhes o que, onde, por quê, como, quando e por quanto tempo estava aprendendo, bem como quem estava ensinando. Sublinhe as partes que expliquem por que a experiência foi bem-sucedida. Compartilhe-a com um amigo ou um colega para verificar se existem qualidades comuns em experiências de aprendizagem que engajam com sucesso todos os alunos. Continue perguntando a colegas sobre as experiências deles até você poder compilar uma lista das 10 melhores qualidades que garantem que todos os alunos estejam aprendendo. Compare essa lista com a que compilamos perguntando a professores; nós voltaremos a ela ao final deste capítulo.

QUALIDADES DAS EXPERIÊNCIAS EM QUE TODOS OS ALUNOS ESTÃO APRENDENDO CONTEÚDO RELEVANTE

- Tema relevante
- Captura do interesse
- Segurança para assumir riscos
- Expectativas claras
- Produto conhecido
- Comunidade
- Motivação
- Atividade ativa
- Guiada por objetivos
- Progresso visível
- *Feedback* contínuo

NA SALA DE AULA: OSCAR NOS ENSINA A ENGAJAR OS EXTREMOS

Você se lembra do Oscar? Nós o descrevemos na introdução deste livro — ele é o estudante do Bronx que sentia que "não sabia nada" quando não entendia as aulas. Lembra-se de sua dedicada professora, a Sra. Ford? Nós a encontramos literalmente suando, correndo de aluno a aluno e oferecendo ajuda. Neste capítulo, voltamos à história de Oscar para abordar a seguinte questão: "Como podemos garantir que Oscar nunca saia confuso da sala de aula?".

Quais são as partes ajustáveis de cada aula?

Pense por um momento sobre o assento do motorista em um carro. Ele se ajusta para assegurar que todos os motoristas, que têm muitas dimensões diferentes, possam alcançar os controles. Podemos usar as partes das aulas como as alavancas dos assentos dos carros a fim de fazer ajustes com vistas a favorecer os alunos. Para encontrar essas partes ou alavancas, basta pensar nas letras da palavra OSCAR. Ela representa ao mesmo tempo nosso aluno, e seu nome é um recurso mnemônico para as peças ajustáveis em cada aula: "O" significa Objetivo; "S", Situação inicial; "C", Critérios; "A", Ações; e "R", Reflexões. Ajustando uma ou mais dessas partes, podemos ampliar a gama de estudantes capazes de se engajar em cada atividade de aprendizagem.

Objetivo

O Objetivo é a meta de uma aula ou atividade. Frequentemente as metas são escritas como "Os alunos serão capazes de ____", espaço que o professor preenche colocando o que os alunos aprenderão na aula. Também podem ser escritas sob a perspectiva do estudante como objetivos de aprendizagem, tais como "Eu posso ____". Independentemente de como está apresentado, o objetivo deve ser visível para os alunos como um destino a ser alcançado em um mapa — claro, visível e significativo. Os objetivos podem ser divididos em partes, criando oportunidades aos estudantes de estabelecerem metas específicas considerando suas necessidades dentro dos padrões exigidos, e devem ser claros, acessíveis, rigorosos e relevantes (CARR) para todos. Os professores podem usar as perguntas de reflexão na tabela de planejamento de objetivo (ver Tab. 3.1) para revisar os objetivos dos planos de aula e de unidade a fim de aumentar as maneiras como os alunos podem se relacionar e utilizar os objetivos como um meio para o engajamento.

Situação inicial

A Situação inicial consiste simplesmente em reservar um momento para anotar onde você se encontra antes de embarcar em uma viagem ou de tentar fazer uma mudança. Pense em qualquer momento em que fez uma mudança em sua vida e como foi essencial registrar uma Situação inicial*. Antes de iniciar um programa de

---

* N. de R.T. Em inglês, o S em OSCAR remete a Starting position, ou "posição inicial". Adaptamos essa parte da aula para Situação inicial com o intuito de manter a sigla OSCAR como recurso mnemônico em português.

TABELA 3.1 Tabela de planejamento do Objetivo

Objetivo	
Clareza	O objetivo é apresentado em palavras fáceis de serem lembradas pelos alunos? Por que esse objetivo é importante?
Acesso	As partes alcançáveis são identificadas nos objetivos?
Rigor	Quais são as partes desafiadoras do objetivo? Que tipo de pensamento é necessário para alcançar esse objetivo?
Relevância	O que os alunos vão considerar interessante, importante e valioso nesse objetivo? Como esse objetivo desenvolve os pontos fortes dos alunos? Como os alunos vão utilizar esse objetivo ao longo da aula?

TABELA 3.2 Tabela de planejamento da Situação inicial

Situação inicial	
Clareza	Que dúvidas os estudantes apresentam sobre esse tópico? Existem equívocos que preciso abordar? Como a Situação inicial alerta os alunos que têm uma "ilusão de conhecimento"?
Acesso	Todos vão entender o vocabulário?
Rigor	As Situações iniciais são as mesmas para todos os estudantes? Como vou envolver os que estão mais confortáveis ou conhecem melhor esse tópico?
Relevância	Qual é o conhecimento prévio dos alunos? Como eles vão se sentir confiantes em aprender sobre o tópico?

exercícios físicos, é frequentemente útil registrar o peso inicial e o ritmo cardíaco em repouso para que seja possível avaliar como os exercícios diários afetam esses importantes marcadores. Ao se embarcar em uma viagem, registrar uma posição inicial permite medir a distância percorrida, e, ao se utilizar um GPS, um marco inicial possibilita que o dispositivo recomende rotas alternativas.

De maneira muito semelhante a esses exemplos, as Situações iniciais fornecem aos estudantes um marcador necessário para medir seu aprendizado. Na sala de aula, como temos exposto no início de cada capítulo, as Situações iniciais podem ser tão simples quanto pedir aos alunos que circulem três palavras familiares ou coloquem uma estrela na pergunta mais difícil. Uma simples pré-avaliação em que os estudantes têm 2 minutos para começar a responder individualmente uma folha de exercícios e observar seu progresso antes de terminar, trabalhando em uma mesa com os colegas, caracteriza uma Situação inicial que usamos com frequência nas aulas. As Situações iniciais podem ser completadas individualmente ou em grupos para ativar e aprofundar o conhecimento prévio. Além de serem essenciais para a aprendizagem dos estudantes, elas constituem um meio pelo qual os professores podem adequar o ensino. Por exemplo, as respostas dos alunos podem ser reunidas para que os docentes façam ajustes no momento da aula, tais como pedir que levantem a mão para o problema que parece ser o mais desafiador e, em seguida, adaptar a aula para discutir e resolver tal problema no quadro (ver Tab. 3.2).

Critérios

Os critérios são as qualidades que você quer observar no trabalho dos estudantes. Os critérios de qualidade ajudam os alunos a conhecerem as exigências mínimas, ou as qualidades *esperadas*, e as *de excelência*, que os desafiam (especialmente os que terminam as tarefas mais cedo) a ir além dos padrões exigidos. Os critérios *esperados* asseguram que todos se concentrem em atingir os padrões estabelecidos e podem incluir, por exemplo, o vocabulário exigido, o uso da palavra "porque", o uso de uma determinada estrutura de frase, ou basear argumentos em evidências. Já os critérios *de excelência* podem incluir o uso de vocabulário avançado, fornecer estratégias ou perspectivas alternativas e inserir todos os membros do grupo em uma

TABELA 3.3 Tabela de planejamento de Critérios

Critérios	
Clareza	Como os estudantes vão conhecer os critérios necessários a um trabalho de alta qualidade? Utilizarão uma tabela, uma lista de verificação, uma rubrica, um modelo ou outra ferramenta?
Acesso	Quais são os critérios esperados (isto é, o que os estudantes devem ser capazes de fazer ou entender ao final de cada atividade/aula)? Que ajustes serão necessários com vistas a assegurar que todos sejam capazes de utilizar os critérios para orientar seu trabalho? (p. ex.: algumas imagens ou exemplos de trabalhos feitos por alunos devem ser fornecidos juntamente com a rubrica? Ou o vocabulário-chave deve ser definido com imagens?).
Rigor	Como os estudantes serão desafiados a ir além dos critérios *esperados* e alcançar os *de excelência*?
Relevância	Como os alunos vão receber *feedback* e refletir sobre a qualidade do seu trabalho, seu processo de aprendizagem e os planos para as próximas etapas?

resposta. Os critérios de excelência fornecem espaço para ampliar as expectativas, garantindo que todos os estudantes sejam desafiados (ver Tab. 3.3).

Ações

As Ações, ou o Padrão de ação*, constituem o passo a passo do plano de aula. O que as torna diferentes é que as rotinas da sala de aula (individuais e em grupo) estão ligadas a atividades de ensino que ocorrem regularmente, tais como a introdução de novas unidades, miniaulas (ou minilições), revisão, experimentos, testes, desafios em equipe e rodas de discussão. Os professores utilizam o mesmo padrão de ação para economizar tempo com orientações e transições durante as aulas. Isso também ajuda estudantes como o Oscar a concentrarem a atenção no que estão aprendendo, pois as orientações são conhecidas, liberando a memória de trabalho. As rotinas funcionam como um painel de carro porque permitem que os alunos aprendam sem a gestão ou direção do professor, deixando-o livre para acompanhar o painel. As rotinas também são usadas para coletar respostas semelhantes dos alunos sobre elementos-chave, do mesmo modo que um painel exibe dados a respeito das características críticas necessárias a uma direção eficaz (ver Tab. 3.4).

TABELA 3.4 Tabela de planejamento das Ações

Ações	
Clareza	Como assegurar que todos os estudantes estejam participando (e não batendo papo com os colegas)?
Acesso	Como assegurar que os alunos fiquem confortáveis participando (e sintam que podem participar)?
Rigor	Quanto tempo os alunos estão dedicando a ouvir, falar, escrever, ler e pensar? Quantas partes estão envolvidas nessa rotina? As partes se encaixam em mais de uma maneira?
Relevância	Como promover colaborações produtivas em grupo, nas quais os alunos ajudem uns aos outros a aprender?

---

* N. de R.T. Em inglês, o A de OSCAR corresponde a Action patterns, ou seja, não são quaisquer ações realizadas na aula, mas sim os padrões de ação na aula que podemos identificar porque se repetem com frequência, incluindo as rotinas e as estruturas de ensino que serão apresentadas no Capítulo 4.

Reflexões

As Reflexões ocorrem quando os estudantes voltam à Situação inicial e descrevem como seu pensamento permaneceu o mesmo, foi desafiado, alterado ou ampliado durante a aula. Elas são como um álbum de fotos de uma viagem, documentando-a e proporcionando um ponto inicial para as próximas. Quando os professores ensinam explicitamente OSCAR aos alunos, literalmente estão dando a eles um volante que lhes permite assumir maior responsabilidade e independência na busca da própria aprendizagem. Ao mesmo tempo, OSCAR fornece as peças ajustáveis que os professores utilizam para engajar, valorizar, estimular e inspirar cada aluno (ver Tab. 3.5).

Vamos ajudar Oscar

Agora que identificamos os componentes do modelo OSCAR, vamos voltar ao nosso problema de prática docente: "Como podemos garantir que Oscar nunca saia confuso da sala de aula?". Nesta seção, detalhamos exatamente o que fizemos usando OSCAR para resolver esse problema. Do mesmo modo, você também pode aplicar o modelo para ajudar outros estudantes como o Oscar em sua turma.

Primeiro, imaginamos o sucesso — Oscar saindo da aula com clareza e sendo capaz de descrever o que tinha aprendido. Depois, pensamos de trás para frente, partindo dessa visão até a atual Situação inicial de Oscar, de se sentir como se não tivesse acompanhado tudo que aconteceu na aula. Voltando à nossa visão do sucesso de Oscar, fomos capazes de identificar as peças necessárias para que ele pudesse aumentar a clareza sobre o assunto e o acesso para promover seu engajamento nas atividades de aprendizagem. Por exemplo, sabíamos que ele precisaria

TABELA 3.5 Tabela de planejamento de Reflexões

Reflexões	
Clareza	Como os estudantes vão saber o que procurar e monitorar em sua aprendizagem?
Acesso	Como os estudantes se lembrarão do *feedback* que receberam e/ou o utilizarão em sua aprendizagem?
Rigor	Como os estudantes utilizaram os critérios (incluindo os *esperados* e os *de excelência*) para monitorar e melhorar seus processos e produtos?
Relevância	Como os estudantes documentaram seu progresso e planos para as próximas etapas?

ter clareza a respeito do objetivo de aprendizagem, começando com o objetivo final claramente visível em sua mente. Então, ele deveria descobrir sua Situação inicial para construir uma consciência metacognitiva, esclarecendo o que já sabia acerca do objetivo. Para iniciar sua jornada na direção da autorregulação, também pensamos que ele precisaria refletir sobre a distância entre sua Situação inicial e o Objetivo; dessa forma, ele poderia retornar depois à sua Situação inicial para refletir, descrevendo como ela mudou como resultado da aula.

Em segundo lugar, percebemos que precisávamos encontrar um modo de realizar isso eficientemente durante as aulas diárias. Assim, desenvolvemos uma rotina que exige pouca orientação verbal da professora a fim de reduzir o esforço que Oscar tinha que despender para entender o que fazer durante as aulas, liberando espaço importante e limitado da memória de trabalho e aumentando seu tempo falando inglês para discutir matemática. Em colaboração com sua professora, decidimos implementar uma rotina de aprendizagem em grupo chamada "Pensar, falar, trocar livremente" (PFT) antes e depois de cada miniaula* a fim de aumentar a clareza e o acesso de todos os estudantes.

Durante a PFT, os alunos se reúnem em grupos, determinados pela professora, de três pessoas com habilidades variadas em relação a idioma, conhecimentos prévios e matemática. A professora simplesmente apresenta um problema na aula do dia, e os alunos completam a rotina PFT nos trios, revezando-se em um círculo e apontando alguma coisa familiar, como, por exemplo, um sinal de igual ou o número 2, e algo novo ou surpreendente, como uma variável desconhecida ou um sinal negativo. Depois de uma rodada em que cada pessoa compartilha uma ideia, os estudantes discutem um pouco para listar aquilo que acreditam saber a respeito do problema.

Para garantir que todos participem, a professora pede aos alunos que têm algo a compartilhar que falem primeiro. Também estabelece uma regra de "Adicionar ou repetir" a fim de que os estudantes possam repetir ou confirmar a ideia apresentada por outro colega ou acrescentar uma nova. Os recém-chegados são encorajados a usar a regra "Apontar e repetir", em que apontam para um estudante que já falou antes e este repete o que foi dito. Dessa maneira, todos podem se engajar no pequeno grupo.

Como essa rotina é realizada nos mesmos grupos antes e depois de cada miniaula, a professora fica livre para ouvir e observar os alunos falando sobre matemática. Por exemplo, importantes mal-entendidos são revelados durante essas curtas discussões de 3 a 5 minutos, como no caso da professora que percebeu alunos usando a palavra "dois" em vez de "ao quadrado". Após a miniaula, os grupos se

---

* N. de R.T. Miniaula, ou minilição, é um breve momento (de 10 a 15 minutos) dentro do período da aula em que o professor utiliza uma abordagem expositiva para explicar um conteúdo para a turma.

reúnem novamente para uma rodada rápida em que cada aluno compartilha o que aprendeu de mais importante; na sequência, o grupo tem uma breve conversa para discutir padrões e surpresas em seu aprendizado da aula.

Oscar tem agora uma boa ideia de como será a aula antes de ela começar e sabe que, se não entender o inglês falado ali, seus parceiros do trio repetirão os pontos mais importantes durante a PFT, ajudando-o a compreender o que foi perdido na aula. Os 5 minutos de PFT, uma rotina estruturada de aprendizagem em grupo, diminuem o tempo que a professora passa revendo e respondendo perguntas, de modo que a aula se encaixa no período de 40 minutos.

Nunca deixe a turma confusa

A PFT nos trios escolhidos representa uma rotina para Oscar entender o Objetivo, identificar sua Situação inicial e retornar a ela para fazer Reflexões sobre seu aprendizado da aula. Sem fazer nenhuma outra alteração na aula, essa rotina estimula a capacidade do professor de ajustar o ensino visando a alcançar os alunos situados nos extremos da fluência em inglês. Oscar deixou de sair confuso da aula. Além disso, sua professora relata ser capaz de dar mais aulas por semana porque gasta muito menos tempo explicando e repetindo informações para toda a turma. O resultado mais importante é que os alunos estão empenhados em falar sobre matemática em cada aula. Planejar a aula pensando nos extremos beneficiou a todos na classe, incluindo a Sra. Ford.

ORIENTAÇÕES DA ROTINA DE SALA DE AULA ALL-ED: PENSAR, FALAR, TROCAR LIVREMENTE (PFT) — ESTRUTURA EM GRUPOS

A rotina PFT proporciona tempo para que cada estudante compartilhe uma resposta com colegas. Quando as respostas são mais longas, é útil formar grupos de três para compartilhá-las. A PFT garante equidade e oportunidade para que cada estudante utilize o vocabulário acadêmico em sala de aula. Ela é diferente da "Descoberta dominó" (Cap. 2), porque, na PFT, depois de cada aluno ter falado, eles discutem as respostas em uma conversa não estruturada — por isso o uso da expressão "Trocar livremente". Durante tal conversa, eles ganham maior clareza conforme os colegas respondem a perguntas, revisam os pontos principais de uma leitura ou miniaula ou descrevem conexões com a aula a fim de desenvolver maior significado. O professor ouve e observa os estudantes conversando durante a PFT. Muitas vezes, essa rotina é precedida por outra, individual, para elaborar uma resposta a ser compartilhada, tal como "Listar, escrever, desenhar" (Cap. 1), ou para refletir sobre o trabalho que fez antes de compartilhá-lo, como propõe "Critérios: verificar e refletir" (Cap. 3). A PFT é frequentemente seguida pela realização da "Descoberta dominó" para o professor coletar uma resposta de cada trio. A obtenção de respostas de cada grupo leva menos tempo do que quando elas são recolhidas de cada estudante individualmente, e ao final há menos respostas para o professor fazer uma síntese e determinar os ajustes que fará a seguir.

Os pontos fortes dessa rotina são os seguintes:

- promove o pensamento crítico;
- encoraja a colaboração;
- exige que os estudantes usem e desenvolvam habilidades linguísticas;
- engaja os alunos, pois a parte da discussão livre não é intimidadora, e então os alunos se sentem inclinados a participar;
- serve a diferentes propósitos, como esclarecer as dúvidas dos alunos, corrigir os trabalhos feitos em casa, verificar a compreensão e gerar ideias de modo eficiente.

ORIENTAÇÕES DE IMPLEMENTAÇÃO

Objetivo: construir compreensão por meio de discussões.

Situações iniciais (individualmente e, em seguida, em pequenos grupos):

Individualmente: os estudantes completam uma atividade de aprendizagem, como "Listar, escrever, desenhar" ou "Critérios: verificar e refletir", a fim de preparar uma resposta a ser compartilhada no pequeno grupo.

Grupos: o professor distribui os alunos em trios, que apresentam uma ampla heterogeneidade de habilidades e conhecimentos prévios. Ele determina onde cada grupo ficará, com os estudantes sentados ou em pé, joelho com joelho e olho no olho, para que seja mais fácil para os membros do grupo se ouvirem.

Critérios

- *Esperados:* responde à solicitação; explica seu pensamento.
- *De excelência:* responde à pergunta usando vocabulário do mural de palavras da sala.

Ações

O professor identifica nas orientações:

- **Papéis**: um orador, dois ouvintes e um controlador do tempo (que pode ser o facilitador do grupo ou um dos ouvintes. É útil utilizar um cronômetro para que não haja necessidade de ficar olhando para um relógio).

    Observação: o participante que estiver na condição de *ouvinte não pode falar*.

- **Turnos**: o professor escolhe um estudante de cada grupo para ser o primeiro a falar e, em seguida, aqueles que falarão em segundo e terceiro lugar.
- **Regras**: "Adicionar ou Repetir" – os alunos podem repetir a resposta de um colega ou adicionar uma nova.

- **Tempo**: o professor estabelece o tempo de cada rodada, de modo que todos os grupos passem pela rotina no mesmo ritmo.

Situação inicial: pensamentos iniciais

1. Prepare os pensamentos iniciais a serem compartilhados no grupo.

Ações: Pensar — Falar — Repetir — Trocar livremente

1. **Determine** quem vai falar primeiro nos pequenos grupos com membros sentados ou em pé, de frente uns para os outros em um círculo.
2. **Pensar**: oriente os estudantes a pensarem no que dirão (se forem o orador) e por que estão ouvindo (se forem o ouvinte).
3. **Falar**: Orador: compartilha uma resposta a uma pergunta, as ideias mais importantes de uma aula ou texto, apresenta um resumo ou a lembrança de uma experiência. Ouvinte: ouve sem interromper, presta atenção a um objetivo específico, como ouvir padrões e coisas novas, palavras do vocabulário (chamamos as palavras do vocabulário de "palavras do momento"), sentimentos ou conexões com ideias importantes ou com outras unidades. Somente o orador fala durante esse período; se ele concluir antes de o tempo acabar, o grupo usa o tempo restante para pensar.
4. **Pensar**: todos usam o tempo para pensar no que ouviram. Durante esses momentos de reflexão, os alunos podem anotar perguntas, registrar conexões, padrões e descobertas e outras observações.
5. **Repetir os passos 2 a 4** (revezando os papéis para que todos tenham chance de ser o orador).
6. **Trocar livremente**: os estudantes discutem padrões no que foi compartilhado e fazem perguntas para esclarecer e sondar ideias. A única regra é que todos devem dar e aproveitar ideias.

Reflexões

Individualmente: peça aos alunos que retornem aos pensamentos iniciais na Situação inicial; reflitam sobre como a PFT confirmou e ampliou o pensamento; e anotem e revisem a Situação inicial para acrescentar, confirmar e mudar o registro de pensamento baseado na aprendizagem por meio dessa rotina.

Turma inteira: use a "Descoberta dominó" para obter rapidamente uma resposta resumida de cada trio. Utilize essa lista de respostas registradas para ajustar as próximas etapas de ensino na aula.

A estrutura da PFT é baseada no Micro Lab Protocol, do *site* da National School Reform (2017). Disponível em: https://www.nsrfharmony.org/wp-content/uploads/2017/10/microlabs_0.pdf.

OSCAR em todas as aulas

Portanto, o primeiro passo para engajar todos os alunos em salas de aula inclusivas todos os dias é ver OSCAR em cada aula. Comece imaginando um aluno que atualmente está saindo da sala confuso ou entediado; em seguida, identifique as cinco partes ajustáveis (Objetivos, Situação inicial, Critérios, Ações e Reflexões) para determinar em que ponto uma mudança de rotina vai engajar todos os estudantes. No caso de Oscar, o primeiro passo foi vislumbrar o sucesso dele e o resultado desejado a partir de nossa intervenção: Oscar nunca sair confuso da sala. Em segundo lugar, identificamos as partes ajustáveis da aula. Mantivemos tudo no seu lugar e apenas identificamos a abertura e o fechamento da miniaula como espaços em que alguns alunos precisavam de maior clareza. Terceiro, ajustamos as ações da miniaula para ser mais bem adequada a todos. Nesse caso, adicionamos a PFT antes e depois da miniaula como padrão de ação de rotina. Usamos esse padrão de forma consistente quando as miniaulas estavam sendo aplicadas.

É importante notar que o primeiro passo não foi fazer duas versões (uma fácil e outra difícil) de uma folha de exercícios ou colocar Oscar em um programa de computador para praticar habilidades básicas, mesmo que possamos usar essas estratégias para desenvolver habilidades específicas ocasionalmente em uma aula. Em vez disso, nossa abordagem inicial foi implementar uma rotina que ajustasse de forma confiável o ensino para se moldar à necessidade de Oscar de mais clareza e maior acesso nos dias em que o ensino inclui uma miniaula. Ele se beneficiou dessa rotina, assim como seus colegas.

BASEADO EM PESQUISAS: APRENDIZAGEM AUTORREGULADA

OSCAR estimula a aprendizagem autorregulada

OSCAR e as partes ajustáveis das aulas derivam da pesquisa sobre aprendizagem autorregulada. Como indicamos no Capítulo 1, ela é comumente definida como um processo em que os alunos monitoram, controlam e regulam ativamente seus pensamentos, sentimentos e comportamentos a fim de alcançar objetivos de aprendizagem autodefinidos (PINTRICH; ZUSHO, 2007; ZIMMERMAN, 2008).

Os modelos teóricos tipicamente descrevem esse processo dividido em fases específicas (ver Fig. 3.1). A primeira é a de planejamento, durante a qual o estudante autorregulado ativa o conhecimento prévio a respeito da tarefa em questão e toma decisões sobre como trabalhar — em outras palavras, define objetivos. A ela se seguem as fases de monitoramento e controle, que ocorrem quando esse aluno está realmente trabalhando na tarefa. Nessas etapas, ele monitora até que ponto sente que está avançando em direção a seus objetivos de aprendiza-

- Quando vou começar a trabalhar?
- Onde vou trabalhar?
- Como vou trabalhar?
- O que preciso saber para realizar esse trabalho?
- O que o professor deseja que eu faça?

- Estou sendo bem-sucedido no que me propus?
- Estou sendo distraído?
- Isso está demorando mais do que eu esperava?
- Estou entendendo tudo que preciso entender?

- Não acho que estou entendendo direito.
- O que devo fazer de modo diferente?
- O que devo fazer para me manter na tarefa?
- Como posso encorajar a mim mesmo para realizar essa tarefa?

- Eu realizei tudo que esperava?
- Eu realizei um trabalho bom ou ruim? Por quê?
- O que funcionou? O que não funcionou?
- O que devo fazer de modo diferente da próxima vez?

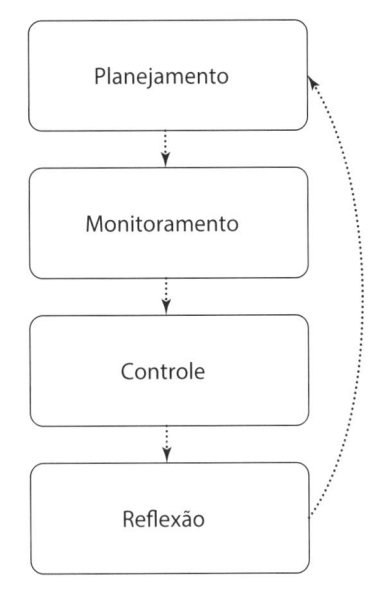

```
Planejamento → Monitoramento → Controle → Reflexão
```

Figura 3.1 Modelo teórico de aprendizagem autorregulada.

gem; quando isso não estiver ocorrendo, altera as estratégias para se manter no caminho certo. A última fase é a de reflexão, que ocorre após a tarefa ter sido concluída e na qual os alunos autorregulados pensam acerca de quanto suas estratégias funcionaram bem e que mudanças precisam ser feitas para melhorar o desempenho no futuro.

É importante observar que os pesquisadores não assumem necessariamente que toda aprendizagem ocorre da maneira explícita ilustrada na Figura 3.1. Evidentemente, há casos em que ela pode se dar mais implicitamente, sem necessariamente seguir essas etapas de forma linear. No entanto, trata-se de um método útil para resumir a teoria e a pesquisa sobre aprendizagem autorregulada e para observar como OSCAR se encaixa nesses modelos teóricos.

A Figura 3.2 mostra a relação entre OSCAR e o modelo teórico de aprendizagem autorregulada. Quando o objetivo da aula é claro, acessível, rigoroso e relevante e quando a Situação inicial é facilmente compreendida, tais condições ajudam Oscar a planejar e definir objetivos apropriados de forma mais eficaz. Os critérios de qualidade e o padrão de ação, por sua vez, o auxiliam a monitorar e controlar seu aprendizado, observando se ele está ou não progredindo em direção a seus objetivos ou se precisa fazer ajustes. Por fim, a ação de voltar a refletir permite que avalie seu aprendizado e estabeleça os próximos passos. Em resumo, OSCAR ajuda Oscar a se tornar um aprendiz autorregulado (ver também Fig. 3.3).

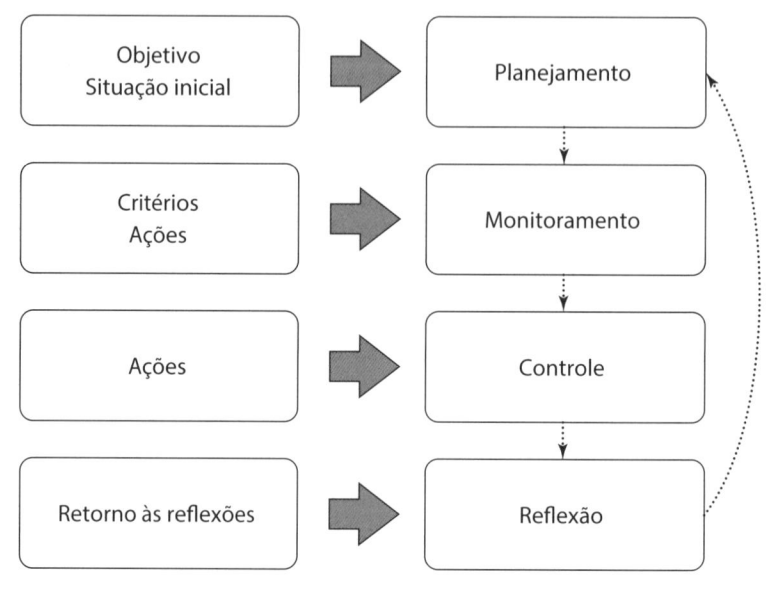

```
Objetivo
Situação inicial  →  Planejamento
                         ↓
Critérios
Ações         →  Monitoramento
                         ↓
Ações         →  Controle
                         ↓
Retorno às reflexões  →  Reflexão
```

Figura 3.2 Relação entre OSCAR e aprendizagem autorregulada.

EXPERIMENTE AS ROTINAS DE SALA DE AULA: APRENDIZAGEM PRECISA, EFICAZ E EFICIENTE PARA TODOS

Planeje: Identificar OSCAR em um plano de aula

Leia um plano de aula que você está prestes a ensinar. Verifique como os alunos serão capazes de perceber OSCAR e comece a identificar pontos em que o ensino poderia ser ajustado para atender às diversas necessidades deles. Faça a si mesmo as perguntas apresentadas na Tabela 3.6.

Ensine: "Critérios: verificar e refletir"

"Critérios: verificar e refletir". Tornar visíveis aos estudantes os critérios para orientar a qualidade dos trabalhos deles incentiva a aprendizagem autorregulada, aumenta a autonomia do aluno e proporciona alavancas para ajustar como os alunos focam a aprendizagem por meio de uma atividade comum. Os critérios obrigatórios e os opcionais aumentam o acesso e o rigor a todos os estudantes ao completarem suas tarefas. Comece declarando os critérios *esperados*, aqueles que são requeridos e necessários para atingir o objetivo. Pense também em critérios *de excelência*, destinados a ampliar a aprendizagem e desafiar os alunos. Inclua opções ou escolhas

OS 10 MAIORES FATOS SOBRE APRENDIZAGEM AUTORREGULADA

1. Alunos autorregulados — isto é, estudantes que refletem sobre seu pensamento, estabelecem metas e planos de aprendizagem adequados, monitoram o progresso em direção a esses objetivos e ajustam ou regulam seus pensamentos, sua motivação e seus hábitos de estudo — são mais propensos a alcançar o sucesso acadêmico do que os que não o fazem (PINTRICH; ZUSHO, 2007; ZIMMERMAN, 1990).
2. As habilidades de autorregulação são aprendidas e podem ser modificadas e melhoradas, o que as torna um alvo ideal para intervenção em qualquer faixa etária.
3. O uso de estratégias relacionadas à aprendizagem autorregulada (p. ex.: estabelecimento de metas, monitoramento e avaliação) deve melhorar o desempenho em qualquer disciplina (leitura, escrita, matemática, química, biologia, psicologia e até mesmo educação física) e em qualquer ano escolar. Os estudantes mais jovens podem precisar de mais apoio com a regulação.
4. Os estudantes que se sentem mais confiantes (mas não confiantes demais) sobre a matéria e suas habilidades acadêmicas são mais propensos a usar estratégias de autorregulação. Pedir aos alunos que se autoavaliem e monitorem seu progresso ajuda a desenvolver suas percepções de competência.
5. Para que os estudantes possam regular sua aprendizagem de forma eficaz, é preciso que também tenham conhecimento adequado sobre a tarefa e suas exigências, o assunto e as estratégias.
6. Os estudantes são mais propensos a regular sua aprendizagem quando têm recursos adequados disponíveis, incluindo tempo, colegas e professores eficazes e solidários, bem como acesso a materiais complementares.
7. O uso de estratégias de autorregulação está fortemente associado a uma mentalidade de crescimento. Os estudantes que acreditam que a inteligência é mutável são mais propensos a utilizá-las.
8. Os estudantes são mais propensos a regular sua aprendizagem quando são solicitados a fazer isso, seja diretamente (mediante instruções), seja indiretamente (por meio de *feedback* ou de atividades que estimulem isso). Especificamente, as pesquisas mostram que as autoavaliações que pedem aos estudantes que reflitam sobre o que sabem ou não acerca de determinado tópico e sobre a profundidade de seu conhecimento sobre pontos-chave do estudo promovem a regulação da aprendizagem.
9. A diferenciação pedagógica é mais fácil quando os alunos apoiam esse esforço, avaliando seu progresso, buscando ajuda quando necessário e perseguindo os objetivos de aprendizagem de forma independente.
10. As rotinas ALL-ED e OSCAR são centrais para fomentar a aprendizagem autorregulada.

Figura 3.3 Os 10 maiores fatos sobre aprendizagem autorregulada.

TABELA 3.6 Identifique as partes ajustáveis de cada aula		
Partes ajustáveis de cada aula	Essa parte é consistente para todos os estudantes, ou existem partes ajustáveis? Perceba que nem tudo pode ser ajustável. Ajuste as partes para aumentar a clareza, o acesso, o rigor e a relevância.	Como e quando os estudantes são levados a pensar ou a usar essa parte da aula para ajudá-los a aprender?
Objetivo	Existem partes específicas no interior do objetivo que podem ser identificadas e alcançadas como marcos da aula?	O que é pedido que os alunos façam no objetivo? Que tipo de pensamento é necessário quando eles estão trabalhando especificamente no objetivo? Por exemplo, estão copiando o objetivo do quadro ou estão se lembrando de algum momento em que trabalharam com esse objetivo antes? Ou estão circulando uma palavra surpreendente no objetivo e, em seguida, explicando a impressão deles a um colega?
Situação inicial	Todos os alunos serão capazes de se engajar na tarefa da Situação inicial? Caso contrário, como a tarefa deve ser ajustada para assegurar que isso ocorra?	Que atividade na aula serve como Situação inicial? Essa pode ser a atividade de abertura ou o bilhete de saída do dia anterior; pode ser o *feedback* de um teste, projeto ou pré-avaliação. Uma breve discussão livre com um registrador tomando notas pode servir como Situação inicial para um grupo de estudantes.
Critérios	Quais são as qualidades necessárias, ou os critérios *esperados* e os *de excelência*, para os produtos que os alunos elaboram durante a aula? Produtos podem ser perguntas, discussões, problemas, soluções, ações, escritas e *feedback*.	Existem critérios *esperados* e de *excelência* que são alcançáveis por todos os estudantes?
Ações	Como as rotinas de aprendizagem individual e em grupo são usadas durante a aula?	Quando os alunos estão trabalhando na aula de modo autônomo, seja individualmente, seja em grupos, de modo que o professor seja capaz de ouvir e observar a aprendizagem?

(Continua)

TABELA 3.6 Identifique as partes ajustáveis de cada aula *(Continuação)*

Reflexões	Quando, durante a aula, os estudantes são estimulados a refletir e monitorar seu aprendizado e avaliar seus processos e produtos em relação ao objetivo? Alguns precisam de ajuda ou estímulos para ser capazes de utilizar os critérios a fim de refletir sobre seu aprendizado?	Como os alunos medirão seu progresso e usarão essa reflexão para planejar as próximas etapas?

ORIENTAÇÕES DA ROTINA DE SALA DE AULA ALL-ED: CRITÉRIOS: VERIFICAR E REFLETIR

Critérios de qualidade visíveis permitem aos estudantes monitorarem seu trabalho e estabelecerem uma visão sobre o objetivo que estão buscando alcançar. Critérios *esperados* identificam as exigências mínimas, e critérios *de excelência* articulam as possibilidades de ir além dessas exigências. Muitas vezes os alunos que dominaram uma habilidade esperam por um desafio durante as aulas, e, se critérios opcionais de excelência forem sempre articulados a cada tarefa, então vai haver constantemente a oportunidade de estimular todos. Critérios *de excelência* podem ser atribuídos individualmente ou a alguns estudantes. Os alunos devem ser estimulados a utilizar os critérios expostos previamente para fazer elogios e sugestões uns aos outros. Um propósito para os estudantes ouvirem os colegas durante uma rotina da categoria "Compartilhar" pode ser escutar em busca de critérios *esperados* e *de excelência* nas respostas.

Os pontos fortes dessa rotina são os seguintes:

- promove a reflexão ao comparar um produto a critérios;
- estimula os estudantes a se concentrarem em aprender durante a realização das tarefas, em vez de apenas trabalharem para concluí-las;
- promove a aprendizagem autorregulada;
- apoia o desenvolvimento de sentimentos de competência nos estudantes;
- desafia todos os alunos.

ORIENTAÇÕES DE IMPLEMENTAÇÃO

Objetivo: usar critérios para aprender mais ao investigar evidências de qualidade no próprio trabalho.

Situação inicial

- Os estudantes precisam de uma tarefa concluída ou em progresso e de critérios.

- *Individualmente (ou com um colega, ou em grupo):* os estudantes avaliam os critérios para determinar quais deles serão procurados no seu trabalho.

Critérios

- *Esperados:* registra o trabalho em busca de evidências dos critérios estabelecidos; explica por que as evidências demonstram que os critérios foram cumpridos.
- *De excelência:* registra critérios de *excelência* no trabalho; explica como as evidências registradas podem ser revisadas para reforçar ou aumentar a qualidade; pensa em adicionar novos critérios úteis.

A seguir, você encontrará duas versões de Ações e Reflexões para esta rotina.

Ações (opção 1)

- **Regras**: as anotações devem se referir a evidências reais no trabalho dos estudantes.
- **Tempo**: 1 a 5 minutos, dependendo da extensão do trabalho e do número de critérios.

    1. Dê modelos de como fazer elogios e sugestões, associando critérios específicos às evidências ao analisar o trabalho dos estudantes.
    2. Solicite aos estudantes que revejam seus trabalhos e sublinhem as evidências de um critério específico.
    3. Solicite aos estudantes que expliquem por que suas evidências atendem aos critérios ou se direcionam para isso.
    4. Convide os alunos a compartilharem suas evidências e anotações de critérios de qualidade com os colegas.

Reflexões (opção 1)

- Solicite aos estudantes que estabeleçam a próxima etapa ou objetivo da tarefa seguinte baseados no seu trabalho na tarefa atual.
- Utilize as etapas seguintes e os pontos fortes e necessidades dessa autoavaliação para ajustar o ensino.
- Analise as autoavaliações em busca de correções e ofereça *feedback* aos estudantes.

Ações (opção 2)

- **Regras**: cada estudante deve anotar ou fazer sugestões do que precisa ser encontrado nos trabalhos para que os critérios sejam cumpridos. Faça elogios antes das sugestões.
- **Tempo**: 10 minutos para revisão, 5 minutos para discussão e 5 minutos para o planejamento da etapa seguinte.
- Pratique a identificação de evidências dos critérios em amostras dos trabalhos dos estudantes da turma toda ou de um pequeno grupo.
- Reveja o próprio trabalho e anote as evidências dos critérios de qualidade.

> **Reflexões (opção 2)**
> - Confira o trabalho com um colega para verificar possíveis correções.
> - Planeje as etapas seguintes.
>
> Esta rotina individual encoraja o hábito de reflexão e o uso dos critérios para revisar ou melhorar a aprendizagem.

nos critérios *de excelência* para poder atribuir critérios desafiadores para estudantes específicos ou grupos de estudantes. Peça aos alunos que verifiquem se todos os critérios *esperados* exigidos — e pelo menos um *de excelência* — estão contemplados em seus trabalhos.

Ajuste o ensino: proporcione reflexão rotineiramente

Observe a diferença nestas orientações: "Resolva os problemas de 1 a 5" e "Resolva os problemas de 1 a 5, volte a ler seu trabalho e circule duas palavras do vocabulário utilizado que um leitor deveria observar", ou "Quando você achar que terminou, leia seu trabalho e coloque uma estrela ao lado da resposta mais interessante". Os alunos poderiam rotineiramente "ler seu trabalho e colocar um número correspondente a um critério de qualidade ao lado da evidência que eles veem em seu trabalho" como a última etapa de cada tarefa. Chamamos essa ação específica de orientação de "Atribuir para refletir em vez de para terminar". Isso ajuda os alunos a perceberem evidências de suas habilidades e seu crescimento em cada tarefa. Essa é uma primeira etapa fácil em direção ao ajuste de ensino sem precisar criar nada novo ou passar tarefas diferentes. Proporcionar aos estudantes uma reflexão rotineira promove uma aprendizagem eficaz, apoia a percepção das diferenças entre eles por parte do professor e oferece oportunidade em cada tarefa para pequenos ajustes de critérios a fim de concentrar a atenção dos estudantes nas suas necessidades individuais.

Lista de verificação para implementar rotinas em seu ensino

Em loja.grupoa.com.br, acesse a página do livro por meio do campo de busca, clique em Material Complementar e baixe recursos adicionais que ajudarão você a identificar OSCAR no seu plano de aula.

Planeje	Ensine	Ajuste o ensino
Identificar OSCAR em seu plano de aula e deixá-lo visível para os alunos durante as aulas.	"Pensar, falar, trocar livremente" (PFT)	Incorporar "Critérios: verificar e refletir" a cada aula. Apresentar regularmente os Critérios (*esperados* ou *obrigatórios*) para orientar os estudantes a realizar trabalhos de alta qualidade. Incluir critérios *de excelência* (adicionais ou opcionais) a fim de estimulá-los e desafiá-los.

Critérios de qualidade para implementar as rotinas de sala de aula	
Esperados	**De excelência**
• A rotina de sala de aula é utilizada com frequência diária, semanal ou vinculada a um tipo específico de ensino, como, por exemplo, miniaula, exercícios individuais ou revisão. • Identificar os critérios para um trabalho de alta qualidade ao atribuir pelo menos uma tarefa a cada aula (por exemplo, na rotina "Troca entre pares", antes de pedir aos alunos que compartilhem suas ideias com um parceiro, o professor pode dizer: "critério *esperado* para uma escuta de alta qualidade significa que você pode repetir o que seu colega lhe disse; e o critério *de excelência* para a escuta significa que você pode repetir e elaborar ou fazer uma pergunta sobre as ideias do seu colega").	• Retornar às respostas registradas para observar o crescimento dos estudantes. • Utilizar as respostas registradas para adaptar o ensino, respondendo a dúvidas que foram levantadas ou atribuindo uma tarefa ou pergunta relacionada às respostas dos estudantes.

REFLEXÃO SOBRE O CAPÍTULO

Resumo do capítulo

Neste capítulo, a história de Oscar nos ajudou a identificar as partes ajustáveis dos planos de aula. Analisamos como aumentar a clareza aplicando um padrão de ação que inclui uma rotina de aprendizagem em grupo antes e depois de uma miniaula. Isso fez com que Oscar nunca saísse confuso da aula. Essa abordagem foi diferente de engajar Oscar por meio de uma versão mais fácil de uma atividade porque tal abordagem pode ser oferecida a ele rotineiramente todos os dias, não apenas quando a professora tem tempo para criar atividades adicionais. Além disso, incentiva Oscar a monitorar ativamente o próprio aprendizado, aproveitando o que sabemos sobre aprendizagem autorregulada para engajar um estudante dos extremos a um bom desempenho em matemática. Experimente essas sugestões e ideias em seu próprio planejamento e prática, usando rotinas de sala de aula para engajar todos os alunos.

Diário de aprendizagem: registre pontos-chave

Continue o seu diário de aprendizagem para acompanhar suas ideias sobre como atender às necessidades de seus diferentes alunos mediante o registro das respostas às quatro questões apresentadas a seguir:

1. O que foi mais interessante e útil para você neste capítulo?
2. Por que isso foi interessante e útil?
3. Como isso se conecta ao que você conhece sobre atender às necessidades de aprendizagem de todos os alunos?
4. Que pesquisas deste capítulo você poderia usar para explicar ou apoiar decisões a fim de ajustar o ensino?

Guarde as respostas para reflexão após ter lido mais capítulos deste livro e após ter aplicado suas ideias em sala de aula. Responderemos a essas quatro perguntas ao final de cada capítulo.

Retorne à sua Situação inicial

Retorne à sua reflexão sobre uma experiência de aprendizagem bem-sucedida. Você pode identificar OSCAR nela? Qual era o objetivo ou meta da atividade? Você estava ciente de sua Situação inicial antes de começar a aprender? Como sabia que estava fazendo um bom trabalho? Que critérios de qualidade conhecia? Você pôde usar rotinas para facilitar a aprendizagem, de forma a poder repetir o processo e se concentrar no que estava aprendendo, e não no como ou nos passos que estava fazendo? Quando você refletiu para perceber que estava aprendendo? Circule uma parte de sua história em que foram feitos ajustes para tornar a aprendizagem mais adequada a você ou a outros estudantes.

Agora, pense na pesquisa sobre motivação do Capítulo 1. Você consegue se lembrar o que PACS representa? Pertencimento, autonomia, competência e significado. Volte mais uma vez à sua história e marque com um "P" os momentos em que se sentiu pertencendo a algo além de si mesmo; "A" para os momentos ou coisas que o ajudaram a se sentir independente ou autônomo; "C" para competência, observando quando e o que o fez se sentir capaz; e "S" para a razão pela qual esse aprendizado foi significativo para você. Adicione detalhes de como PACS estava presente em sua experiência de aprendizagem ou anote se P, A, C e/ou S não fizeram parte dela. Guarde essa reflexão sobre aprendizagem bem-sucedida para voltar a ela no "Passo 4: Ajustar EAO".

4

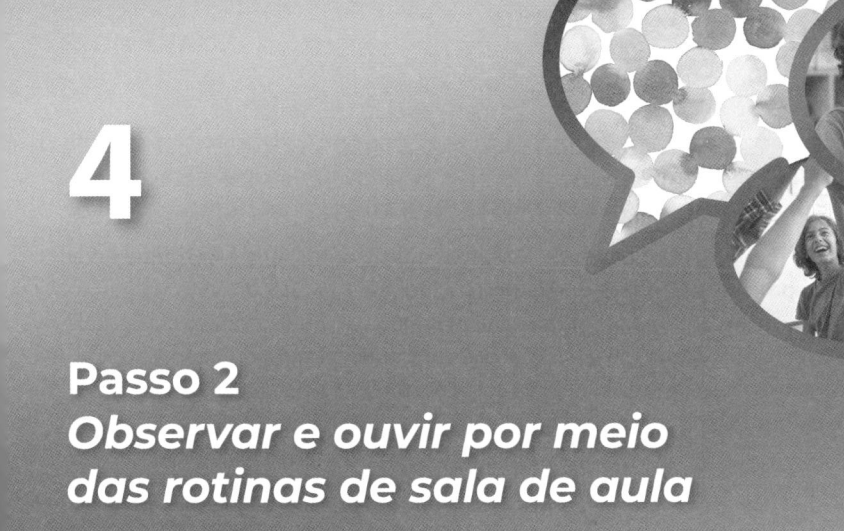

Passo 2
Observar e ouvir por meio das rotinas de sala de aula

VISÃO GERAL

Objetivo

Como os professores sabem quando devem ajustar o ensino?

Pense: quais são as coisas que você ajusta na vida (por exemplo, assento do carro, volume de som, bainhas de calças, velocidade ao dirigir)? O que lhe indica que é o momento de fazer esses ajustes?

Critérios

- Identificar o propósito de uma rotina estruturada de aprendizagem em grupo — reunir, ajudar ou colaborar.
- Explicar o embasamento das "Instruções inclusivas" utilizadas para promover o engajamento (especificamente o comportamental, o cognitivo e o afetivo) e para abordar a regulação compartilhada. Explicar como os painéis e o acostamento ao longo da estrada fornecem as avaliações formativas necessárias que são a base dos ajustes feitos no ensino.
- Experimentar as rotinas de sala de aula:
  - Planeje — definir as quatro estruturas utilizadas nos planos de aula.
  - Ensine — "Troca entre pares".
  - Ajuste o ensino — utilizar duas ou mais estruturas.

Situação inicial: minutos para pensar

Cronometre seu tempo pensando — examine um plano de aula e verifique onde você, como professor, não está dando orientações, oferecendo *feedback* ou gerenciando as ações dos alunos. Aproximadamente quantos minutos durante uma aula o docente está acompanhando e ouvindo especificamente a aprendizagem dos alunos? Veja outro plano de aula e observe quanto tempo de pensamento do professor é considerado no plano de aula, se houver algum. Nosso argumento é que é difícil, talvez impossível, responder às necessidades de aprendizagem dos alunos durante as aulas sem um tempo mínimo para pensar e refletir sobre isso ou para realizar os ajustes no ensino.

NA SALA DE AULA: A NECESSIDADE DE PAINÉIS E ACOSTAMENTOS AO LONGO DA ESTRADA

Uma vez iniciado o dia, a Sra. Ford fica em pé até as 16 horas, quando as atividades de contraturno terminam. Ela dá milhares de passos a cada dia. Há momentos em que está simultaneamente ensinando, coletando avisos de viagem de campo, providenciando um lenço de papel a um estudante com o nariz entupido e distribuindo materiais. É incrível observar sua atuação. Para manter os estudantes motivados, às vezes ela passa tão rápido por perguntas e respostas que não consegue lembrar o que foi dito. Há tanta coisa acontecendo, que as aulas são muitas vezes um borrão de ações, enquanto a Sra. Ford corre para fornecer informações, oferecer *feedback* e gerenciar os estudantes. Ela está falando constantemente e apenas faz pequenas pausas quando os estudantes respondem às suas perguntas. A Sra. Ford gostaria de poder dar uma aula em câmera lenta, dedicando mais tempo para ouvir os alunos e pensando cuidadosamente sobre as respostas deles.

Imagine nosso aluno Oscar e a Sra. Ford, nossa professora, dirigindo o "carro" do ensino. Eles dependem do painel do veículo para monitorar muitos dados-chave e processos que afetam o progresso em direção ao destino final. Os painéis são projetados para fornecer ao motorista informações atuais no sentido de monitorar indicadores importantes, tais como velocidade, temperatura e combustível. Um rápido olhar nele oferece um resumo das principais características que podem ser usadas para fazer ajustes na condução a fim de ajudar o motorista a alcançar seu destino. Uma luz vermelha piscando pode exigir que ele pare o veículo para investigar os problemas que surgem no painel de controle. No acostamento, ele pode examinar debaixo do capô e até rastejar para baixo do carro a fim de verificar o que está acontecendo abaixo da superfície, examinando conexões e o modo como as peças estão trabalhando juntas.

Assim como os motoristas, a Sra. Ford e Oscar também precisam de painéis para monitorar a aprendizagem à medida que a aula se desenrola. Parâmetros para variáveis dos estudantes, como conhecimentos prévios, pontos fortes, dúvidas e interesses, fornecem aos docentes subsídios para ajustar as aulas visando a atender às necessidades dos alunos. Encontrar tempo para observar o painel durante uma aula é um desafio, porque você geralmente está apresentando informações, dando *feedback* ou gerenciando os estudantes. Entretanto, as rotinas estruturadas de sala de aula fornecem um painel, e seu papel é observar, escutar e pensar. Por exemplo, usar uma rotina de aprendizagem em grupo como a "Burburinho" — para reunir as respostas dos alunos a uma pergunta em uma nota adesiva — ou uma rotina individual em que eles classificam a ideia mais importante aprendida em uma miniaula fornece parâmetros rápidos para acompanhar a aprendizagem dos estudantes.

Os professores também precisam de acostamentos ao longo da estrada em cada aula para examinar os problemas que ocorrem conforme a aprendizagem acontece. Um acostamento permite que você olhe abaixo da superfície para entender as origens das respostas dos estudantes e como eles fazem conexões. Você pode prever "acostamentos" em um plano de aula para determinar por que os alunos precisam que uma ideia seja repetida, como estão construindo sua compreensão e quem está confuso, mas não faz perguntas. Esses pontos de parada ajudam você a tornar as decisões eficazes e eficientes durante as aulas, pois não está apenas observando e ouvindo os alunos como uma avaliação da compreensão, mas tem tempo para pensar e tomar decisões voltadas a aumentar a eficácia e a eficiência do ensino. Rotinas mais longas, como discussões em pequenos grupos e rotinas de *feedback* de colegas, fornecem esse acostamento ao longo da estrada durante as aulas; assim, você tem tempo suficiente para observar a classe, avaliar como os alunos estão progredindo em direção ao objetivo e, então, tomar decisões sobre ajustes para a próxima parte da aula.

Pense em OSCAR e nas partes ajustáveis de cada aula. Você pode planejar utilizar rotinas estruturadas de aprendizagem individual ou em grupo durante as seguintes partes da aula: Objetivo, Situação inicial, Ações e/ou Reflexões. As rotinas vão tanto promover a autonomia dos estudantes quanto oferecer uma oportunidade de observar as respostas deles. Por exemplo, examine a agenda de uma aula descrita na Figura 4.1 e observe como o professor identificou as rotinas de aprendizagem estruturada individual e em grupo durante cada parte dela, criando oportunidades para "Observar e ouvir" em busca de problemas e dos pontos fortes dos estudantes.

```
Data de hoje
Objetivo: Eu posso explicar por escrito...

Situação inicial: Faça agora
"Descoberta Dominó"

Miniaula
"Anotar e refletir"* ─────────────►    * Critérios
                                        Esperados
Situação problema em grupo              Definir vocabulário-chave
"Pensar, falar, trocar livremente"      Verificar ideias antigas
                                        Circular novas ideias
Reflita: diários de aprendizagem        De excelência
"Troca entre pares"                     Formular uma nova
                                        pergunta
Resumo

Reflita: bilhete de saída
"Conhecer e perguntar"
```

Figura 4.1 Agenda de aula com rotinas identificadas para cada etapa.

Critérios para atividades que fornecem um painel ou acostamento ao longo da estrada

- Os alunos gostam da rotina.
- Os alunos consideram a rotina útil para estender sua aprendizagem.
- Todos os alunos estão engajados e são capazes de aprender autonomamente.
- Todos os alunos são capazes de realizar as ações na rotina (embora nem sempre de modo correto).
- Os professores não estão fornecendo orientações, *feedback* ou gerenciamento.
- Os professores são livres para escutar, observar e pensar.

Definindo estruturas para o ensino

Para usar as estruturas de ensino como um acostamento ao longo da estrada, você deve ter estabelecido claramente as rotinas de sala de aula, incluindo o propósito da estrutura, funções, procedimentos e os recursos de ajuda que estarão disponíveis. Estudantes e professores precisam de papéis específicos para cada estrutura de ensino. Isso permite que você seja tanto observador quanto ouvinte durante uma aula. Para começar, defina as rotinas para as quatro diferentes estruturas de ensino utilizadas em uma aula normal. Quando essas estruturas estiverem claramente determinadas, você poderá alterná-las para esclarecer dúvidas dos estudantes, proporcionar uma revisão e praticar uma aprendizagem duradoura, além de oferecer ajuda a muitos alunos simultaneamente durante as aulas.

Cada parte da aula (objetivo; atividade de abertura ou situação inicial; miniaula e tempo de prática ou outras ações; encerramento ou reflexão; e critérios) deve usar mais de uma dessas estruturas para fornecer o acostamento necessário com vistas a atender de maneira eficaz à diversidade dos alunos. Em cada estrutura, recursos de apoio são fornecidos, e os estudantes são ensinados a solicitá-los ou a usá-los. Saber como pedir ajuda apoia a autonomia deles, os ajuda a aceitar riscos e torna os erros e a revisão uma etapa normal e esperada do processo de aprendizagem, pois os recursos de ajuda são rotineiramente fornecidos e utilizados pelos alunos.

Uma vez que a estrutura seja identificada e receba um nome, os estudantes podem fazer a transição de uma estrutura para outra em pouco tempo, porque as expectativas são consistentes e conhecidas por todos (o que, mais uma vez, ajuda aqueles com problemas de memória de trabalho). Isso apoia os alunos que são falantes não nativos da língua ou os que necessitam de mais tempo para o processamento auditivo, pois as orientações só são necessárias para o conteúdo da lição a ser ensinada — as ações comportamentais da estrutura de ensino são sempre as mesmas.

Definir, ensinar e identificar a estrutura que está sendo usada durante as aulas é fundamental para ajustar o ensino. Mudar a estrutura de uma tarefa não exige novos materiais, mas cada estrutura oferece diferentes níveis de independência para o aluno e tipos de recursos de ajuda que permitem aos professores lançarem mão dessa simples alteração para ajustar o ensino. Além disso, você pode facilitar a motivação intrínseca, alternando essas estruturas a fim de aumentar o sentimento de pertencimento, autonomia ou independência, competência e significado para os estudantes (ver Tab. 4.1).

Como os painéis e o acostamento durante a estrada se encaixam nas aulas?

Vamos acompanhar na Figura 4.1 a programação (ou agenda) de uma aula. Observe que o professor listou a rotina de aprendizagem individual ou em grupo que será utilizada em cada passo. Como as rotinas são usadas regularmente, ele oferece instruções mínimas, indicando apenas ajustes na lição específica que está em curso, como regras ou quem será o primeiro a falar.

Vamos nos aproximar ainda mais do padrão de ação em nosso próximo exemplo de agenda de aula na Figura 4.2, em que podemos perceber como as rotinas de aprendizagem individual e em grupo estão em toda parte da miniaula. O padrão de ação inclui uma rotina de aprendizagem em grupo "Troca entre pares" antes da

TABELA 4.1 Definindo estruturas

	Tarefa individual	Aprendizagem em grupo	Discussão livre — momento de trabalho	Instrução explícita
Configuração física	Olhos no próprio papel	Sente de frente para os colegas (joelho com joelho e olho no olho)	Sente onde você está	Sente de acordo com o mapa da sala
Como	Trabalhe sozinho	Papéis Turnos Regras Tempo	Trabalhe com os colegas	Escute, observe, anote, questione, conecte
Apoios/ajuda	Use os recursos de sala de aula para obter apoio	Use a sala de aula e os colegas como recursos para aprender	Use a sala de aula, os colegas e o professor como recursos para aprender	Use o quadro e o caderno
Acréscimos				

miniaula, uma rotina individual "Anotar e perguntar" durante a miniaula e, por fim, um retorno a "Troca entre pares" para rever, recuperar e medir a aprendizagem. O professor usa essas rotinas para reunir respostas como um painel, visando a monitorar a aprendizagem à medida que ela acontece em tempo real. No Capítulo 6 ("Passo 4: Ajustar EAO"), compartilharemos o modo como essas respostas são usadas para ajustar o ensino durante e após a miniaula. Ao mesmo tempo que o

Agenda

1. Faça agora
2. Miniaula
3. Hora de praticar
4. Discussão
5. Encerramento

Padrão de ação para miniaulas com partes ajustáveis

Miniaula:
- Grupos: "Troca entre pares"
- Instrução explícita | Individual: "Anotar e perguntar"
- Grupos: "Troca entre pares"

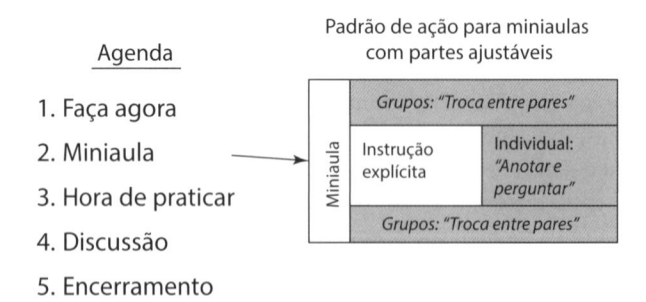

Figura 4.2 Amostra de agenda com padrão de ação para miniaulas.

professor está criando um painel de monitoramento, os estudantes estão usando as rotinas para obter *feedback* dos colegas e ajustar sua compreensão antes e depois da miniaula, assegurando que todos sejam mais bem preparados e tenham uma oportunidade de rever o que foi aprendido antes de prosseguir para a próxima parte da aula.

Por que as rotinas de aprendizagem individual e em grupo são essenciais?

Há quatro tipos de estruturas de ensino tipicamente utilizadas nas aulas: instrução explícita, discussão livre e rotinas de aprendizagem individual e em grupo. É importante considerar como elas promovem diferentes tipos de engajamento e autonomia dos estudantes e como varia o tempo do professor para pensar. Durante a instrução explícita, você está falando e fornecendo informações aos estudantes, o que exige que se concentre no que está dizendo, como responde às perguntas e o que fala em seguida; observar e ouvir os alunos é um desafio nessa estrutura. Durante a discussão livre, os estudantes podem estar trabalhando independentemente ou de forma colaborativa; é um momento de trabalho descontraído, e o professor geralmente circula para oferecer *feedback* e estimulá-los a permanecerem na tarefa. No entanto, durante rotinas de aprendizagem individuais e em grupo, o papel do professor é claramente diferente. A Figura 4.3 ilustra como essas rotinas estruturadas aumentam o engajamento e a autonomia dos alunos, ao mesmo tempo que oferecem a você uma oportunidade para pensar.

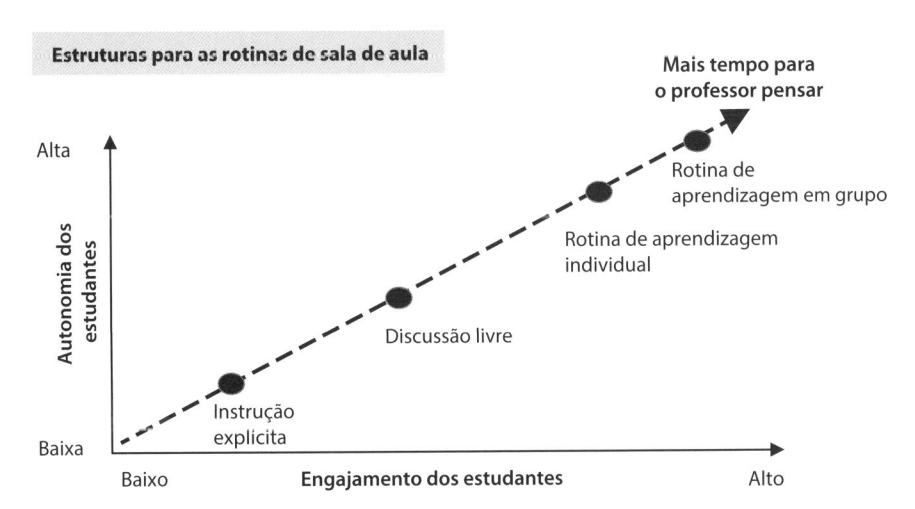

Figura 4.3 Comparação das estruturas de ensino por nível de engajamento e autonomia.

Um professor que declara o objetivo de uma aula está usando uma estrutura de instrução explícita. Nesse exemplo, há pouco engajamento e baixa autonomia dos estudantes. Para aumentar o engajamento, pode-se pedir a eles que falem sobre o objetivo em sua mesa ou grupo. Entretanto, durante uma estrutura de discussão livre, conversando à mesa, nem todos participarão. Assim, embora o engajamento tenha crescido para a maioria, alguns podem continuar não participando.

Para aumentar a autonomia e o engajamento dos estudantes, você pode seguir orientações explícitas utilizando três estruturas de rotina: uma individual, uma no pequeno grupo e, em seguida, uma com toda a turma, reunindo as respostas dos representantes de cada grupo tanto para fornecer um painel de monitoramento quanto para promover o engajamento e a compreensão dos alunos. Você pode declarar o objetivo (instrução explícita), pedir a eles que escrevam em seu caderno individualmente a palavra mais importante que ouviram e que cada um a compartilhe rapidamente, um de cada vez, no seu grupo. Você poderá, então, chamar um representante de cada mesa para dizer a palavra importante do objetivo antes de começar a aula. Esse processo leva aproximadamente o mesmo tempo que ouvir algumas pessoas que levantam a mão para responder. Também aumenta tanto a autonomia quanto o engajamento dos estudantes, ao mesmo tempo que oferece um resumo do pensamento deles sobre o objetivo. Você pode ajustar a próxima parte da aula com base nas respostas apresentadas. Isso ilustra como o uso de mais de uma estrutura de ensino pode aumentar a autonomia dos estudantes, ao mesmo tempo que proporciona aos professores tempo para observar, ouvir e pensar sobre a aprendizagem dos alunos.

Evidentemente há momentos em que a instrução explícita é a forma mais eficaz de os estudantes aprenderem. Os momentos em que o aluno está em trabalho descontraído ou em discussão livre com os pares proporcionam ao professor uma grande oportunidade para dar *feedback*, mas não para refletir sobre o aprendizado da turma enquanto está falando com os alunos. Além disso, a instrução explícita e a discussão livre não são estruturas que facilitam monitorar de forma eficaz o aprendizado dos estudantes, pois eles se engajam de várias maneiras — eles podem trabalhar sozinhos, em colaboração com um amigo ou copiar de outro colega, por exemplo. Somente rotinas estruturadas de aprendizagem individual e em grupo fornecem o painel e o acostamento ao longo da estrada para que os professores possam investigar problemas.

BASEADO EM PESQUISAS: ENGAJAMENTO DOS ESTUDANTES

Nesta seção, detalhamos as bases das pesquisas da Figura 4.3, embora tenhamos deixado a pesquisa sobre autonomia para o Capítulo 7. Acompanhando a figura, começamos por rever brevemente a pesquisa sobre engajamento, seguida de uma discussão a respeito dos estudos que abordam como as estruturas de ensino impactam o engajamento e a aprendizagem. Concluímos com um pequeno resumo da pesquisa relacionada ao painel de monitoramento, o que nos traz de volta à questão deste capítulo: "Como os professores sabem quando devem ajustar o ensino?".

Engajamento e estruturas

Com muita frequência, vemos salas de aula em que nem todos os alunos estão participando ativamente. O envolvimento e o tempo de aprendizagem são indicadores-chave do que os pesquisadores chamam de "engajamento comportamental". As teorias de engajamento reconhecem o engajamento comportamental (p. ex.: prestar atenção ao professor, responder às perguntas que este faz e concluir tarefas) como um componente fundamental e necessário do sucesso acadêmico (CHRISTENSON; RESCHLY; WYLIE, 2011).

No entanto, ele não é o único aspecto do engajamento (FREDRICKS; BLUMENFELD; PARIS, 2004). Na verdade, a maioria dos modelos de engajamento apontam para a importância de um sentimento de ligação, pertencimento e até mesmo de prazer com o trabalho. Pesquisadores se referem a esse aspecto do engajamento como "engajamento afetivo", ou "emocional" (neste livro, normalmente nos referimos a ele como "motivação"). As teorias do engajamento também enfatizam a importância do chamado "engajamento cognitivo", cujos indicadores incluem o uso de estratégias de estudo de processamento mais profundo (ou seja, elaboração) e autorregulação associadas a memória de trabalho, elaboração, recuperação, metacognição e aprendizagem autorregulada (MERMÃ). Os pesquisadores ressaltam que o engajamento tem três componentes básicos: comportamental, afetivo e cognitivo. Para serem verdadeiramente engajados, os estudantes devem não apenas passar pelas ações, mas também estar investidos emocional e cognitivamente em seus trabalhos. Essa pesquisa é a base para o Capítulo 1 e para a nossa teoria ALL-ED, que estabelece a importância de incentivar o hábito de prestar atenção tanto ao pensamento (MERMÃ) quanto ao sentimento (PACS) dos alunos.

A instrução explícita e a discussão livre têm muito menos probabilidade de resultar em engajamento ativo entre todos os estudantes do que as rotinas de aprendizagem individual e em grupo, como você pode observar na Figura 4.3. Um olhar atento à pesquisa indica por que isso ocorre. Podemos começar comparando a instrução explícita com as rotinas individuais de aprendizagem, considerando que essas estruturas de ensino são concluídas por cada indivíduo. Podemos, então, comparar as demais estruturas de base social — discussão livre e rotinas de aprendizagem em grupo.

Instrução explícita *versus* rotinas individuais. Como mencionamos, definimos instrução explícita como uma estrutura de ensino orientada pelo professor na qual ele fala e fornece informações aos alunos e estes escutam se estiverem engajados em termos comportamentais, afetivos e cognitivos. É claro que, certamente, às vezes esse formato é necessário e não há dúvida de que pode resultar em aprendizado. Entretanto, as pesquisas em ciências cognitivas demonstram que é improvável que uma aula expositiva (ou seja, uma instrução explícita) resulte no mesmo nível de aprendizado para todos os estudantes o tempo todo sem algumas adequações.

Nem todos os alunos assistem a uma aula expositiva com o mesmo nível de conhecimento prévio necessário para compreender um tópico, e sabemos que tal conhecimento tem grande impacto no modo como as novas informações são processadas (APA, 2015; MAYER, 2011). Se os estudantes sabem algo sobre determinado tema e se as novas informações a serem aprendidas estão de acordo com seus conhecimentos anteriores, então eles podem simplesmente acrescentar esses novos conhecimentos a seu esquema existente (os pesquisadores se referem a isso como "crescimento conceitual"). Entretanto, se sabem muito pouco ou acreditam em algo que contradiz as informações a serem aprendidas, então devem transformar ou revisar seu esquema de alguma forma (os pesquisadores chamam isso de "mudança conceitual"), o que tipicamente sobrecarrega a memória de trabalho. Não surpreende que seja muito mais fácil alcançar o crescimento conceitual do que a mudança conceitual. Como a maioria das pessoas, os alunos são muito mais relutantes em abandonar as crenças que lhes são familiares, mesmo se estas estiverem erradas (APA, 2015).

Os estudantes não apenas são diferentes em seu nível de conhecimento prévio, mas também diferem em termos da eficiência e eficácia com que processam as informações — em suma, diferem em relação ao MERMÃ. Para processá-las na memória de trabalho, devem primeiro perceber os estímulos auditivos e visuais (ou seja, o que o professor está dizendo ou mostrando) e prestar atenção à aula. Entretanto, como os docentes sabem, nem todos os alunos fazem isso — alguns podem ter dificuldades de processamento biológico relacionadas à percepção ou atenção, ao passo que outros podem simplesmente não ter interesse ou motivação para se envolver emocionalmente na tarefa. Qualquer que seja o motivo, as informações nunca chegam à memória de trabalho, impedindo a aprendizagem.

Mesmo que as informações cheguem à memória de trabalho, os estudantes variam em relação à capacidade de reter a informação nessa memória por tempo suficiente para que ela alcance a memória de longo prazo. Alunos autorregulados têm muito mais chance de apresentar o conhecimento estratégico para processar informações de forma mais eficaz, já que estão geralmente conscientes de como pensam e muitas vezes usam estratégias de codificação de processamento mais profundo ou se engajam em práticas de recuperação (ROEDINGER, 2013); aqueles que não são autorregulados carecem dessas habilidades. Com a instrução explícita, os ganhos de aprendizagem estão mais provavelmente relacionados às diferenças individuais nos processos relacionados ao engajamento cognitivo.

As rotinas individuais, ao contrário, foram desenvolvidas tendo em mente os princípios cognitivos da aprendizagem duradoura e proporcionam aos estudantes confiança para concluírem uma tarefa. Pouco esforço cognitivo é feito para descobrir as ações que devem ser tomadas porque estas constituem componentes conhecidos e visíveis da rotina. Os alunos usam as rotinas individuais como ferramentas para alcançar um propósito de pensamento, como lembrar, avaliar, organizar, fazer conexões e usar evidências a fim de fazer uma inferência — tarefas críticas que promovem o aprendizado duradouro. Por exemplo, a rotina individual "Listar, escrever, desenhar" ativa o conhecimento prévio e registra as ideias iniciais do aluno. As rotinas individuais são tipicamente implementadas com um ou mais direcionamentos para a aprendizagem autorregulada destinados a incentivar os estudantes a estabelecerem metas, monitorarem e avaliarem seu progresso em direção a esses objetivos e avaliarem tanto o processo quanto os resultados em um esforço para definir novos objetivos. O ciclo completo de autorregulação da aprendizagem pode não ser incluído nas ações de uma rotina individual; porém, você sempre encontrará nas rotinas individuais algum tipo de direcionamento autorregulador para promover a aprendizagem efetiva.

Discussão livre *versus* rotinas de aprendizagem em grupo. Há uma boa razão pela qual a aprendizagem em grupo — seja cooperativa, seja colaborativa — continua a ser incentivada nas escolas. Várias metanálises apontam para os benefícios da aprendizagem cooperativa (em comparação com estruturas competitivas e objetivos individualistas) para o desempenho dos estudantes em todas as disciplinas e em todas as faixas etárias (HATTIE, 2009; ROSETH; JOHNSON; JOHNSON, 2008). Pesquisadores até concluíram em um estudo que, "[...] se você deseja aumentar o rendimento acadêmico dos estudantes, dê a cada aluno um amigo" (ROSETH *et al.*, 2006, p. 7).

Como você deve ter vivenciado, a aprendizagem em grupo nem sempre resulta em aprendizado para *todos* os seus membros. A folga social, na qual alguns estudantes se esforçam menos quando trabalham em grupo do que quando estão sozinhos, é uma queixa comum. Distrair-se e desviar-se da tarefa* é outro problema que os professores encontram quando seus alunos atuam em grupo. Podemos recorrer à pesquisa sobre aprendizagem colaborativa para identificar várias formas de lidar

---

* N. de R.T. O que pesquisadores e educadores classificam como *off-task behavior*, ou "comportamento fora da tarefa". O comportamento fora da tarefa compreende falar ou fazer atividades sem permissão, comportar-se agressivamente, sonhar acordado, não prestar atenção aos professores e brincar com coisas ou pessoas. Alguns estudos categorizam os comportamentos de acordo com sua natureza: verbal, motora, solitária ou de inatividade (SARIPAH; WIDIASTUTI, 2019).

com esses problemas e facilitar a aprendizagem e o desempenho bem-sucedido do grupo (HMELO-SILVER; CHINN, 2016).

Grupos eficazes estão profundamente envolvidos nas tarefas — em termos emocionais, cognitivos e comportamentais. Eles normalmente consideram a tarefa interessante e estão motivados a discutir questões relacionadas a ela. Isso provavelmente vai ocorrer quando os alunos estiverem trabalhando em tarefas autênticas da disciplina, utilizando as normas e padrões dela — o que alguns pesquisadores chamam de "engajamento disciplinar" (HMELO-SILVER; CHINN, 2016). O engajamento também é potencializado quando a tarefa requer interdependência, ou contribuição de todos os membros do grupo para alcançar um objetivo comum (ROSETH *et al.*, 2008). A tarefa não pode ser finalizada com sucesso por apenas uma pessoa porque a conclusão dela depende da interação e do diálogo entre os estudantes.

Grupos eficazes também se caracterizam pelo respeito mútuo e pelo uso de estratégias sociais e cognitivas de alta qualidade (HMELO-SILVER; CHINN, 2016). Nada prejudica mais a aprendizagem do que as situações em que membros do grupo minam ou desacreditam outros que fazem parte dele. Os grupos são mais eficazes quando os integrantes se revezam, oferecem incentivo a visões alternativas, abstêm-se de dominar a conversa e buscam contribuição igual por parte de todos. A pesquisa realizada por Noreen Webb (2013) também aponta para a importância de os membros do grupo ouvirem e responderem às ideias uns dos outros de forma construtiva. Grupos efetivos utilizam estratégias cognitivas de alto nível, como ajudar uns aos outros a resumir, elaborar e refinar seus pensamentos e suas ideias, ou auxiliar outros a planejar ou revisar seu trabalho, em vez de simplesmente fornecer as respostas com pouca ou nenhuma explicação. Pesquisadores da aprendizagem autorregulada referem-se a tais processos como "corregulação", ou "regulação compartilhada" (HADWIN; JARVELA; MILLER, 2011). Os grupos que são eficazes são mais propensos a ouvir, valorizar e elaborar a partir das contribuições de cada membro enquanto trabalham para um objetivo comum (HMELO-SILVER; CHINN, 2016).

Agora vamos comparar como a discussão livre e as rotinas de aprendizagem em grupo se relacionam com o engajamento dos estudantes, considerando as pesquisas mencionadas a respeito de aprendizagem em grupo. Ambas as estruturas claramente envolvem estudantes dialogando entre si, mas diferem de maneiras importantes. Na discussão livre, eles costumam ser direcionados pelo professor a simplesmente discutir um tópico com um ou dois parceiros, com pouca ou nenhuma orientação sobre o que e como fazer. As rotinas de aprendizagem em grupo, por outro lado, são muito mais estruturadas e projetadas especificamente para promover colaborações produtivas em grupo. Nosso argumento é que é muito mais provável que a discussão livre resulte em comportamentos que dificultam colaborações produtivas e engajamento geral dos estudantes do que as rotinas de aprendizagem em grupo, dadas as orientações não especificadas e as expectativas vagas dessa atividade.

Mais especificamente, as rotinas de aprendizagem em grupo ALL-ED são caracterizadas pelo que chamamos de "papéis" e "rodadas". Em concordância com as pesquisas acerca de grupos eficazes e interdependência positiva, tais rotinas, do mesmo modo que um quebra-cabeças, levam cada membro do grupo a assumir papéis específicos para atingir um objetivo comum. Como tal, o trabalho em grupo só pode ser concluído com sucesso quando cada integrante desempenha seu papel — por exemplo, no caso de solução de problemas matemáticos, um estudante pode ser responsável por redigir a expressão matemática, outro por representá-la em um gráfico, e outro por apresentar os resultados à turma (ver Fig. 4.4).

Além dos papéis, as rodadas incentivam todos os membros do grupo a se revezarem, realizando a mesma tarefa em círculo, ajudando a garantir a participação uniforme de todos. Assim, elas facilitam colaborações produtivas (KUHN, 2015), assegurando que cada um tenha oportunidade de falar, ouvir, pensar e responder um ao outro em determinado período de tempo. Por exemplo, em "Pensar, falar, trocar livremente" (PFT), uma rotina ALL-ED fundamental de trabalho em grupo, os estudantes se alternam e compartilham, um de cada vez, o próprio ponto de vista em um círculo. O ponto de vista pode ser tão simples quanto um resumo de sua compreensão ou perguntas sobre as aulas do dia, seus atuais objetivos de aprendizagem e o progresso que estão fazendo, ou sua compreensão de uma tarefa, os passos necessários para sua realização e as qualidades esperadas. Após cada orador se manifestar, todos os alunos dedicam alguns segundos a pensar no que ouviram. Eles são desafiados a ouvir respostas dadas pelos colegas em busca de padrões e surpresas.

Painéis de monitoramento e avaliações formativas

Por fim, um breve comentário deve ser feito sobre a noção de painéis de monitoramento e avaliações formativas abordados neste capítulo. Assim como os alunos pre-

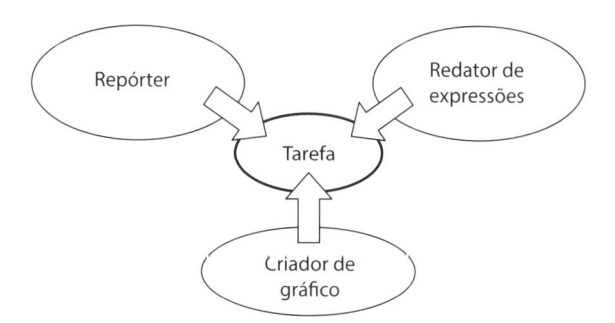

Figura 4.4 Papéis para resolução de problemas matemáticos.

cisam de tempo para planejar, monitorar e refletir a respeito de sua compreensão, os professores necessitam de uma oportunidade para monitorar, ajustar e refletir acerca de seu ensino. A ideia do painel é apoiada, em parte, pela pesquisa sobre a tomada de decisão. Até este ponto, discutimos a cognição principalmente em termos de MERMÃ. Em seu livro *Rápido e devagar: duas formas de pensar*, Kahneman (2011), um especialista em tomada de decisão, faz uma distinção adicional que é diretamente relevante para nossa ideia de painel.

Ao descrever como as pessoas pensam, ele propõe uma divisão em dois sistemas: Sistema 1 e Sistema 2. O Sistema 1 opera em um nível instintivo — automático e rápido, sem nenhum senso de controle explícito. O Sistema 2, por outro lado, opera mais lentamente — esse é essencialmente o que controla o MERMÃ. Kahneman afirma que uma das razões pelas quais muitas vezes tomamos decisões ruins é porque geralmente deixamos o Sistema 1 dominar.

> Quando tudo funciona suavemente, o que acontece na maior parte do tempo, o Sistema 2 adota as sugestões do Sistema 1 com pouca ou nenhuma modificação. Você geralmente acredita em suas impressões e age segundo seus desejos, e tudo bem — normalmente. Quando o Sistema 1 funciona com dificuldade, ele recorre ao Sistema 2 para fornecer um processamento mais detalhado e específico que talvez solucione o problema do momento. O Sistema 2 é mobilizado quando surge uma questão para a qual o Sistema 1 não oferece uma resposta (KAHNEMAN, 2012, p. 34).

Aplicando esse cenário ao contexto da diferenciação pedagógica, o que ele está essencialmente dizendo é que uma das razões por que os professores podem não diferenciar o ensino tanto quanto é necessário reside no fato de que deixamos o Sistema 1 assumir o controle durante o ensino. Sem alertas explícitos de que os estudantes não estão entendendo o que estamos dizendo, ficamos felizes em ceder à nossa primeira reação e assumimos que estão compreendendo tudo. Normalmente, apenas quando passamos algum tipo de avaliação somativa percebemos que nossa reação inicial estava equivocada, e a essa altura, muitas vezes, já é tarde demais. Oscar já saiu completamente confuso da sala de aula.

Para isso, as avaliações formativas — que reúnem evidências de aprendizagem dos alunos para orientar as decisões de ensino — são fundamentais. Em vez de um teste propriamente dito, os pesquisadores as consideram um processo que envolve o estabelecimento de metas e progressões de aprendizagem, que são usadas para monitorar o conhecimento e a compreensão dos estudantes, a fim de proporcionar *feedback* oportuno a eles (MANDINACH; LASH, 2016). As pesquisas indicam que esse *feedback* é uma das influências mais poderosas no bom desempenho acadêmico. Hattie (2009) o relaciona entre os 10 principais fatores associados ao desempenho dos estudantes. Ele ressalta, ainda, que o *feedback* efetivo responde a três questões principais: (a) Para onde estou indo? (b) Como estou me saindo? e

(c) Para onde vou em seguida? Essas questões são abordadas extensamente por meio de avaliações formativas e de nosso conceito de painel.

Pesquisas emergentes sobre avaliações formativas registram várias tendências. Em primeiro lugar, os papéis dos alunos e professores mudam nas salas de aula que rotineiramente utilizam avaliações formativas — de uma visão mais orientada para o professor para outra mais centrada no aluno. Como observam Mandinach e Lash (2016, p. 193):

> O ambiente de sala de aula necessário para as avaliações formativas é colaborativo e solidário; os estudantes devem estar à vontade com questionamentos e *feedback* construtivo. Os estudantes não se engajam apenas em atividades de avaliação com seus professores; eles também podem estar envolvidos em autoavaliações e, às vezes, em avaliações por pares.

O "Passo 1: Identificar OSCAR" estabelece os componentes necessários da avaliação formativa: uma Situação inicial objetiva a fim de medir o progresso, "Critérios" para mensurar a qualidade e "Reflexões" para tornar a aprendizagem significativa e estabelecer novos objetivos.

Em segundo lugar, embora o *feedback* oportuno tenha grande impacto sobre o desempenho, os efeitos específicos das avaliações formativas nem sempre são grandes (MANDINACH; LASH, 2016). Os pesquisadores atribuem tais resultados às dificuldades associadas à definição de que tipos de avaliações são consideradas formativas. Além disso, evidências sugerem que muitos professores não têm dificuldade de coletar ou interpretar dados de avaliações formativas, mas nem sempre sabem o que fazer com essas informações. Nós argumentamos que um fator que pode impedi-los de tomar a ação apropriada é a falta de tempo para observar e ouvir com profundidade e atenção, de forma que o Sistema 2 assuma o controle. A seguir, estão algumas rotinas de sala de aula que podem ajudá-lo a não ceder ao Sistema 1.

EXPERIMENTE AS ROTINAS DE SALA DE AULA: APRENDIZAGEM PRECISA, EFICAZ E EFICIENTE PARA TODOS

Planeje: definir quatro estruturas para a aprendizagem durante as aulas

Há pelo menos quatro estruturas de ensino diferentes utilizadas em uma aula. Quando elas são claramente definidas (ver Tab. 4.2), os professores podem alterná-las para esclarecer as dúvidas dos estudantes, proporcionar revisão e prática visando a um aprendizado duradouro e oferecer ajuda a muitos alunos simultaneamente durante as aulas, todos os dias. Cada parte da aula — atividade de abertura, miniaula, tempo de prática e encerramento — deve usar mais do que uma dessas estruturas para oferecer o apoio necessário para atender efetivamente alunos diversos.

No planejamento, dedique tempo para apresentar aos alunos as expectativas de configuração física, processo de trabalho e os recursos de ajuda disponíveis para cada tipo de estrutura usado durante as aulas. A Tabela 4.2 fornece sugestões para as partes de cada estrutura que precisam de definições. Os estudantes podem contribuir com os procedimentos para as rotinas de sala de aula. Afixe tais procedimentos e não deixe de ensinar a turma a utilizar os recursos de ajuda em cada tipo de estrutura diferente.

Ensine: troca entre pares ou rotina de aprendizagem em grupo

Na prática, comece implementando regularmente uma rotina estruturada de aprendizagem em grupo. Em cada capítulo, indicamos instruções passo a passo para as rotinas de aprendizagem em grupo. Os professores as utilizam para três propósitos diferentes durante as aulas, e o mais comum é reunir as respostas dos alunos para compor um painel de monitoramento. Além disso, rotinas específicas podem servir às vezes para fornecer ajuda aos colegas e colaborar com eles. Simultaneamente, à medida que as rotinas de aprendizagem em grupo realizam o propósito de ensino

TABELA 4.2 Exemplo de tabela de definição das quatro estruturas de ensino

	Tarefa individual	Aprendizagem em grupo	Discussão livre
Configuração física	Olhos no próprio papel	Sente de frente para os colegas (joelho com joelho e olho no olho)	Sente onde você está
Como	Trabalhe sozinho	Trabalhe colaborativamente	Trabalhe com seus colegas
Apoios/ajuda	Use os recursos da sala de aula como apoio	Use a sala de aula e os colegas como recursos para aprender	Use a sala de aula, os colegas e o professor como recursos para aprender
Adicione especificações para sua configuração			

ORIENTAÇÕES DA ROTINA DE SALA DE AULA ALL-ED: TROCA ENTRE PARES

A "Troca entre pares" oferece aos estudantes uma oportunidade de esclarecer e consolidar o pensamento deles. Esse intercâmbio proporciona um *feedback* imediato durante uma aula. O professor pode usar essa rotina para obter uma noção geral do que os alunos estão aprendendo e do que precisam para cumprir o objetivo.

Os pontos fortes dessa rotina são os seguintes:

- promove a construção de conexões significativas;
- estimula a colaboração;
- fornece um meio para os estudantes receberem *feedback* sobre o seu pensamento;
- oferece uma prática significativa para utilizar o vocabulário e as habilidades de linguagem;
- exige escutar e pensar sobre as respostas dos outros.

ORIENTAÇÕES DE IMPLEMENTAÇÃO

Objetivo: comparar respostas e elaborar ideias e perguntas.

Situação inicial (individualmente e, em seguida, em grupos)

Individualmente: peça aos estudantes que anotem uma resposta inicial a uma pergunta ou preparem-se para compartilhar seu pensamento de forma breve e informal (esboce, identifique uma palavra ou problema importante a discutir).

Grupos: atribua aos alunos um "parceiro de cotovelo"* (toque literalmente os cotovelos com o parceiro).

Dicas:

- forneça aos estudantes que necessitam se movimentar um parceiro de cotovelo mais distante na sala, permitindo que o estudante se levante e caminhe até o colega;
- pense em pedir às duplas que se virem, de modo que os estudantes realmente se sentem em mesas diferentes;
- peça aos alunos pequenos que se sentem em filas no chão, de frente para sua dupla, ou encontrem seu parceiro perto de um número afixado na parede;
- designe duplas para discussões quando os alunos estiverem sentados no chão durante as aulas ou assistindo a uma demonstração em uma aula de ciências;
- pense na configuração dos assentos dos alunos para diferentes atividades de ensino e designe "parceiros de cotovelo" para cada configuração.

---

* N. de R.T. O nome dessa rotina em inglês, *Elbow Exchange*, se refere justamente a essa forma de parear os estudantes pelo critério de proximidade na sala; o parceiro de cotovelo é aquele que está mais próximo do estudante, a ponto de eles tocarem os cotovelos um do outro.

Critérios

- *Esperados:* a resposta deve incluir a palavra "porque".
- *De excelência:* usar o vocabulário do mural de palavras da sala.

Ações

O professor identifica nas orientações:

- **Papéis**: orador e ouvintes; possíveis papéis estão listados na Tabela 4.3.

TABELA 4.3 Ideias de papéis na rotina "Troca entre pares"

Ideias de papéis na rotina "Troca entre pares"		
Parceiro 1	Parceiro 2	Orientações
Questionador	Orador	O questionador pergunta ao parceiro. O orador compartilha a pergunta ou o resumo.
Elaborador de resumo	Detalhador	O elaborador de resumo sintetiza a aula ou a ideia principal de uma leitura. O detalhador adiciona ao resumo uma palavra do vocabulário ou faz conexão com uma lição anterior ou uma pergunta.
Registrador	Apresentador	O registrador anota os pontos de uma breve discussão com o parceiro, e, juntos, eles colocam estrelas nos pontos ou perguntas mais importantes das anotações. Em seguida, o apresentador apresenta uma síntese da discussão para a turma.
Solucionador de problemas	Verificador de problemas	O solucionador de problemas compartilha uma resposta e a estratégia usada para resolver um problema. O verificador de problemas monitora se a solução e a estratégia compartilhadas eram as mesmas ou diferentes de seu próprio trabalho.
Definidor de palavras	Ilustrador de palavras	O definidor de palavras oferece uma definição para uma palavra do vocabulário. O ilustrador de palavras torna o significado visível ao usar a palavra em um problema ou sentença, desenhando o significado ou sugerindo sinônimos.

- **Turnos:** aponte o parceiro da esquerda ou da direita para ser o primeiro a falar. Troque os papéis de modo que a outra pessoa da dupla passe a ser o orador.
- **Regras:** "Adicionar ou repetir" — estudantes podem repetir uma resposta do colega ou adicionar uma nova resposta.
- **Tempo:** cronometre o tempo de cada parceiro ao compartilhar, a fim de garantir equidade.
  1. Declare o propósito ou razão para escutar durante a troca.
  2. Peça aos ouvintes que se virem para um "parceiro de cotovelo" (alguém cujo cotovelo esteja próximo de um dos seus cotovelos).
  3. Dê aos alunos 1 ou 2 minutos para trocarem uma ideia ou pergunta.
  4. Troque os papéis.

Reflexões

Permita que as duplas realizem uma "discussão aberta" para conversar sobre semelhanças e diferenças que foram ouvidas. Lembre os estudantes de que essa é uma discussão em que as ideias ou perguntas são como presentes, ou seja, todos devem ter a oportunidade de doar um e receber outro no período de tempo designado.

do professor, elas também beneficiam os estudantes ao promover aprendizagem duradoura, construir o senso de comunidade, fornecer meios para *feedback* e possibilitar diversão.

Ajuste o ensino: duas ou mais estruturas

Comece a ajustar o ensino planejando usar mais de uma estrutura de ensino ou alternando entre pelo menos duas estruturas em uma atividade. Por exemplo, após fazer uma pergunta, convide os alunos a registrarem suas ideias usando a rotina individual "Listar, escrever, desenhar". Certifique-se de implementar um ambiente de rotina individual. Uma possibilidade é você lembrá-los de manter os olhos em seu próprio papel, não conversar com os colegas, utilizar o recurso de ajuda fornecido pelo professor (se precisarem) e terminar dentro do tempo estabelecido. Em seguida, convide-os a compartilharem suas respostas por meio de uma discussão livre em suas mesas. Conclua a atividade coletando e escrevendo no quadro uma resposta de cada mesa ou grupo, pois isso faz com que os alunos tenham o hábito de mudar de uma estrutura de ensino para outra, passando da aprendizagem individual para a discussão livre e da aprendizagem em grupo para a instrução explícita. Mais tarde, aprenderemos como e quando mudar as estruturas para aumentar o engajamento dos estudantes; por enquanto, começamos estabelecendo uma expectativa claramente definida para as diferentes estruturas de ensino.

Lista de verificação para implementar rotinas em seu ensino

Em loja.grupoa.com.br, acesse a página do livro por meio do campo de busca, clique em Material Complementar e baixe recursos adicionais que ajudarão você a definir as estruturas de ensino em sala de aula.

Planeje	Ensine	Ajuste o ensino
Definir as quatro estruturas usadas nas aulas	Implementar a "Troca entre pares"	• Alternar entre as estruturas de ensino • Usar as "Instruções inclusivas" (papéis, turnos, regras e tempo) para abordar desafios e potencializar pontos fortes

Critérios de qualidade para implementar as rotinas de sala de aula	
Esperados	**De excelência**
• A rotina de sala de aula é utilizada com frequência diária, semanal ou vinculada a um tipo específico de ensino, como, por exemplo, miniaula, exercícios individuais ou revisão. • Observar e ouvir pelo menos uma vez durante cada aula. • Observar o trabalho ou as respostas dos estudantes antes de planejar a aula seguinte.	• As orientações são ajustadas para encaixar os alunos com necessidades específicas, como os que faltaram ou se atrasaram. • O *feedback* dos alunos é coletado para melhorar as regras da rotina. • Os estudantes e professores olham para trás a fim de perceber como as respostas registradas durante a rotina mudaram à medida que ela foi implementada ao longo do tempo.

REFLEXÃO SOBRE O CAPÍTULO

Resumo do capítulo

Neste capítulo, você analisou como um motorista usa um painel de controle e um acostamento ao longo da estrada para monitorar e investigar sinais e resolver problemas. Da mesma forma, os professores precisam de painéis e acostamentos para saber quando são necessários ajustes com vistas a diferenciar o ensino de maneira mais eficaz durante as aulas. Mostramos, por meio de pesquisas, de ferramentas práticas e de exemplos, como rotinas estruturadas de aprendizagem individual e em grupo podem ser usadas para promover o engajamento dos alunos. Também aprendemos como usar as "Instruções inclusivas" para ajustar as rotinas de aprendizagem em grupo a fim de assegurar equidade, acesso e rigor nas discussões para todos os alunos.

Diário de aprendizagem: registre pontos-chave

Continue a fazer seu diário de aprendizagem para acompanhar suas ideias sobre como atender às necessidades de seus diferentes alunos. Registre as respostas às quatro questões apresentadas a seguir:

1. O que foi mais interessante e útil para você neste capítulo?
2. Por que isso foi interessante e útil?
3. Como isso se conecta ao que você conhece sobre atender às necessidades de aprendizagem de todos os alunos?
4. Que pesquisas deste capítulo você poderia usar para explicar ou apoiar decisões a fim de ajustar o ensino?

Guarde estas respostas para reflexão após ter lido mais capítulos deste livro e ter aplicado suas ideias em sala de aula. Responderemos a essas mesmas quatro perguntas ao final de cada capítulo.

Retorne à sua Situação inicial

Retorne à sua resposta preliminar à pergunta do capítulo: "Como os professores sabem quando devem ajustar o ensino?". Acrescente novas ideias ou revise de outra forma. Circule a parte mais importante e a guarde para retornar após o Capítulo 5 ("Passo 3: Verificar CARR") a fim de entender esse desafio.

5

Passo 3
Verificar CARR

VISÃO GERAL

Objetivo

O que os ajustes no ensino podem alcançar?

Pense: reveja sua resposta ao objetivo do Capítulo 2: "Por que precisamos ajustar ou diferenciar o ensino?". Pense em como este capítulo pode confirmar ou contribuir para sua resposta.

Critérios

- Identificar por que um ajuste no ensino é necessário, utilizando a "Verificação CARR".
- Explicar as bases das pesquisas sobre clareza, acesso, rigor e relevância.
- Experimentar as rotinas de sala de aula:
  - Planeje — "Planejamento de clareza".
  - Ensine — "Classificar e organizar" e "Mostrar e compartilhar".
  - Ajuste o ensino — estabelecer metas com Critérios.

Situação inicial: desafios para engajar todos os estudantes

Identifique dois desafios para engajar todos os estudantes que acontecem com frequência em aulas diárias.

- Estudantes ausentes
- Variação de níveis de habilidade ou compreensão
- Diferenças de ritmo ou velocidade
- Fornecimento de ajuda torna a tarefa menos rigorosa
- Estudantes trabalhando em pequenos grupos precisam de orientação do professor e de gerenciamento para permanecer na tarefa

Que desafios não estão nessa lista? Considerando seu ambiente escolar, você pode sugerir outros dois que dificultam o engajamento de todos os alunos nas aulas?

NA SALA DE AULA: PERCEBENDO A LUZ VERMELHA PISCANDO

A Sra. Ford precisa concluir uma unidade antes das férias escolares. Sentindo a pressão de restarem apenas alguns dias, planeja aulas envolventes que estarão repletas de informações e atividades. Mesmo após um planejamento cuidadoso, na segunda-feira, ao passar da atividade de introdução para a miniaula, observa algumas caras perdidas e pesa suas escolhas. Se parar para fazer perguntas, não será capaz de terminar a aula de hoje e corre o risco de ficar sem tempo para concluir a unidade. Poucos estudantes parecem perdidos; por isso, não faz sentido impedir que toda a turma avance. Talvez se ela continuar, poderá esclarecer as dúvidas durante a miniaula e circular a fim de responder individualmente a perguntas enquanto os alunos estiverem trabalhando. A Sra. Ford registra mentalmente os alunos que ela vai atender primeiro assim que designar uma tarefa individual.

Ao longo da aula, ela percebe que mais alunos parecem confusos, mas agora toda a dinâmica será perdida se ela parar. Avalia que mais da metade da turma parece estar acompanhando a aula; então, estes devem ser capazes de ajudar os colegas em seus grupos. Em seguida, a Sra. Ford faz uma pausa para uma "Troca entre pares" a fim de que os estudantes discutam qual foi a coisa mais importante que aprenderam hoje. Tenta circular para ouvir as respostas, mas gasta tempo explicando a uma dupla que está confusa, não tendo, assim, uma boa noção do que os demais estudantes sabem e quais são suas dúvidas. Ela espera que a discussão tenha ajudado e prossegue para terminar a miniaula. Enquanto fala, ela percebe mais caras confusas e que alguns estudantes já se deram completamente por vencidos. Agora ela precisará circular pela sala rapidamente quando os alunos estiverem trabalhando na atividade a fim de ajudá-los a se reconectar com a aula. Se ao menos ela houvesse tido tempo para descobrir o que estava por trás daqueles olhares vazios durante a "Troca entre pares"... Mas como poderia simultaneamente ouvir os estudantes, pensar em suas respostas e dar aula?

Em nosso último capítulo, abordamos a importância de um painel para monitorar o aprendizado dos alunos e um acostamento ao longo da estrada das aulas em que o professor possa parar para examinar as respostas dos alunos reunidas por meio de rotinas de aprendizagem individuais e em grupo. Discutimos que, ocasionalmente, uma luz vermelha piscante surge no painel durante as aulas, como mãos levantadas, cabeças olhando para baixo nas mesas ou um olhar vazio fixo. Essas reações são geralmente luzes vermelhas que acendem e expressam sentimentos como dúvidas, distração ou o fato de estarem perdidos ou entediados. Essas luzes vermelhas advertem os professores de que é necessário ter atenção; caso contrário, a aula (como o carro) pode parar de funcionar.

Às vezes, um rápido olhar para o painel não fornece informações suficientes. O professor precisa lançar mão do acostamento ao longo da estrada com uma rotina de sala de aula que dê a ele mais tempo para pensar nas respostas dos alunos. Em casos como esses, os professores podem usar uma rotina de pensamento chamada "Verificação CARR"* para determinar por que são necessários ajustes no ensino ou a causa daquelas luzes vermelhas que piscam durante as aulas.

Verificação CARR

A rotina de pensamento "Verificação CARR" o ajuda a identificar problemas à medida que eles aparecem no painel enquanto você leciona ou planeja as aulas. Acreditamos na importância de utilizar um pensamento ágil para monitorar e responder aos painéis da aula. O pensamento ágil é a capacidade do professor de perceber oportunidades e desafios para a aprendizagem e depois reagir, ajustando o ensino a fim de melhor atender às necessidades de aprendizagem dos alunos. A "Verificação CARR" ajudará os professores a identificar oportunidades e desafios, bem como a explorar as respostas dos alunos durante as aulas — e o trabalho ou os dados deles durante o planejamento entre aulas. Você pode responder às perguntas de reflexão da "Verificação CARR" na Tabela 5.1 para entender melhor o tipo de ajuste do ensino que é necessário. As questões determinam se o desafio está relacionado a clareza, acesso, rigor ou relevância para o tema ou tarefa. O objetivo deve

---

* N. de R.T. Em inglês, *CARR Check* se parece com a expressão utilizada para checar se o carro está funcionando bem. Apesar de o acrônimo CARR ter um "r" a mais do que o carro, as autoras adotaram essa metáfora da estrada com acostamentos e painel de carro para apoiar a memorização dos passos da diferenciação pedagógica na estrutura ALL-ED.

TABELA 5.1 Perguntas da "Verificação CARR" para a reflexão dos professores

C (Clareza)	Essa tarefa está clara para *todos* os estudantes? As palavras são compreensíveis? Espera-se que os alunos entendam um vocabulário que pode ser vago, ter múltiplos significados ou que é utilizado em contextos estranhos?
A (Acesso)	*Todos* os estudantes conseguem concluir a tarefa de maneira independente e se sentem capazes?
R (Rigor)	Quanto esforço é necessário dos diferentes alunos? O que eles considerariam complexo?
R (Relevância)	*Todos* os alunos considerariam essa tarefa importante, interessante, valiosa e/ou útil?

ser alcançar CARR para cada aluno. Muitas vezes, essa reflexão acontece quando você observa e escuta os alunos aprendendo durante as rotinas de aprendizagem individual ou em grupo; então, você pode fazer ajustes específicos para aumentar a clareza, o acesso, o rigor ou a relevância.

A "Verificação CARR" possibilita identificar um problema específico que os estudantes estão enfrentando, em vez de tornar uma tarefa mais fácil ou mais difícil (ou mais lenta ou mais rápida) e esperar que essa mudança os ajude. Você recorre a uma "Verificação CARR" para determinar com maior precisão por que está ajustando o ensino. Já que há uma razão específica para que esteja ajustando o ensino, você deve medir o impacto dos ajustes no ensino sobre o aprendizado dos estudantes. Por exemplo, se o problema é de clareza, você pode avaliar como o engajamento mudou depois de ajustar o ensino com uma discussão em duplas que favorece o aumento da clareza.

Usando a "Verificação CARR" para identificar por que os ajustes no ensino são necessários

Em uma aula, depois que a Sra. Ford fornece instruções para uma atividade, ela normalmente diz "Vamos começar", e metade dos alunos inicia o trabalho. Esse é o momento para um acostamento ao longo da estrada e para verificar CARR a fim de investigar o problema. Primeiro, a professora busca e escuta as respostas dos estudantes durante uma rotina individual, como "Listar, escrever, desenhar", seguida de uma "Troca entre pares". Ela usa as duas rotinas para avaliar pelo menos uma qualidade de CARR que precisa aumentar ao longo das próximas etapas de ensino. Pode se concentrar na clareza ou relevância nas respostas dos alunos e como eles estão fazendo conexões significativas para a aula. Pode determinar, a partir das respostas, se há necessidade de aumentar a clareza e/ou relevância na próxima parte da aula para todos, para alguns estudantes ou individualmente.

Agora vamos praticar, usando a "Verificação CARR" aplicada aos desafios que identificamos na Situação inicial deste capítulo. Acrescentamos mais detalhes, descrevendo os casos a fim de que possamos utilizar essa rotina para determinar por que os ajustes no ensino são necessários.

1. **Estudantes ausentes.** Cinco alunos chegaram atrasados para a aula vindos de um trabalho de campo. Você está na metade de uma miniaula. O que eles mais precisam — clareza, acesso, rigor ou relevância — para você engajá-los e garantir que todos alcancem os objetivos do dia?

2. **Variação de níveis de habilidade ou compreensão.** Alguns estudantes estão entediados porque dominam as habilidades e conceitos que estão sendo revistos durante as Ações (ou o Padrão de ação) de uma aula; no entanto, outros precisam de mais prática. Todos passarão por um teste comum; sem muito planejamento extra ou atividades totalmente diferentes, como o professor pode aumentar a clareza, o acesso, o rigor ou a relevância das atividades para a classe?

3. **Diferenças de ritmo ou velocidade.** Você está ministrando uma aula bem-planejada, o ritmo é rápido e envolvente para a maioria dos alunos. No entanto, alguns deles se perderam cedo e se "desligaram" da aula. Como engajar novamente os que estão perdidos, manter os outros avançando e levar todos para um ponto de reflexão antes do final do tempo de aula? Você deve se concentrar em aumentar a clareza, o acesso, o rigor ou a relevância? Qual parte do CARR será mais eficaz e qual delas pode ser mais eficiente?

4. **Oferecer ajuda torna a tarefa menos rigorosa.** Você está mostrando no quadro o modo de concluir uma tarefa complexa, etapa por etapa. Embora o apoio seja realmente útil, a maioria dos alunos está apenas copiando sem pensar sobre a tarefa e esperando que você apresente a próxima parte. Como oferecer apoio e promover a independência e o raciocínio deles durante a instrução explícita? Esse é um problema de clareza, acesso, rigor ou relevância?

5. **Estudantes em pequenos grupos precisam da orientação e gestão dos professores para se manter na tarefa.** Os alunos estão gostando de trabalhar em pequenos grupos. Alguns estão atuando de modo independente, outros estão conversando, e muitos estão esperando que você se aproxime e dê instruções. Você está repetindo as mesmas orientações para cada pequeno grupo. Como fazer com que a aprendizagem em grupos seja mais centrada nos estudantes durante essa Ação? Isso é um bom uso do tempo do professor durante uma aula? Para que esta seja mais eficaz, ele precisa aumentar a clareza, o acesso, o rigor ou a relevância?

Para cada um desses dilemas, avalie por que as próximas etapas de ensino poderiam ter como meta o aumento da clareza, do acesso, do rigor e/ou da relevância e discuta suas ideias com colegas. Faça um *brainstorm* sobre como diferentes situações — considerando diferentes grupos de estudantes, o momento da unidade (no início ou ao final) ou mesmo a hora do dia — podem mudar o fator que influencia uma aprendizagem eficaz e eficiente. Tente explicar por que um desses fatores precisa aumentar em uma situação específica de aula com vistas a promover uma aprendizagem eficiente. Em nosso próximo capítulo, demonstraremos como ajustar o ensino para aumentar CARR.

BASEADO EM PESQUISAS: CLAREZA, ACESSO, RIGOR E RELEVÂNCIA

Por que Verificar CARR leva à melhor compreensão?

O estudo sobre CARR remonta às décadas de 1970 e 1980, quando pesquisadores se mostraram interessados em registrar os efeitos do comportamento dos professores nos resultados de aprendizagem dos alunos (BROPHY, 1986; BROPHY; GOOD, 1984). Coletivamente, esses trabalhos sobre os efeitos dos professores (também chamados de "pesquisas de processo-produto") procuraram examinar de que maneira variáveis como a quantidade e a qualidade do ensino afetavam o desempenho dos estudantes. Em geral, evidenciou-se que o tempo de aprendizagem que os estudantes passam ativamente envolvidos em tarefas acadêmicas de nível de dificuldade apropriado era importante, assim como o modo como os professores realizavam as tarefas de ensino comuns (ou quão bem o faziam), como fornecer orientações, fazer perguntas e dar *feedback* (BROPHY, 1986). Assim, o modelo CARR é uma ferramenta útil para nos lembrar desses comportamentos fundamentais relacionados aos professores.

Dada a origem do CARR em pesquisas acerca da eficácia do professor, é importante reconhecer a sobreposição entre esse modelo e o ensino direto* (ADAMS; ENGELMANN, 1996). Isso não deve ser confundido com a instrução explícita ou métodos de ensino centrados no professor, como aulas expositivas (ver Cap. 4), uma vez que o ensino direto é uma abordagem sistemática de ensino que tenta controlar fatores específicos do processo-produto (como clareza e acesso), os quais são associados a um melhor desempenho estudantil. Hattie (2009) observa que o ensino direto tem um tamanho de efeito médio a grande no aumento do aproveitamento dos alunos; as metanálises indicam que seus efeitos são particularmente for-

---

* N. de R.T. No Brasil, muitos estudos sobre o tema mantêm o termo em inglês, *direct instruction*. (GAUTHIER; BISSONNETTE; RICHARD, 2018; SAMPAIO, 2018).

tes no caso de estudantes situados nos extremos inferiores, bem como para aqueles com necessidades educacionais especiais.

Os professores podem se concentrar em aumentar a clareza, o acesso, o rigor ou a relevância, um elemento de cada vez. Você pode revisar as respostas dos estudantes para avaliar a clareza da tarefa ou o quanto ela estava acessível para a turma. Entretanto, todas as exigências de CARR precisam ser contempladas para que ocorra uma aprendizagem efetiva. Por exemplo, as pesquisas sugerem que tornar o currículo mais rigoroso academicamente por si só não se traduz em ganhos de aprendizagem para os estudantes. Um bom exemplo é a iniciativa Advanced Placement (AP)*, mencionada por Bush no Discurso do Estado da União de 2006 ao anunciar a capacitação de 70 mil professores do ensino médio para ministrar cursos de AP. Avaliações dessa iniciativa em geral apontam para evidências empíricas limitadas de que assistir a mais aulas de AP levará, por si só, os alunos a experimentarem efeitos duradouros e significativos no seu desempenho na faculdade (RODERICK; STOKER, 2010). Portanto, é aconselhável a "Verificação CARR" completa. Para entender melhor as bases na pesquisa de cada parte, examinamos CARR separadamente a seguir.

Clareza

Os estudos sobre os efeitos dos professores confirmam que os alunos aprendem mais quando os docentes são claros e fáceis de entender (BROPHY, 1986; HATTIE, 2009; TITSWORTH et al., 2015). Especificamente, os resultados de duas metanálises recentes sugerem que há uma relação moderadamente forte e positiva entre as avaliações sobre a clareza dos professores e a aprendizagem dos alunos, particularmente a aprendizagem afetiva**. Conforme apontam Titsworth et al. (2015, p. 407), "[...] o ensino claro aumenta a probabilidade de aprendizado cognitivo percebido em mais de 100%, e o aprendizado afetivo em outros 200%". Em outras palavras, quando os professores são claros, os alunos são muito mais propensos a expressar emoções positivas e perfis motivacionais adaptativos.

Vamos contextualizar essas descobertas. Você já vivenciou uma aula em que não tinha ideia de qual era o objetivo? Como isso o fez se sentir? Provavelmente, assim como Oscar, estava confuso e talvez até frustrado; portanto, menos inclinado a se

---

* N. de R.T. O programa Advanced Placement (AP) consiste em oferecer matérias de nível universitário em escolas de ensino médio, com exames oficiais que são administrados uma vez ao ano para computar os créditos desses cursos. Por isso, os cursos AP são conhecidos por exigir o mais alto nível de rigor acadêmico durante o ensino médio. Os estudantes que fazem cursos AP se destacam em suas inscrições para a faculdade e podem pular disciplinas introdutórias do ensino superior caso tenham passado nos exames oficiais AP (COLLEGE BOARD, [2022]).
** N. de R.T. *Affective learning* é o termo utilizado para se referir à aprendizagem que se relaciona com os interesses, as atitudes e as motivações do aluno (BAMIDIS, 2017; PICARD et al., 2004).

engajar na tarefa. A propósito, a palavra "motivação" é derivada do termo latino *movere*, que significa "mover-se". Pesquisas sobre fluxo (ou *flow*) — uma forma de motivação intrínseca em que os indivíduos experimentam um senso holístico de total engajamento em uma tarefa — sugerem que o estado do fluxo depende de objetivos claros e de *feedback* (CSIKSZENTMIHALYI, 2014). Csikszentmihalyi (2014), o psicólogo social que popularizou esse tipo de pesquisa, diz que objetivos claros oferecem orientação e propósito ao comportamento, ao passo que um *feedback* claro e imediato informa as pessoas sobre a qualidade do seu progresso e se devem ajustar ou manter o atual curso de ação. Hattie (2009) classifica a clareza do professor entre os cinco principais fatores docentes relacionados aos resultados de desempenho dos alunos.

Acesso

Um dos princípios orientadores da motivação é que os estudantes são motivados para a competência (ELLIOT; DWECK; YAEGER, 2017). Conforme comprova o grande corpo de pesquisas sobre autoeficácia, quando os estudantes se sentem competentes (isto é, se sentem capazes), é mais provável que se envolvam em tarefas acadêmicas e, em última instância, tenham um bom desempenho. Infelizmente, porém, nem todas as tarefas acadêmicas são percebidas por eles como sendo igualmente acessíveis.

Tanto os pesquisadores de motivação quanto os do Desenho Universal para a Aprendizagem (DUA) destacam a importância de as tarefas serem desenvolvidas com um nível de desafio adequado. Por exemplo, estudos indicam que, para que os indivíduos experimentem o fluxo, eles devem perceber uma correspondência entre suas habilidades e as oportunidades para usar essas habilidades (ou nível de desafio percebido). Qualquer tipo de desequilíbrio resultará em alguma forma de sentimento negativo (preocupação, aborrecimento e até ansiedade), e por isso é importante que as tarefas sejam acessíveis. Os pesquisadores do modelo DUA chamam a atenção para o fato de que a maioria dos currículos não são desenvolvidos dentro das zonas de desenvolvimento proximal de *todos* os alunos. Eles observam que muitas tarefas acadêmicas apresentam aos estudantes, particularmente aqueles que estão nos extremos, "dificuldades indesejáveis" — ou barreiras ao aprendizado que não são conectadas aos objetivos reais de aprendizagem da tarefa. Tomemos, por exemplo, a prática comum de exigir aos alunos que expressem seus conhecimentos sobre determinado tópico em uma redação de cinco parágrafos. Considerando-se que o objetivo de aprendizagem é fazer com que os alunos comuniquem seu conhecimento a respeito do tema, exigir que o façam em uma redação de cinco parágrafos cria uma dificuldade indesejável para aqueles com dificuldades motoras, que são falantes não nativos da língua ou que têm problemas para organizar seus pensamentos por escrito. Assim, o modelo DUA — baseado principalmente em pesquisas neurocientíficas — é desenvolvido em torno de três princípios que promovem o acesso, especificamente um ensino que fornece (a) múltiplos meios de representação, (b) múltiplos meios de ação e expressão e (c) múltiplos meios de engajamento.

Um ensino que fornece múltiplos meios de representação leva em conta as várias formas como os estudantes percebem e compreendem as informações. Dada essa variabilidade, o DUA assume que apresentar informações de uma única forma (ou seja, apenas por texto ou aula expositiva) limitará o acesso ou excluirá desnecessariamente alguns estudantes do conteúdo. Por isso, o DUA sugere apresentar o conteúdo utilizando múltiplos formatos, incluindo textos, imagens ou vídeos. Com base na premissa de que existe variabilidade na forma como os indivíduos expressam sua compreensão, o modelo DUA também estimula a oferta de múltiplas opções de expressão da compreensão dos alunos. Por fim, o DUA propõe a escolha, a autonomia e a aprendizagem autorregulada, para favorecer múltiplas formas de engajamento com o conteúdo.

Rigor

Mais uma vez, tanto a pesquisa sobre motivação quanto o DUA reconhecem a importância de manter o desafio (SCHUNK; PAJARES, 2005). Csikszentmihalyi (2014) resume o fluxo como um equilíbrio entre o desafio percebido e a habilidade. O DUA, por sua vez, sustenta que seu objetivo é equilibrar apoios e desafios e, especificamente, "[...] manter as dificuldades desejáveis enquanto reduz ou elimina as 'dificuldades indesejáveis'" (LAPINSKI; GRAVEL; ROSE, 2012, p. 10). No contexto acadêmico, as percepções de desafio e dificuldades desejáveis são definidas principalmente em termos das oportunidades dos estudantes para exercer o raciocínio de alto nível e o uso ativo do conhecimento — ou, em suma, rigor acadêmico (WOLF; CROSSON; RESNICK, 2005).

Os estudos sobre rigor acadêmico muitas vezes aludem a duas dimensões do rigor: (a) a oferta de tarefas acadêmicas desafiadoras e (b) a pressão acadêmica* (ou o nível em que os estudantes são pressionados a explicar seu pensamento ou a justificar seus argumentos) (COOPER, 2014; WOLF; CROSSON; RESNICK, 2005). As primeiras pesquisas sobre os efeitos do professor consideraram a oferta de tarefas em um nível de desafio adequado como um indicador importante de um gerenciamento de sala de aula eficaz (BROPHY, 1986). Os resultados das pesquisas tam-

---

* N. de R.T. o conceito de pressão acadêmica (*academic press*) descreve um elemento do clima escolar focado no sucesso acadêmico e na conformidade com padrões específicos de desempenho. A pressão acadêmica fornece orientação específica para o trabalho do aluno, motivando professores e estudantes a buscar um desempenho acadêmico de alto nível (LEE *et al.*, 1999; MELO, 2017).

bém sugerem uma associação positiva entre o rigor do trabalho de um estudante (como indicado pelo número total de créditos Carnegie* e aulas de AP) e o desempenho na faculdade (RODERICK; STOKER, 2010). Mais recentemente, o Measures of Effective Teaching Project (2010), iniciativa de grande escala financiada pela Fundação Bill e Melinda Gates, revelou que as percepções dos alunos sobre o quanto seus professores estimulam o desafio estavam mais fortemente associadas aos ganhos de desempenho desses alunos. Nesse estudo, os alunos responderam seu nível de concordância a afirmações como "Nesta classe, aprendemos muito quase todos os dias", "Meu professor aceita nada menos que nosso esforço total" e "Meu professor pede aos alunos que expliquem mais sobre as respostas que eles dão", para indicar sua percepção acerca de desafio.

Pesquisas empíricas sobre a pressão acadêmica sugerem uma ligação entre a pressão para a compreensão e os resultados relacionados à motivação dos alunos e à aprendizagem autorregulada. Por exemplo, Middleton e Midgley (2002) observaram uma correlação moderadamente forte e positiva entre a pressão acadêmica e o endosso dos estudantes às metas de domínio voltadas para a aprendizagem[1], bem como para a aprendizagem autorregulada. Essas descobertas sugerem uma associação positiva entre professores que fazem perguntas aos alunos, tais como "Por que você acha isso?" ou "Você pode explicar mais sobre isso?", e perfis de aprendizagem adaptáveis.

Nossa definição de rigor, por sua vez, se baseia nessas estruturas, considerando tanto a provisão de tarefas desafiadoras (ou seja, que requerem altos níveis de atenção, esforço e pensamento) quanto a pressão acadêmica para a compreensão (isto é, uma ênfase em complexidade e uso de técnicas para sondar a compreensão). Especificamente, a ALL-ED define o rigor por meio de uma fórmula: rigor é igual a esforço multiplicado pela complexidade (ver Fig. 5.1). Nessa equação, esforço é igual ao tempo necessário de foco sustentado para os estudantes; já complexidade corresponde ao número ou partes do tópico, o número de maneiras que as partes podem se encaixar e o tipo de raciocínio necessário para manipular as partes (BONDIE; ZUSHO, 2017).

Nossa definição ajuda os professores a ajustarem o rigor às necessidades dos alunos, mantendo a complexidade requerida para desenvolver habilidades de pensamento crítico e despertar o interesse deles. Use essa fórmula para orientar a tomada de decisão pedagógica:

---

* N. de R.T. A unidade Carnegie foi desenvolvida em 1906 como uma medida da quantidade de tempo que um aluno estudou um assunto em contato direto com um professor em sala de aula. Por exemplo, um total de 120 horas em uma matéria — 4 ou 5 aulas por semana com 40 a 60 minutos cada, por 36 a 40 semanas no ano — dá ao aluno uma "unidade" de crédito do ensino médio. A maioria dos Estados e das escolas de ensino médio norte-americanas exige que os alunos tenham entre 18 e 24 créditos Carnegie para terem o diploma do ensino médio (CARNEGIE FOUNDATION, 2022; GREAT SCHOOLS PARTNERSHIP, 2013).

```
                Rigor = esforço × complexidade
```

Tempo necessário	Número	Maneiras	Raciocínio
de foco sustentado	de partes	de as partes	necessário para
		se encaixarem	manipular as partes

Figura 5.1 Fórmula do rigor.

Para *aumentar* o rigor, acrescente complexidade.
Altere o número de partes, o modo como elas se relacionam e/ou o raciocínio necessário. Além disso, o esforço pode ser aumentado reduzindo-se o tempo.

Para *reduzir* o rigor, aumente o acesso.
Mais frequentemente, o tempo é aumentado para elevar o acesso, e o número de partes é reduzido. Entretanto, para manter a complexidade e reduzir o rigor, o professor deve aumentar o acesso, adicionando um apoio ou andaime. O acesso também pode ser aumentado, alterando-se a estrutura da tarefa e dos recursos de ajuda fornecidos (ver Cap. 6).

Relevância

Como vimos na introdução deste livro, um dos princípios orientadores da motivação é o sentido ou a significância de algo. Os estudantes são muito mais propensos a se aproximar e se envolver em tarefas acadêmicas quando estas apresentam um significado pessoal; em outras palavras, quando as valorizam de alguma forma. A teoria motivacional aponta para três valores da tarefa principais. Pesquisas sugerem que a qualidade do comportamento motivado é maior quando os alunos consideram a tarefa e/ou o domínio do assunto importantes (o que os pesquisadores chamam de "valor de realização"), interessantes (também referido como "valor de interesse intrínseco") e/ou úteis (ou com valor utilitário). Csikszentmihalyi (2014) salienta que simplesmente alcançar um equilíbrio entre habilidade e desafio não mantém necessariamente o fluxo. Ele sugere que, para uma pessoa ser cativada por um livro, isso depende não apenas da correspondência entre habilidade e desafio, mas também do fato de esse livro ser realmente interessante para ela ou não.

Pesquisas estruturadas de acordo com a moderna teoria da expectativa-valor, uma teoria dominante da motivação, confirmam que a forma como os estudantes valorizam as tarefas prevê fortemente suas escolhas de atividade e posterior envolvimento (LINNENBRINK-GARCIA; PATALL, 2016). Por exemplo, estudos descobriram que, quando se trata de explicar por que os estudantes seguem certos caminhos em suas carreiras, os valores muitas vezes se sobrepõem em importância a outros construtos motivacionais. Eccles e Wang (2016) descobriram que os valores ocupacionais previam melhor as diferenças entre indivíduos e entre gêneros nas escolhas de carreira dentro das disciplinas STEM*. Eles descobriram que os estudantes, especialmente as mulheres, tinham mais probabilidade de seguir carreiras nas ciências da saúde, biológicas e médicas porque percebiam que essas áreas se alinhavam aos seus valores ocupacionais relacionados ao trabalho com pessoas e ao altruísmo.

Diante da redução do número de estudantes que seguem carreiras STEM, tem havido interesse renovado em compreender como os valores afetam a aprendizagem e os resultados no longo prazo, como é o caso da escolha de carreira (HARACKIEWICZ et al., 2014; RENNINGER; NIESWANDT; HIDI, 2015). Frente à hipótese de que os valores atribuídos às tarefas, particularmente o de utilidade, podem ser mais receptivos à intervenção do que os construtos regulados internamente, como a autoeficácia, as intervenções de valor da tarefa estão se tornando mais comuns na literatura. Estudos demonstram que o interesse e os valores das tarefas STEM podem ser mais bem desenvolvidos ao orientar os estudantes a se concentrarem no modo como o tópico aprendido é relevante para suas vidas (HARACKIEWICZ et al., 2014).

Não é apenas a pesquisa sobre motivação que reconhece a importância de as tarefas terem relevância. Cooper (2014) propõe que o engajamento dos estudantes é altamente dependente do ensino conectivo — uma categoria de práticas de ensino que promove uma conexão entre o estado emocional do estudante e o conteúdo que está sendo ensinado, o professor e o ensino. As conexões com o conteúdo são maiores quando os alunos sentem que o trabalho que está sendo realizado é pessoalmente significativo; as conexões com o professor são desenvolvidas quando os professores conhecem seus alunos; e as conexões com o ensino ocorrem quando os estudantes têm a oportunidade de desenvolver sua competência e aprender com os erros. Quando se trata de engajar adolescentes, Cooper (2014) demonstra que o ensino conectivo reconhece os estudantes como pessoas e que respeitar seus interesses, perspectivas e experiências é fundamental — talvez até mais do que rigor e práticas de ensino ativas e centradas neles.

A relevância também está no centro da pesquisa sobre pedagogia culturalmente relevante e responsiva (GAY, 2010; LADSON-BILLINGS, 1995). Por exemplo, Gay (2010, p. 31) define o ensino como:

> [...] utilizar o conhecimento cultural, experiências anteriores, estruturas de referência e estilos de desempenho de estudantes etnicamente diversos a fim de tornar os encontros de aprendizagem mais relevantes e eficazes para eles.

---

* N. de R.T. STEM é o acrônimo usado, em inglês, para *science* (ciência), *technology* (tecnologia), *engineering* (engenharia) e *mathematics* (matemática).

A principal premissa da pesquisa sobre pedagogia culturalmente relevante e responsiva é que as práticas educacionais e os currículos têm um viés eurocêntrico e, portanto, sem significado para muitos estudantes não brancos e de grupos historicamente marginalizados.

Quatro razões para ajustar a instrução: Verificação CARR

Você pode usar a "Verificação CARR" para clareza, acesso, rigor e relevância a fim de identificar por que é necessário um ajuste no ensino. Pode utilizá-la com estudantes individuais, grupos de estudantes e na turma inteira. Ela é útil porque cada elemento atende às necessidades dos alunos nos extremos por diferentes razões. Por exemplo, aumentar a clareza usando uma rotina de aprendizagem em grupo para planejar uma estratégia para resolução de problemas ajuda estudantes que variam em muitas dimensões diferentes. Além disso, a "Verificação CARR" auxilia os professores a analisarem as relações entre os estudantes e o currículo em uma só rotina de pensamento prática, eficiente e fácil de memorizar.

De volta à sala de aula: praticando a "Verificação CARR"

Vamos utilizar novamente a "Verificação CARR" com outro exemplo, dessa vez de aula de ciências. Os alunos devem escrever uma definição e uma descrição de exemplo de doença genética, citando provas para apoiar suas alegações a partir de uma leitura de não ficção. Para começar a aula, uma "Verificação CARR" das respostas dos alunos informa à Sra. Ford que eles compreendem o objetivo da aula e, inclusive, têm muitas perguntas interessantes a que esperam responder após ler sobre o assunto em questão. Eles são convidados a escolher entre uma abordagem narrativa de não ficção (um artigo que descreve a história de um menino que vive com uma doença genética) ou outra com uma referência lógica (um artigo de um livro científico sobre doenças genéticas). Eles responderão às mesmas cinco perguntas após a leitura de qualquer dos textos que tenham escolhido. Os estudantes parecem entusiasmados em escolher sua leitura. Quando a Sra. Ford olha para o painel, as respostas sugerem que a clareza e a relevância estão muito altas até o momento.

Entretanto, ela logo observa uma luz vermelha piscando no painel quando os estudantes não se engajam na leitura do artigo que selecionaram. Muitos não estão lendo, independentemente do nível dos textos. Alguns começam a conversar, seja porque não conseguem entender os textos, seja porque estes são muito fáceis. Outros saltam para a tarefa de responder às perguntas sem ler o artigo. E há, ainda, alguns poucos que começam a ler e anotar conforme a orientação que todos receberam. Os alunos têm clareza a respeito da tarefa, e a relevância aumenta ao pedir que escolham o texto que lhes interessa. Entretanto, uma "Verificação CARR" ajuda a Sra. Ford a perceber que o acesso e o rigor permanecem problemáticos, impedindo muitos estudantes nos extremos dos níveis de leitura independente de se engajarem com sucesso na tarefa. Então, agora que identificou o problema, a Sra. Ford precisa transferir o conhecimento obtido no CARR para o EAO* a fim de realizar um ajuste capaz de engajar todos os alunos. Aprenderemos sobre os ajustes de EAO no próximo capítulo.

EXPERIMENTE AS ROTINAS DE SALA DE AULA: APRENDIZAGEM PRECISA, EFICAZ E EFICIENTE PARA TODOS

Planeje: Planejamento de clareza

Nós o encorajamos a resumir uma unidade de estudo usando nosso "Planejamento de clareza" para ajudar a tornar OSCAR visível. Esse planejamento, disponível em Bondie e Zusho (2018), possibilita aos professores que pensem com clareza e agilidade sobre o tema que está sendo ensinado em uma unidade, combinando o objetivo e as metas com as avaliações e o *feedback*. Além disso, torna possível ver as principais maneiras de medir a aprendizagem acerca de uma unidade em uma página, permitindo a eles planejar, refletir e revisar a variedade de avaliações, *feedback* e tempo antes de iniciar a unidade. Ao antecipar o tempo de ensino entre cada avaliação, observando quantas aulas são necessárias e estarão disponíveis dado o calendário escolar, os docentes podem garantir que as unidades não sejam apressadas no final e que um tempo mais estendido seja dado às partes mais difíceis e à prática necessária.

O "Planejamento de clareza" torna visíveis Objetivos, Situações iniciais, Critérios e Reflexões, que são características-chave de aulas que são ajustáveis às necessidades dos alunos e que promovem a aprendizagem duradoura para todos.

---

* N. de R.T. Nessa metáfora automobilística construída pelas autoras, a forma em inglês para o acrônimo EAO é SHOp, que nessa língua pode significar "oficina". Com isso, a ideia é que, ao perceber uma luz vermelha piscando no painel do carro, o professor passe na oficina para ajustá-lo.

ORIENTAÇÕES DA ROTINA DE SALA DE AULA ALL-ED: PLANEJAMENTO DE CLAREZA

Propósito: permitir aos professores que pensem com clareza e agilidade sobre o conteúdo a ser ensinado em uma unidade e sobre o modo como estudantes e professores verão e promoverão crescimento em direção ao domínio do tópico. O "Planejamento de clareza" torna possível ver as principais maneiras de medir a aprendizagem de uma unidade em uma página e é usado pelos professores para planejar, refletir e revisar a variedade de avaliações, a meta de aprendizagem e o ciclo de *feedback* para uma unidade de estudo.

Objetivo (metas de aprendizagem do professor para esta ferramenta de planejamento)

- Posso definir os objetivos de uma unidade em termos claros, acessíveis, rigorosos e relevantes para todos os estudantes.
- Posso fazer conexões precisas e explícitas entre os objetivos e as avaliações que os estudantes concluem em uma unidade de estudo.
- Posso articular os critérios *esperados* e *de excelência* de cada avaliação.
- Posso planejar uma variedade de tipos, formas e fontes de *feedback* em cada unidade.
- Posso ajudar os estudantes a conhecerem o que será avaliado e a monitorarem como os critérios estão sendo utilizados.
- Posso planejar onde os recursos de ajuda, tais como tempo extra, prática e diferentes atividades, provavelmente serão necessários antes de ensinar a unidade.
- Posso observar as relações entre esta unidade, os estudantes e eu mesmo (conectar ao "Planejamento de tração").

Situação inicial: complete o "Planejamento de tração" (Cap. 2).

Critérios

Objetivos

Esperados

- Articular objetivos (de compreensão, conhecimento e habilidades) claros, que sejam favoráveis aos estudantes e que façam sentido a alguém que não é especialista no assunto.
- Os objetivos são escritos como afirmações que descrevem os resultados desejados para o aluno em termos precisos, mensuráveis e alcançáveis.
- Os objetivos são alcançáveis por todos os estudantes e também desafiam seus melhores alunos.

De excelência

- Os objetivos tendem a despertar o interesse de todos os alunos.
- Os objetivos promoverão não apenas a investigação e a compreensão, mas também a transferência para outros domínios.

Avaliações

Esperados

- A ligação entre os objetivos e as avaliações é clara. O "Planejamento de clareza" ajuda os estudantes a entenderem como as avaliações estão ligadas aos objetivos e os ajudarão a regular sua aprendizagem.
- Critérios claros para as exigências obrigatórias (*esperados*) e para irem além (*de excelência*); as expectativas são identificadas e orientam para as qualidades que os estudantes poderão apontar em seus produtos e respostas.

De excelência

- Há também evidências de que uma variedade de métodos é usada para os estudantes representarem seu aprendizado (variando os modos de comunicação de acordo com o conteúdo).

Ações

Complete o "Planejamento de tração" antes do "Planejamento de clareza".

Passo 1: torne visível o plano da unidade

A. Coloque os objetivos no centro do círculo. Inclua objetivos de conteúdo e de habilidade no centro do círculo. Um exemplo de objetivo é "Eu posso escrever um texto dissertativo de cinco parágrafos".

Numere cada objetivo. Os objetivos devem ser fáceis de lembrar para os estudantes (reveja a pesquisa sobre memória do Capítulo 1). Se uma unidade tem objetivos demais para ser encaixados no círculo, pense em dividir a unidade em várias unidades pequenas ou criar uma combinação de objetivos que inclua objetivos menores, como critérios ou partes do objetivo.

B. Identifique uma meta de compreensão em larga escala que se relacione com a unidade. Escreva isso em forma de frase ou pergunta ("Pergunta essencial") e rotule essa meta como A.

C. Identifique as principais avaliações que os alunos vão concluir na unidade e coloque os nomes delas fora do círculo, numerando-as de acordo com a ordem em que serão realizadas.

Passo 2: conecte os objetivos de aprendizagem às avaliações

Escreva o número do objetivo ao lado da avaliação que avalia o objetivo. Escreva apenas os números dos objetivos para os quais os alunos receberão *feedback* na avaliação.

Passo 3: crie ferramentas para que os estudantes estabeleçam objetivos, monitorem o progresso, recebam e apliquem *feedback* e reflitam sobre o aprendizado

Para cada avaliação, identifique ou crie uma ferramenta que incentive a aprendizagem autorregulada do estudante (ver Cap. 1).

A maioria dos materiais didáticos já tem rubricas, listas de verificação e avisos de reflexão que podem ser usados. Os estudantes também podem utilizar diários de aprendizagem ou resumos de desempenho*.

Passo 4: reflita sobre clareza e oportunidade

Pense sobre as perguntas apresentadas a seguir.

Todos os objetivos são avaliados em pelo menos uma avaliação? Os objetivos são avaliados quantas vezes na unidade? Certos objetivos devem ser avaliados mais de uma vez para evidenciar crescimento? Existem vários tipos, formas e fontes de *feedback* em toda a unidade?

Passo 5: planeje o tempo

Consulte o calendário escolar e veja quantas aulas são necessárias e estão disponíveis entre cada avaliação.

Passo 6: planeje para as diferenças

Assegure que todos os estudantes possam alcançar ou progredir em direção a cada meta. Se necessário, quebre metas em partes e determine onde cada parte será avaliada para mostrar o progresso em direção a elas.

Anote as múltiplas maneiras como os estudantes estão aprendendo, praticando e demonstrando sua aprendizagem.

Observe como os alunos serão agrupados.

Identifique onde apoios e extensões serão necessários.

Sinalize se uma avaliação será diferenciada e associe as metas de aprendizagem que serão avaliadas.

Sinalize onde haverá tempo para os estudantes praticarem uma habilidade específica que precisam desenvolver como indivíduos.

---

* N. de R.T. Resumos de desempenho são instrumentos elaborados pelo professor que contêm a lista de objetivos de aprendizagem e um campo para preenchimento do aluno, que deve avaliar se atingiu cada objetivo totalmente, parcialmente ou se não o atingiu ainda.

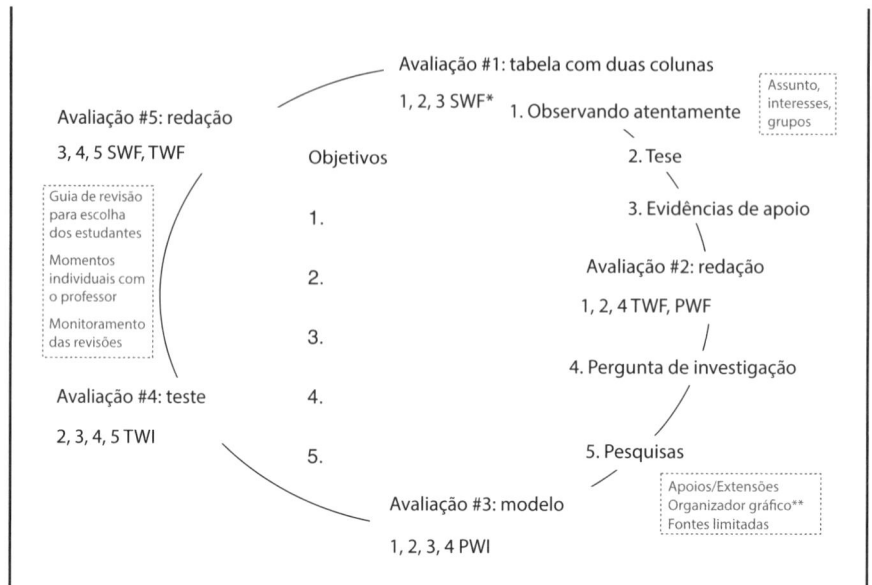

```
                        Avaliação #1: tabela com duas colunas
                                                                    ┌──────────┐
                              1, 2, 3 SWF*                          │ Assunto, │
   Avaliação #5: redação                   1. Observando atentamente│interesses,│
                                                                    │ grupos   │
   3, 4, 5 SWF, TWF         Objetivos                                └──────────┘
                                           2. Tese
   ┌──────────────┐
   │Guia de revisão│
   │para escolha   │       1.                3. Evidências de apoio
   │dos estudantes │
   ├──────────────┤
   │Momentos       │
   │individuais com│       2.                Avaliação #2: redação
   │o professor    │
   ├──────────────┤                          1, 2, 4 TWF, PWF
   │Monitoramento  │       3.
   │das revisões   │
   └──────────────┘                          4. Pergunta de investigação

   Avaliação #4: teste     4.

   2, 3, 4, 5 TWI          5.                5. Pesquisas
                                                                    ┌──────────────┐
                                                                    │Apoios/Extensões│
                        Avaliação #3: modelo                        │Organizador gráfico**│
                                                                    │Fontes limitadas│
                             1, 2, 3, 4 PWI                         └──────────────┘
```

* N. de R.T. Os números listados servem para indicar quais objetivos serão avaliados neste instrumento avaliativo. Já as letras se referem ao tipo de *feedback* que os estudantes receberão a partir desta avaliação. A primeira letra indica quem oferecerá o *feedback*: "S" em casos de autoavaliação; "T" no caso de *feedback* do professor; e "P" no caso de *feedback* dos pares. A segunda letra indica se o *feedback* será feito por escrito ("W") ou oralmente ("V"). A terceira letra indica se o *feedback* é formal ("F") ou informal ("I").

** N. de R.T. Os organizadores gráficos são uma ferramenta visual de aprendizagem que os professores fornecem aos estudantes para ajudá-los a organizar, esclarecer ou simplificar informações complexas — com isso, os organizadores apoiam os alunos na construção do entendimento por meio da exploração das relações entre os conceitos (WISE; COOPER, 2019; COX, 2020).

Ensine: "Classificar e organizar" ou "Mostrar e compartilhar" (rotinas de monitoramento)

1. Use a rotina "Critérios: verificar e refletir" (Cap. 3) para que os estudantes anotem os critérios de qualidade presentes em seus trabalhos. Você aumentará a clareza dos alunos, pedindo a eles que façam anotações sobre critérios *esperados* e *de excelência* em seus trabalhos, tais como circular palavras-chave do vocabulário ou uma estratégia particular. Eles podem usar essas reflexões para identificar os próximos passos da sua aprendizagem, o que possibilita que utilizem critérios para refletir a respeito de objetivos, promovendo a aprendizagem autorregulada.

2. Utilize a rotina "Classificar e organizar" (Cap. 5) para criar um quadro de monitoramento visando a desenvolver a autonomia e a confiança dos estudantes em si mesmos como alunos. Quanto mais eles se conhecem, mais podem entender a melhor maneira para alcançar o sucesso. Às vezes, o ajuste do ensino é uma tarefa que parece sobrecarregar os professores, porque sentimos que é algo que fazemos para os estudantes. No entanto, eles desempenham um papel importante para garantir que a aprendizagem se adapte às suas necessidades — tão importante quanto o do professor. Estudantes que sabem o que precisam para trabalhar e se sentem capazes de pedir ajuda ou prosseguir a aprendizagem de forma independente ajudarão a assegurar que todos os alunos progridam. Os alunos são um dos mais significativos recursos que o auxiliam na implementação de um ensino eficaz que envolva todos os estudantes. Crie um quadro que monitore o progresso deles na realização de uma grande tarefa ou o domínio dos objetivos de aprendizagem ou habilidades especiais que estejam dispostos a compartilhar com outros. Peça-lhes que coloquem uma nota adesiva com o nome deles em diferentes posições, conforme seu nível de aprendizagem avança ao longo da unidade.

ORIENTAÇÕES DA ROTINA DE SALA DE AULA ALL-ED: CLASSIFICAR E ORGANIZAR

Muitas vezes os professores coletam avaliações formativas e passam horas após as aulas avaliando os bilhetes de saída ou as respostas dos estudantes para formar grupos predeterminados para as próximas aulas. Às vezes você pode querer agrupar os alunos de acordo com uma habilidade que precisam desenvolver ou segundo algum interesse. A rotina "Classificar e organizar" solicita a eles que autoavaliem as respostas em busca de critérios — por exemplo, um interesse ou uma habilidade que esse trabalho mostra que precisam praticar ou a pergunta mais importante a que gostariam de responder. Em seguida, eles organizam suas respostas em mesas etiquetadas com categorias. Se as respostas estiverem em notas adesivas, os estudantes poderão colocá-las abaixo das etiquetas, em um papel dividido em colunas; poderão, ainda, inseri-las abaixo de uma etapa específica sobre a qual eles têm uma pergunta. Isso é diferente da rotina "Burburinho", uma vez que os alunos não estão lendo e escutando as respostas um do outro. Nessa rotina, não estão recebendo *feedback* de suas ideias ou praticando a linguagem acadêmica. No entanto, as respostas são visíveis, permitindo a eles que observem suas respostas no contexto das ideias de seus colegas de turma, e as respostas são ordenadas para que o professor ajuste o ensino.

Os pontos fortes dessa rotina são os seguintes:

- economiza tempo de planejamento do professor para ordenar as respostas;
- estimula os alunos a pensarem sobre suas respostas;
- encoraja os alunos a ajudarem uns aos outros;
- não exige discussão.

ORIENTAÇÕES DE IMPLEMENTAÇÃO

Objetivo: organizar as respostas dos alunos em categorias, possibilitando tanto a eles quanto aos professores que saibam em que ponto do processo de aprendizagem se encontram.

Situação inicial: os estudantes preparam uma resposta a uma pergunta ou uma autorreflexão sobre seu aprendizado.

Critérios

- *Esperados*: responde à pergunta; explica a classificação em uma categoria.
- *De excelência:* usa vocabulário a partir do mural de palavras da sala; faz uma conexão com uma atividade da turma, uma leitura ou um comentário feito por outro estudante.

Ações
O professor identifica nas orientações:

- **Papéis:** observadores.
- **Turnos:** todos os alunos fazem "Classificar e organizar" simultaneamente.
- **Regras:** observe cuidadosamente em busca de padrões e diferenças, prestando atenção nos trabalhos de cada indivíduo.
- **Tempo:** 2 minutos.

1. Coloque as categorias ou tópicos em colunas em papel *flip chart* ou etiquete as mesas.
2. Solicite aos alunos que organizem suas respostas, colocando-as ou colando-as na categoria mais adequada.

Reflexões

1. Solicite aos alunos que façam observações a respeito do que essa organização pode significar para a turma e para eles mesmos.
2. Ajuste o ensino com base nas respostas dos estudantes, formando grupos ou fornecendo ensino direcionado.

Variação: uma versão digital da organização dos bilhetes de saída pode ser "Digite e etiquete", usando um formulário *on-line* ou uma planilha. Os arquivos digitais têm a vantagem de armazenamento e classificação e a desvantagem de praticar menos a linguagem oral e não oferecer *feedback* aos estudantes.

ORIENTAÇÕES DA ROTINA DE SALA DE AULA ALL-ED: MOSTRAR E COMPARTILHAR

"Mostrar e compartilhar" oferece aos estudantes a oportunidade de aprender a partir de uma breve observação das ideias dos outros. Ao mesmo tempo, o professor rapidamente vê o trabalho de todos, obtendo uma avaliação geral do aprendizado deles. Ela é utilizada quando o tempo é limitado, dificultando a realização de uma rotina do método "Compartilhar", e quando o trabalho ou a resposta dos alunos perderiam detalhes se um resumo oral fosse fornecido (p. ex., ver um problema matemático mostrando o trabalho feito para chegar à resposta *versus* ouvir apenas a resposta). Essa rotina é útil quando os alunos estão aprendendo em outra língua, pois podem ver um modelo do que está sendo discutido e as palavras associadas.

Para "Mostrar e compartilhar", os estudantes apresentam sua resposta sem falar, segurando um papel, enquanto estão sentados em sua mesa; colocam a resposta em um papel *flip chart* ou em um quadro branco; mostram-na por meio de tecnologia, como um *iPad*, um *laptop* ou um telefone celular; ou colocam uma foto digital em uma pasta digital compartilhada.

Os pontos fortes dessa rotina são os seguintes:

- exige pouco tempo;
- todos participam ao mesmo tempo;
- não exige comunicação ou fala;
- o silêncio faz os alunos se concentrarem;
- os estudantes obtêm clareza sobre a tarefa a partir da visualização dos trabalhos dos outros.

ORIENTAÇÕES DE IMPLEMENTAÇÃO

Objetivo: encontrar padrões e surpresas entre as respostas dos alunos.

Situação inicial: os indivíduos pensam em uma resposta para uma pergunta. Você pode usar a rotina "Listar, escrever, desenhar".

Critérios

- *Esperados:* utiliza a palavra "porque"; explica detalhadamente; inclui a representação visual das ideias.
- *De excelência:* faz conexão com a unidade anterior; utiliza vocabulário do mural de palavras.

Ações

O professor identifica nas orientações:

- **Papéis:** observadores.
- **Turnos:** todos os alunos compartilham simultaneamente.
- **Regras:** observe cuidadosamente em busca de padrões e diferenças, prestando atenção ao trabalho de cada pessoa; fique em silêncio, sem conversar.

- **Tempo:** de 1 a 3 minutos.
    1. Apresente uma razão para os estudantes observarem os trabalhos uns dos outros (p. ex., a fim de notar padrões e diferenças) ou oriente-os a acrescentarem duas novas ideias ao seu trabalho. Você poderia dizer "O propósito de compartilhar respostas é 'Incluir mais duas' — reunir duas novas ideias dos colegas que você pode usar quando for revisar o próprio trabalho" ou lançar perguntas como "O que você vê no trabalho dos outros que lhe desperta uma dúvida?".
    2. Direcione os alunos de modo que, após contar até três, eles mostrem seu trabalho para seus pares em silêncio. Durante o "Mostrar e compartilhar", não há conversa, apenas a busca do propósito apresentado no Passo 1.

Reflexões
1. Peça aos alunos que retornem ao trabalho individual para fazer uma revisão ou elaborar uma pergunta.
2. Permita que os estudantes compartilhem seu aprendizado com a rotina "Mostrar e compartilhar" em sua mesa ou com um colega designado para "Troca entre pares".
3. Ajuste o ensino baseado em suas observações do trabalho dos alunos a partir da rotina "Mostrar e Compartilhar".

Variação: "Resposta na mão" — as respostas de múltipla escolha podem ser compartilhadas pedindo-se aos estudantes que apresentem uma resposta usando seu punho para representar zero, e seus dedos, os diferentes números. Eles levantam o braço com o punho fechado; depois que o professor faz uma pergunta, cada um responde mudando o número de dedos mostrados em suas mãos, de 1 a 5, revelando sua resposta.

Ajuste o ensino: estabelecer metas com critérios

Peça aos alunos que estabeleçam metas rotineiramente ao iniciar uma tarefa. O primeiro passo é tornar evidente para eles o propósito das tarefas, dos problemas e das perguntas — isso aumenta a clareza e lhes permite definir objetivos, pois sabem por que estão trabalhando nessas tarefas. Além de rotular tarefas para identificar seu propósito, os critérios de qualidade (*esperados* e *de excelência*) ajudam os estudantes no monitoramento de como seu trabalho está progredindo e na criação de metas para revisão como parte do aprendizado. Por fim, reflexões sobre o processo de aprendizagem permitem aos alunos que estabeleçam metas a serem cumpridas em uma tarefa futura.

Para começar, desenvolva o hábito pedagógico de *rotular as tarefas* e os problemas individuais com o objetivo de aprendizagem. Compartilhe esse objetivo com os alunos para que saibam especificamente como a tarefa os ajudará a aprender. Por exemplo, a Tarefa 1 trabalha verbos no pretérito com alguma prática de verbos irregulares, a Tarefa 2 está trabalhando verbos irregulares no pretérito com alguma prática de verbos regulares, e a Tarefa 3 está usando tanto o pretérito quanto os verbos irregulares em sua escrita. Como as tarefas são rotuladas, quando os alunos completam uma pré-avaliação para determinar as próximas etapas de aprendizagem, eles podem escolher aquela que atenda às suas necessidades. Às vezes, podem receber tarefas com espaços em branco para escrever que objetivo está sendo trabalhado nos problemas. Em nossa pesquisa, mesmo crianças de até 5 anos de idade nos disseram qual era o objetivo de um jogo que estavam jogando. Esse hábito pedagógico de tornar o objetivo das tarefas visível mobiliza os estudantes no sentido de estabelecerem metas para seu aprendizado e estimula a disposição de procurar maneiras de praticar as habilidades que esperam desenvolver.

Durante a aprendizagem, você pode começar a ajustar o ensino, incentivando os alunos a definirem objetivos utilizando os critérios *esperados* e *de excelência*, ou uma rubrica ou lista de verificação que já tenha sido feita e esteja pronta para ser apropriada pelos estudantes. Considere as rubricas que você já tem em seu material. Pense em como pode usar critérios, começando com apenas um item até chegar a uma lista de itens para as tarefas diárias. Dessa forma, quando chegar a hora de usar a rubrica, os estudantes já estarão familiarizados com a maioria dos critérios. Outra maneira de ajudar os alunos a utilizarem critérios para monitorar seu trabalho é usar a rubrica nas rotinas de aprendizagem em grupo (ver Fig. 5.2). Uma rubrica de aprendizagem em grupo os auxilia a praticarem habilidades de alta qualidade.

	Precisa de prática	**Cumpriu em partes**	**Cumpriu tudo**
Escutar	Não me lembro de nada que alguém disse.	Posso lembrar a maior parte dos comentários dos membros do meu grupo, mas realmente não pensei no que disseram.	Posso resumir o que cada pessoa disse e fazer conexões entre o que foi dito e as coisas que estamos aprendendo.
Falar	Não confirmei, não contribuí nem troquei ideias.	Apresentei minhas ideias, mas falei baixo demais para que o meu grupo pudesse me ouvir.	Troquei ideias com meu grupo em voz alta e de maneira clara.
Vocabulário	Não utilizei vocabulário específico.	Utilizei o vocabulário, mas não sabia de fato o que as palavras significavam.	Utilizei o vocabulário para descrever o que estava falando.
Pensar	Eu realmente não pensei no que foi dito no meu grupo.	Posso identificar padrões no pensamento dos membros do meu grupo.	Posso identificar padrões entre o pensamento dos membros do grupo e o tópico que estamos aprendendo.

Figura 5.2 Exemplo de rubrica para participação na rotina de aprendizagem em grupo.

Orientações para a turma: reflita a respeito das discussões de hoje e complete o quadro a seguir. Leia o seu quadro completo e coloque uma estrela na ideia mais importante.	
+ Contribuições Liste as coisas que realmente o ajudaram a aprender hoje.	*** Desejos** Liste maneiras de tornar a aprendizagem mais útil para você.

* Nota: estudantes que são falantes não nativos da língua ou aqueles que estão desenvolvendo habilidades de alfabetização podem verificar ou circular as imagens ou palavras que são fornecidas pelo professor. A turma e o professor podem fazer essa tabela de forma colaborativa, e os alunos podem colocar uma nota adesiva com seu nome ao lado das contribuições e desejos que são verdadeiros para eles. Dessa forma, os padrões entre os estudantes podem ser vistos rapidamente.

Figura 5.3 Quadro de monitoramento de contribuições e desejos.

Orientações para a turma: antes da rotina de aprendizagem em grupo, escolha um critério que você planeja realmente trabalhar nas discussões de hoje e marque ao lado da linha. Determine as ações que você tomará para atingir esse objetivo. Após a discussão, faça um círculo em torno da descrição que melhor representa suas ações. Justifique, com evidências, o que o faz circular essa descrição.

Depois disso (às vezes durante, se o projeto for longo), os estudantes usam um quadro de contribuições e desejos (ver Fig. 5.3) para monitorar seus sentimentos sobre o processo de rotinas de aprendizagem em grupo. Essas ferramentas podem ser especialmente úteis quando você está iniciando essas rotinas com os alunos, e a prática com essa rubrica pode ajudá-los a usar outras rubricas, relacionadas a conteúdos curriculares, de forma mais eficiente.

Lista de verificação para experimentar rotinas em seu ensino

Em loja.grupoa.com.br, acesse a página do livro por meio do campo de busca, clique em Material Complementar e baixe recursos adicionais que ajudarão você a implementar o "Planejamento de clareza" e a rubrica em sala de aula.

Planeje	Ensine	Ajuste o ensino
Completar um "Planejamento de clareza" para corresponder objetivos às avaliações.	Implementar uma estratégia de monitoramento usando rotinas dos Capítulos 2 e 3 ou rotular atividades/tarefas para esse propósito.	Estabelecer metas usando uma rubrica existente.

Critérios de qualidade para implementar as rotinas em sala de aula	
Esperados	**De excelência**
• A rotina de sala de aula é utilizada com frequência diária, semanal ou vinculada a um tipo específico de ensino, como, por exemplo, miniaula, exercícios individuais ou revisão. • Observar e ouvir em busca de CARR nas respostas dos estudantes durante a aula e nos trabalhos deles.	• Certificar-se de que cada tarefa tem critérios *de excelência* apresentados aos alunos. • Atribuir um critério *de excelência* para diferentes grupos e/ou estudantes individuais baseado em suas necessidades.

REFLEXÃO DO CAPÍTULO

Resumo do capítulo

Neste capítulo, examinamos como a "Verificação CARR" permite aos professores avaliar, em termos de clareza, acesso, rigor e relevância, a variabilidade entre os estudantes que está facilitando ou dificultando o progresso na direção de um objetivo. Embasamos a "Verificação CARR" na pesquisa sobre a eficácia dos professores, bem como na pesquisa acerca de motivação e ciência cognitiva. Por fim, sugerimos rotinas para o planejamento de ensino e rotinas de sala de aula que ajudem os professores a observar e ouvir durante as aulas a fim de examinar as respostas dos alunos em busca de CARR.

Diário de aprendizagem: registre pontos-chave

Continue seu diário de aprendizagem para acompanhar seu raciocínio sobre como atender às necessidades de seus diferentes alunos, registrando em um caderno ou arquivo de computador as respostas às quatro perguntas apresentadas a seguir:

1. O que foi mais interessante e útil para você neste capítulo?
2. Por que isso foi interessante e útil?
3. Como isso se conecta ao que você conhece sobre atender às necessidades de aprendizagem de todos os alunos?
4. Que pesquisas deste capítulo você poderia usar para explicar ou apoiar decisões a fim de ajustar o ensino?

Guarde essas respostas para reflexão após ler mais capítulos deste livro e experimentar as ideias em suas salas de aula. Nós responderemos a essas mesmas quatro perguntas ao final de cada capítulo.

Retorne à sua Situação inicial

Reflita sobre suas experiências em sala de aula. Você pode identificar um problema e usar a "Verificação CARR" para explicar por que é necessário realizar um ajuste no ensino? Adicione um dilema de sua experiência à lista do início do capítulo e use a "Verificação CARR" para explicar o desafio.

Complete o quadro do pensamento ágil mostrado na Figura 5.4 para analisar como você pode reconhecer clareza, acesso, rigor e relevância no trabalho dos estudantes.

Retorne à sua resposta preliminar à pergunta do capítulo ("O que os ajustes no ensino podem alcançar?"), adicione novas ideias ou as revise de outra maneira. Circule a parte mais importante e a guarde para retornar a ela após o Capítulo 9, "Reduzindo as lacunas e ampliando a aprendizagem".

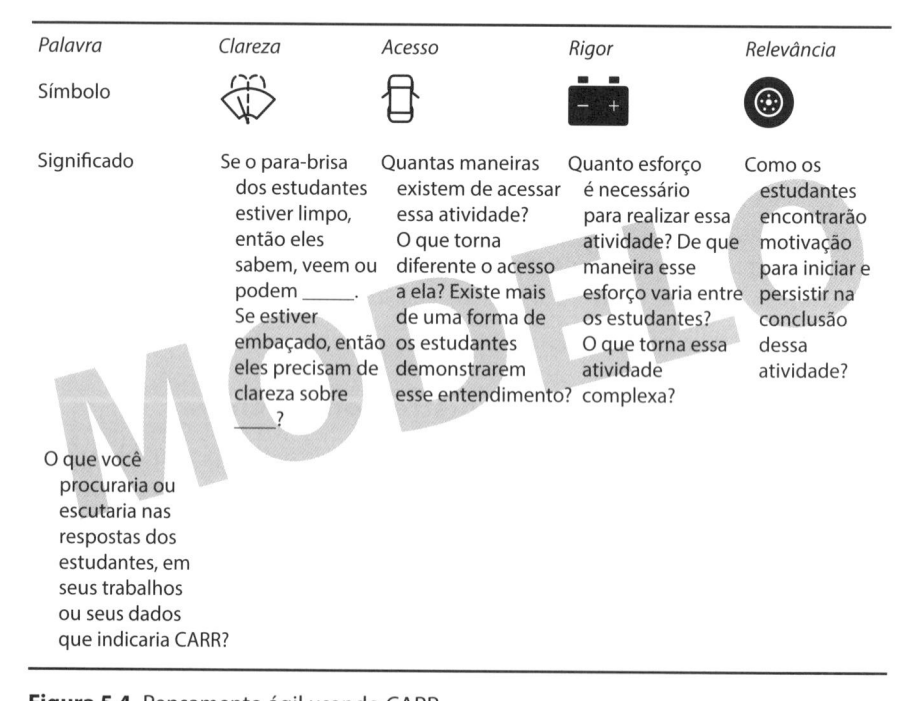

Palavra	Clareza	Acesso	Rigor	Relevância
Símbolo				
Significado	Se o para-brisa dos estudantes estiver limpo, então eles sabem, veem ou podem _____. Se estiver embaçado, então eles precisam de clareza sobre _____?	Quantas maneiras existem de acessar essa atividade? O que torna diferente o acesso a ela? Existe mais de uma forma de os estudantes demonstrarem esse entendimento?	Quanto esforço é necessário para realizar essa atividade? De que maneira esse esforço varia entre os estudantes? O que torna essa atividade complexa?	Como os estudantes encontrarão motivação para iniciar e persistir na conclusão dessa atividade?
O que você procuraria ou escutaria nas respostas dos estudantes, em seus trabalhos ou seus dados que indicaria CARR?				

Figura 5.4 Pensamento ágil usando CARR.

NOTA

1. Também referido na literatura motivacional como "metas de aprendizagem", ou "metas da tarefa". Os estudantes que endossam esses tipos de objetivos de aprendizagem visam a desenvolver sua competência e tendem a adotar uma mentalidade de crescimento. Eles encaram a aprendizagem como um valor em si mesmo.

6

Passo 4
Ajustar EAO — Ajuda

VISÃO GERAL

Objetivo

Como os professores ajustam o ensino para atender às necessidades de todos os alunos?

Pense: faça uma lista de pelo menos três maneiras que você já conheça por meio das quais os professores podem ajustar o ensino.

Critérios

- Identificar como ajustar o ensino usando Estruturas e Ajuda para aumentar a gama de alunos capazes de se engajar na aprendizagem e avaliar os possíveis acertos em busca de eficácia e eficiência.
- Explicar como as pesquisas sobre fornecer ajuda moldam as decisões pedagógicas.
- Experimentar as rotinas de sala de aula:
  - Planeje — Análise de tarefas.
  - Ensine — Mesa de apoio.
  - Ajuste o ensino — Ensine ajuda geral.

Situação inicial: recursos de ajuda

Faça uma lista dos recursos de ajuda nas paredes e ao redor de sua sala de aula, incluindo informações como quadros com etapas de estratégias de aprendizagem, instruções para rotinas ou monitoramento de objetivos, trabalhos dos estudantes, tabelas de critérios e murais de palavras. Pense em ferramentas que auxiliem os estudantes na realização de tarefas, tais como retas numéricas, calculadoras, réguas, temporizadores, *tablets* e marcadores de páginas. Leve em conta referências, como bibliotecas, dicionários e livros didáticos digitais. Não esqueça materiais como aplicativos de organizadores gráficos, guias de anotações, rubricas, listas de verificação, papel, lápis e marcadores. Por fim, e talvez o mais importante, observe as pessoas que fornecem ajuda na sala de aula, incluindo colegas e adultos. Não se preocupe se você não tiver certeza se algo é uma referência (reutilizável) ou um material (consumível). O objetivo é elencar os recursos de ajuda para que possa começar a oferecer, ensinar e indicar ajuda como meio para ajustar o ensino (Tab. 6.1).

Releia seu *brainstorm* e sublinhe os recursos cujo uso é especificamente ensinado aos estudantes, incluindo como obtê-los, empregá-los e quando solicitá-los. Coloque uma estrela (*) ao lado daquele que os alunos utilizam com mais frequência. Use essa lista de recursos de ajuda para começar a pensar sobre a pergunta do capítulo: "Como os professores ajustam o ensino para atender às necessidades de todos os alunos?".

NA SALA DE AULA: "VAMOS COMEÇAR" — SE NINGUÉM COMEÇAR, O QUE FAZER?

A Sra. Ford diz "Vamos começar", e menos da metade dos alunos pegam seus lápis. Imediatamente, ela se move de forma rápida pela sala para oferecer ajuda e incentivo à turma. Enquanto circula, ela repete as instruções, redireciona os comportamentos dos que não estão realizando a tarefa, estimula os estudantes relutantes e fornece estratégias de apoio, como dicas, atalhos e definições de palavras. A Sra. Ford se pergunta se há outra maneira de ajudar os alunos a iniciarem as tarefas.

TABELA 6.1 Ajuda em sala de aula				
Informações nas paredes da sala	Ferramentas	Materiais	Referências	Pessoas

Acrescente ideias à tabela para identificar os recursos de ajuda

Quando os alunos não estão envolvidos na aprendizagem, existem pelo menos três problemas com a abordagem "correr para fornecer ajuda o mais rápido possível", apresentados a seguir.

1. Muitos estudantes desenvolvem o hábito de esperar por ajuda durante o momento de prática.
2. O professor não está realmente certo sobre os motivos de os alunos não estarem envolvidos na tarefa. Assim, em um esforço para circular rapidamente, está fornecendo a mesma ajuda a todos, independentemente de qual seja o problema, ou está demorando para descobrir a dificuldade de cada um. Assim, acaba deixando alguns estudantes sem engajamento durante a maior parte do tempo designado para a realização da atividade.
3. Não há tempo para que o professor retorne aos alunos que receberam ajuda para verificar como ela funcionou ou para avaliar como aplicaram o *feedback* oferecido.

Evidentemente, dar orientações e depois correr para ajudar não promove a autonomia dos alunos, e por isso recomendamos uma primeira etapa diferente. Depois de dar instruções, fique em pé por um momento a fim de entender o desafio, observando e ouvindo os estudantes; uma "Verificação CARR" lhe permitirá determinar se precisam de maior clareza, acesso, rigor e/ou relevância. Após identificar o motivo ou meta para o ajuste do ensino, o docente pode passar do CARR ao EAO a fim de definir a maneira de fazer isso. O EAO representa as três formas pelas quais o ajuste do ensino é feito visando a responder às necessidades dos alunos: Estruturas, Ajuda e Opções. Neste capítulo, vamos rever brevemente "Estruturas" e depois explicar "Ajuda". Vamos nos concentrar em Opções no Capítulo 7.

Estruturas

O "E" de EAO significa Estruturas. Como delineamos no Capítulo 4 ("Passo 2: observar e ouvir"), há quatro diferentes estruturas de ensino que podem ser usadas em cada aula: (a) instrução explícita, (b) discussão livre, (c) rotinas de aprendizagem individual e (d) rotinas de aprendizagem em grupo. Já discutimos como elas diferem em termos de autonomia e engajamento dos alunos (ver Fig. 4.3, "Comparação das estruturas de ensino por nível de engajamento e autonomia", do Cap. 4). No "Passo 2: observar e ouvir", usamos apenas duas estruturas — rotinas de aprendizagem individual e em grupo — como painéis e acostamentos ao longo da estrada, pois são elas que liberam o professor para observar o aprendizado dos alunos. Entretanto, quando se trata de fazer ajustes, é fundamental utilizar todas as quatro estruturas. Alterná-las é frequentemente a maneira mais fácil de ajustar o ensino, porque envolve simplesmente mudar a abordagem inicial utilizada para concluir uma tarefa. Vejamos alguns exemplos sobre como o ajuste de estruturas pode auxiliar a Sra. Ford.

No caso citado, é provável que apenas metade dos alunos tenham iniciado a tarefa porque não tinham clareza acerca do que deveriam fazer. Para resolver o problema, a Sra. Ford poderia mudar a orientação de "Vamos começar" para algo que todos tivessem condições de fazer de maneira independente e que os ajudasse a se sentirem competentes, como, por exemplo, "Comece circulando o problema mais fácil e esteja pronto para explicar o que o torna fácil". Em seguida, ela poderia recorrer a uma rotina de aprendizagem em grupo, como a "Descoberta dominó", para fazer com que eles compartilhassem ideias, um de cada vez no grupo, visando a encontrar os problemas mais fáceis e o que os torna fáceis. Ao agir assim, a Sra. Ford cria uma oportunidade para observar e ouvir as conversas dos estudantes. Após eles compartilharem os problemas mais fáceis, a professora pode ajustar novamente a estrutura pedindo-lhes que resolvam de forma independente o problema mais fácil ou modelando o mais difícil na lousa, utilizando a estrutura da instrução explícita. Ajustar a estrutura não requer planejamento ou materiais especiais e ajuda a fomentar no estudante sentimentos de PACS, tornando a aprendizagem mais adequada a alunos com habilidades diversas.

Vamos conhecer outro modo de abordar o problema de apenas metade dos alunos iniciarem uma tarefa. A Sra. Ford pode começar a aula declarando o objetivo por meio da instrução explícita. Em vez de solicitar a algumas poucas pessoas que leiam e expliquem o objetivo, o que pode deixar a maior parte da turma desmotivada, ela pode pedir que cada um escreva individualmente em seus cadernos a palavra mais importante que escutaram no objetivo. Em seguida, pode usar a rotina de aprendizagem em grupo "Descoberta dominó" para que eles compartilhem rapidamente o termo mais importante — novamente, uma pessoa por vez no pequeno grupo. Por fim, a professora pode recomendar a cada grupo que diga uma palavra importante antes de iniciar a aula.

Nesse exemplo, a Sra. Ford criou essencialmente um painel de monitoramento CARR para o objetivo da aula usando a instrução explícita, seguida de rotina individual, rotina em grupo e, depois, com toda a turma. Observe que o tempo necessário para implementar rotinas é mais ou menos o mesmo (talvez um pouco mais longo) do que o que ela teria gastado ouvindo alguns alunos explicarem o objetivo ou correndo para ajudar os estudantes. Ela também aumentou o engajamento da classe, envolvendo ativamente todos os alunos, e não apenas os poucos a quem teria pedido para explicar o objetivo.

Além disso, durante as rotinas de aprendizagem individual e em grupo, a Sra. Ford tem tempo para monitorar a compreensão deles, o que não teria sido possível se tivesse confiado exclusivamente na instrução explícita. O tempo adicional ocupado nas rotinas pode facilmente ser recuperado gastando-se menos tempo explicando a lição mais tarde. Esses exemplos mostram como há sempre mais de uma solução para cada um dos dilemas relacionados às diferenças entre os estudantes, e nenhuma delas exigiu tempo adicional de planejamento ou mudanças nos materiais. A aula foi ajustada para se adequar às necessidades dos alunos, alterando e utilizando mais de uma estrutura para concluir as tarefas.

É comum encontrar aulas que são em grande parte dedicadas a uma estrutura de cada vez. Por exemplo, vemos com frequência 15 minutos dedicados a "eu faço" (o professor modelando o ensino para os estudantes), seguidos normalmente de 10 minutos de "nós fazemos" (prática orientada) e, depois, de 15 minutos de "vocês fazem" (prática independente). Blocos longos com apenas uma estrutura para a realização das tarefas oferecem pouco *feedback* aos estudantes. A mudança frequente de estruturas permite aos estudantes que reflitam e obtenham retorno sobre seu pensamento durante toda a aula. Por exemplo, é possível levá-los a fazer uma anotação individual, desenhar ou escrever suas respostas a uma pergunta, compará-las com as de um colega e, em seguida, revê-las.

A mudança de estruturas resolve muitos dilemas relacionados às diferenças entre os estudantes, mas não resolve todos os problemas. Quando são necessários longos períodos de tempo em uma estrutura, como uma prática contínua para desenvolver a persistência dos alunos, os professores não poderão alternar estruturas para ajustar o ensino. Os recursos de Ajuda (o "A" da sigla EAO) podem ser empregados para assegurar que todos sejam capazes de completar a tarefa na estrutura designada. Vamos aprender mais sobre recursos de Ajuda para analisar como podemos usar a Ajuda junto com e além das Estruturas (ou no seu lugar) a fim de garantir que as aulas sejam adequadas a todos os alunos.

Ajuda

A decisão de oferecer ajuda é um reflexo natural para os professores e uma decisão complexa. Eles desejam estender uma mão amiga para apoiar os estudantes em seu processo de aprendizagem; entretanto, não querem fomentar a dependência destes ou promover sentimentos de baixa competência. Portanto, embora o auxílio seja essencial à aprendizagem, trata-se de um complexo dilema na tomada de decisões pedagógicas. Pesquisas sobre a busca de ajuda confirmam a existência de preocupações entre os docentes acerca da importância de oferecê-la e uma abordagem que promova a aprendizagem independente (ver "Baseado em pesquisas"). É importante pensar cuidadosamente a respeito disso visando a apoiar da forma mais eficaz a aprendizagem. Junto com as estruturas, a ajuda pode ser ajustada diariamente para assegurar que as aulas sejam adequadas a todos os alunos.

Níveis dos recursos de ajuda

Os recursos de ajuda são oferecidos em três níveis distintos, adequados aos diferentes tipos de diferenciação pedagógica (ver Fig. 6.1). O maior nível fundacional consiste nos *recursos gerais de ajuda*, que devem ser disponibilizados a todos os estudantes durante o ensino comum ajustável. Na Situação inicial deste capítulo, você já fez um *brainstorm* sobre esses recursos na Tabela 6.1. O segundo nível é voltado para *recursos específicos*, oferecidos a grupos de estudantes ou indivíduos com vistas a reduzir estrategicamente as lacunas ou ampliar a aprendizagem. Esses recursos incluem apoios, andaimes e extensões que ajudam os alunos em uma tarefa específica. Por fim, a ajuda individualizada inclui tarefas destinadas a eliminar defasagens, revisar, adiantar conteúdos, entre outras. Ela pode abranger orientações especialmente planejadas, adaptações e modificações conforme designado no planejamento de ensino individualizado dos estudantes.

Vamos analisar especificamente as diferenças entre os alunos que recebem ajuda, como ela é utilizada, a abordagem do professor para oferecê-la e o método para ensinar como utilizar os recursos, conforme representado na Tabela 6.2.

A Ajuda pode ser oferecida a todos, a alguns ou a alunos individualmente de acordo com suas necessidades. O uso dos recursos também pode ser geral ou específico para uma tarefa. Ao professor cabe tornar os recursos gerais disponíveis a todos e sempre atribuir os específicos e individuais. Você pode ver que cada nível de ajuda requer um tipo diferente de ensino.

Uma analogia útil é pensar na ajuda em sala de aula como os recursos a que os nadadores recorrem tanto ao nadar por diversão quanto nos momentos em que estão especificamente aprendendo ou realizando os tipos de nado. Imagine uma piscina comunitária com três áreas: a geral de natação; a rasa, ou infantil; e aquela com raias. Podemos nos lembrar dos diferentes níveis de ajuda pensando em como os nadadores usam essas diferentes áreas. A ajuda geral é o maior nível de ajuda — é como uma área de natação projetada para todos os alunos; ali, vemos muitos recursos disponíveis aos nadadores que os usam conforme

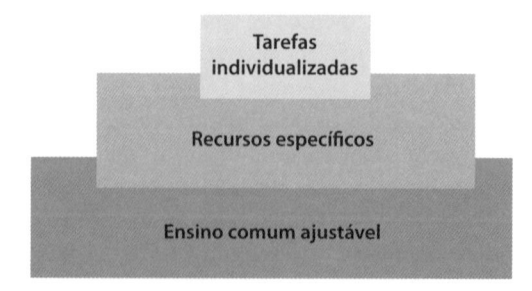

Figura 6.1 Três níveis de recursos de ajuda.

TABELA 6.2 Orientações gerais sobre como os recursos de ajuda variam

	Geral	Específicos	Individuais
Estudantes	Todos	Alguns (grupos ou indivíduos)	Indivíduos
Uso	Muitos recursos diferentes empregados para apoiar tarefas iguais e diferentes	Usados para auxiliar em uma tarefa específica	Usados para desenvolver habilidades específicas dos indivíduos
Abordagem	Disponível — incentivado pelo professor ou escolhido pelo aluno	Atribuídos pelo professor — ensino sistemático por parte do docente	Atribuídos pelo professor — uso sistemático pelos alunos
Estratégia de ensino	Ensinar, incentivar, fornecer	"Prática e retirada" ou "Uso independente" (ver seção sobre "Recursos específicos")	"Praticar e verificar", de forma periódica ou mantida ao longo do tempo

desejam. Diferentes nadadores usam uma variedade de recursos para realizar a mesma tarefa — nesse caso, nadar por diversão. O segundo nível é designado para alguns, sejam grupos, sejam indivíduos, como a parte rasa da piscina de adultos — ou uma piscina para crianças —, que é utilizada por nadadores com necessidades específicas. Ali a ajuda é feita sob medida às demandas de um grupo de nadadores e relacionada a uma tarefa particular, como, por exemplo, aprender a reter a respiração. O terceiro nível é a ajuda individual. As raias da piscina são bons exemplos em que estudantes estão trabalhando para atingir objetivos individuais usando recursos específicos de ajuda. Dependendo do objetivo, todos os nadadores podem precisar de um dos diferentes níveis de ajuda. O planejamento para oferecer ajuda específica pode promover a competência e a independência do aluno. Vamos mergulhar nessa piscina a fim de aprender mais sobre cada um desses diferentes níveis de ajuda.

Recursos gerais de ajuda

Em nossa área geral de natação livre na piscina comunitária, encontramos todos os tipos de nadadores usando uma variedade de recursos de ajuda para diferentes propósitos. Alguns podem estar usando óculos de natação, enquanto outros usam boias de flutuação nos braços, boias redondas ou coletes salva-vidas. Há os que podem estar nadando sem qualquer ajuda. Qualquer que seja a necessidade, os recursos são prontamente disponíveis, e os próprios nadadores frequentemente tomam a decisão de utilizá-los. Na sala de aula, os recursos de ajuda geral são muito variados, tais como os exemplos listados na Tabela 6.3. Compare essa tabela com sua Situação inicial deste capítulo. Há recursos de ajuda que você acrescentaria nela?

Há tantos recursos disponíveis em cada sala de aula, que muitas vezes é difícil para os estudantes determinar quando pedir ajuda e qual é o mais eficaz para a tarefa. Um modo de auxiliá-los é fornecer uma mesa de apoio. Pensando na nossa piscina comunitária, há uma estação salva-vidas (além das três áreas), à qual os nadadores podem ir em busca de ajuda. Assim como uma estação salva-vidas, as salas de aula podem ter um local designado para ajuda, como uma mesa de apoio, a que os alunos vão em busca de assistência. Os professores abrem uma mesa de apoio durante o momento de estudo e prática dos alunos, e eles podem ter acesso a um recurso de ajuda. Um computador com um vídeo mostrando os passos para resolver um problema pode ser uma mesa de apoio, assim como um gabarito virado para baixo por meio do qual eles podem obter uma dica ou verificar seu trabalho. O professor ou um estudante que já tenha dominado aquele assunto pode trabalhar na mesa de apoio por alguns minutos, oferecendo uma breve aula ou respondendo a perguntas gerais. Os estudantes podem ser estimulados ou convidados a agendar uma visita a esse espaço em um horário específico da aula. As mesas de apoio os auxiliam a se sentir confortáveis em buscar ajuda de modo independente.

TABELA 6.3 Recursos de ajuda geral

Informações nas paredes da sala	Referências	Ferramentas
• Murais de palavras	• Dicionários	• Calculadoras
• Quadros de objetivo	• Bibliotecas	• Réguas
• Pôsteres de estratégias	• Livros didáticos	• Cronômetros
• Orientações de rotina	• Recursos digitais	• *Softwares*
• Tabelas com os critérios de qualidade		• Aplicativos
• Trabalhos dos alunos		• Retas numéricas
		• Contadores

Materiais		Pessoas
• Organizadores gráficos		• A própria
• Guias de anotações		• Colegas
• Rubricas		• Especialistas
• Listas de verificação		• Professor
• Tabelas de critérios — *esperados* e de *excelência*		
• Listas de vocabulário		
• Modelos de frases		
• Folhas de respostas		
• Modelos de mapas mentais digitais		

Abordagem para oferecer ajuda geral. É fato que todos os alunos, alguns deles ou os alunos individualmente precisarão de pelo menos uma forma de ajuda durante as aulas. A abordagem para oferecer ajuda geral é ensinar, incentivar e, depois, fornecer os recursos de ajuda (Fig. 6.2).

Depois que a ajuda for dada, a abordagem para utilizar os recursos de ajuda geral deve ser principalmente uma decisão do estudante, ao passo que os docentes devem disponibilizar os recursos para que todos os alunos possam escolher como e quando usá-los.

Esse primeiro nível de recursos de ajuda geral deve ser disponibilizado a todos os estudantes durante cada parte das aulas, mesmo que nem todos optem por utilizar essa ajuda. Por exemplo, durante as Ações (que corresponde ao "A" de OSCAR), você pode lembrá-los a respeito de uma tabela de etapas para solução de problemas afixada em um mural ou pedir que verifiquem sua ortografia usando o mural de palavras. Essa ajuda está disponível a todos os estudantes. Você pode usar OSCAR (ver Tab. 6.4) para planejar diferentes níveis de ajuda. O planejamento é importante para que a ajuda seja oferecida de modo que favoreça a independência dos alunos.

Vamos associar estruturas e ajuda geral para resolver o dilema da Sra. Ford de levar os alunos a iniciarem a atividade. Nesse caso, ela poderia dizer: "Não peguem os lápis ainda. Antes de começar, eu gostaria que, com um parceiro, usando a 'Troca entre pares', vocês fizessem um *brainstorm* de três formas de começar essa atividade". Como a estrutura dessa rotina de aprendizagem em grupo é conhecida, a professora fica livre para ouvir as conversas das duplas de estudantes; então, pode ajustar o ensino respondendo a uma pergunta que tenha ouvido, modelando parte da tarefa ou, caso a "Troca entre pares" tenha aumentado a clareza para todos os estudantes, pedindo a eles que peguem seus lápis e iniciem a tarefa individualmente. Ao utilizar duas estruturas — primeiro em grupo e depois individualmente —, a maioria deve estar engajada na tarefa. Para fazer com que os últimos quatro ou cinco alunos com dúvida a iniciassem, a Sra. Ford poderia chamá-los para uma mesa de apoio a

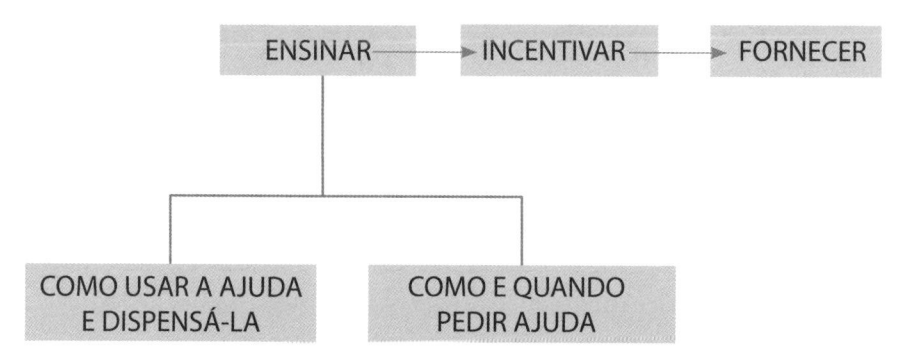

```
           ENSINAR ──► INCENTIVAR ──► FORNECER
              │
      ┌───────┴───────┐
COMO USAR A AJUDA    COMO E QUANDO
  E DISPENSÁ-LA        PEDIR AJUDA
```

Figura 6.2 Abordagens usadas pelos professores para fornecer ajuda geral.

TABELA 6.4 Recursos de ajuda geral usando OSCAR

OSCAR	Recursos de ajuda geral: escolhas possíveis que os professores decidem fornecer
Objetivo	• Destacar termos-chave de modo que os estudantes saibam prestar atenção a eles ao longo da aula. • Apresentar imagens que ilustrem o vocabulário utilizado no objetivo. • Apresentar exemplos de trabalhos dos alunos para mostrar a eles como progredir em direção ao domínio teórico do objetivo.
Situação inicial	• Recorrer à ajuda dos colegas, por meio de uma "Troca entre pares", a partir de uma pergunta, a fim de despertar os conhecimentos prévios acerca do tema. • Comparar as ideias de um colega com as de outros, utilizando uma rotina de discussão com todo o grupo. • Fornecer recursos, como glossários e bancos de palavras, quando os alunos estiverem escrevendo uma resposta individual na Situação inicial. • Registrar um trabalho concluído de aluno como modelo, para deixar claros os resultados esperados.
Critérios	• Ilustrar os critérios com amostras de trabalhos dos alunos. • Incluir nos critérios *de excelência* (que superam o objetivo) o hábito de voltar às unidades anteriores para revisar e relembrar. Isso permite aos estudantes que precisam de prática adicional que consigam "ir além" da aula lecionada ao trabalhar com um objetivo adequado para eles.
Ações	• Identificar termos que devem ser ouvidos nas discussões dos alunos, tais como palavras do vocabulário e modelos de frases. • Fornecer rubricas de participação e listas de verificação identificando ações produtivas, tais como compartilhar ideias com os outros, fazer perguntas esclarecedoras, elaborar ideias dos outros e valorizar a opinião dos demais. • Marcar os tempos das etapas para assegurar a equidade. • Padronizar como as anotações devem ser feitas usando um guia. • Oferecer respostas-chave.
Reflexões	• Dar tempo suficiente aos estudantes. As reflexões normalmente são apressadas ao final da aula. Pense em acrescentar momentos de pausa para reflexão ao longo de cada aula. • Fornecer modelos de pensamento reflexivo, tais como reflexões que fazem conexões entre a produção do estudante e os critérios, que questionam os resultados, identificam padrões, buscam a compreensão, reúnem opiniões e estabelecem relações entre fatos. • Discutir as reflexões com os colegas.

fim de realizar uma instrução explícita. Nesse exemplo, uma "Verificação CARR" definiu que alguns estudantes precisavam de maior clareza, e, assim, os ajustes EAO incluíram a alteração da estrutura utilizada para a tarefa e o fornecimento de uma mesa de apoio. Quando os professores utilizam ensino ajustável, os alunos não ficam esperando pela ajuda do docente e este não está correndo pela sala de aula. Em vez disso, ele usa ajustes EAO para engajar todos de forma rápida e eficiente.

Recursos específicos: apoios, andaimes e extensões

Embora os recursos gerais estejam prontamente disponíveis e possam ser utilizados em muitas tarefas diferentes, os recursos de ajuda específica em nosso segundo nível da Figura 6.7 (ver adiante) são utilizados para tarefas específicas e atribuídos pelo professor para alguns alunos (em grupo ou individualmente) de acordo com as necessidades percebidas. Há três tipos diferentes de recursos de ajuda específicos: apoios, andaimes (*scaffolds*) e extensões. Há duas estratégias pedagógicas usadas no nível de ajuda de recursos específicos: "Prática e retirada" e "Uso independente". Nesta seção, aprenderemos as diferenças entre apoios, andaimes e extensões e as duas estratégias de ensino para recursos de ajuda específicos.

Vamos voltar à nossa piscina comunitária para entender a diferença entre apoios, andaimes e extensões. Em busca de recursos de ajuda específicos, saímos da área geral de natação, na qual uma ampla variedade de recursos está disponível e os nadadores os selecionam para atender às suas necessidades, e vamos até a área rasa, onde os estudantes se concentram em habilidades específicas. Os apoios fornecem auxílio para que os alunos executem toda a tarefa, os andaimes se concentram em uma parte específica dela, e as extensões vão além da tarefa (ver Fig. 6.3). Os apoios são como coletes salva-vidas ou boias que permitem ao nadador concluir toda a tarefa. Já os andaimes são como pranchas que concentram o nadador em apenas uma parte da tarefa — o movimento das pernas — e são removidos após prática suficiente; o nadador tentará nadar sem a prancha para avaliar como a prática concentrada nas pernas melhorou o desempenho geral de seu nado. Por sua vez, extensões funcionam como os óculos de natação, ou um *snorkel*, possibilitando aos nadadores ir além das expectativas para a tarefa. Esse exemplo da natação nos permite ver que, visando a dominar uma tarefa, um aluno precisará às vezes de um

Andaimes
Parte de uma tarefa

Tarefa completa — Além da tarefa
Apoios — *Extensões*

Figura 6.3 Diferenças entre apoios, andaimes e extensões.

apoio para realizar a tarefa inteira, um andaime para se concentrar no desenvolvimento de habilidades de apenas uma parte da tarefa, e extensões para ir além das expectativas.

Análise de tarefa. Antes de criar um tipo específico de ajuda, você precisará identificar as partes de cada tarefa para que preveja onde alguns estudantes precisarão de ajuda (ou de algum desafio adicional). Usamos a análise de tarefa para dividir as tarefas em partes e dividimos as habilidades em habilidades menores que compõem habilidades maiores. Por exemplo, você provavelmente já viu cartazes com imagens que explicam a tarefa de lavar as mãos em sete passos: 1) perceber que as mãos estão sujas; 2) abrir a torneira; 3) colocar sabão; 4) esfregar as mãos; 5) enxaguar as mãos; 6) fechar a torneira; e 7) secar as mãos. Dividindo a atividade em etapas claras, podemos construir um andaime para trabalhar apenas a parte de esfregar as mãos adequadamente. Ou podemos elaborar um andaime com orientações apenas para a parte de colocar sabão sem deixar que este caia e lambuze todo o chão. A maioria das tarefas que pedimos aos alunos para completar e aprender na escola é muito complexa e abrange muitas partes. Queremos incentivá-los a dizer: "Eu posso fazer o primeiro e o segundo passo, mas preciso de ajuda com _____ ou tenho uma pergunta sobre o terceiro passo". Sabemos que a análise das tarefas é necessária quando ouvimos estudantes dizendo: "Não sei por onde começar" ou "Não consigo fazer".

A Figura 6.4 apresenta um objetivo para discussões em pequenos grupos. Nela, há uma lista inicial de algumas das habilidades de comunicação que revelam um domínio da tarefa maior: as conversas colaborativas. Podemos passar por cada uma das tarefas menores e fazer um *brainstorm* de critérios para um trabalho de qualidade, de modo que os estudantes possam monitorar se são capazes não apenas de executar a habilidade, mas também de usar os critérios de qualidade no sentido de monitorar como estão se saindo.

Objetivo: os estudantes serão capazes de participar de conversas colaborativas.

1. Siga as regras acordadas para as discussões.
2. Elabore suas falas de forma significativa, com base nas respostas dos outros.
3. Faça perguntas em busca da compreensão.
4. Mantenha o foco no tópico em discussão para obter múltiplas trocas sobre ele.
5. Adicione explicações às ideias que vão sendo discutidas.
6. Explore mais de uma perspectiva por meio da conversação.
7. Leve em conta e respeite diferentes normas culturais nas conversas.

Figura 6.4 Análise de tarefa: detalhando as conversas colaborativas.

Por exemplo, a tarefa 1 ("Siga as regras acordadas para as discussões") poderia abarcar como critério *esperado* o revezamento de turnos, falas e escutas de forma equitativa, e como critérios *de excelência* o oferecimento de elogios e o uso do vocabulário que está sendo estudado. Também podemos atribuir um apoio a fim de ajudar os alunos a se concentrarem em apenas uma dessas habilidades, como, por exemplo, a de número 2 ("Elabore suas falas de forma significativa, com base nas respostas dos outros"), solicitando a eles que usem modelos de frases que os ajudam a se fundamentar em uma resposta anterior em discussões nos pequenos grupos.

A análise de tarefa propicia benefícios tanto aos alunos quanto aos professores. No caso dos alunos, a lista cria um caminho visível de pequenas tarefas realizáveis em que podem trabalhar para alcançar o objetivo mais amplo; além disso, os estudantes também podem usá-la para identificar habilidades específicas que precisam desenvolver ou para ignorar a prática daquelas que já dominam. Os professores, por sua vez, podem utilizar listas como essas para ouvir e procurar as dificuldades dos alunos e o que eles já dominam, possibilitando que forneçam orientações e práticas destinadas a reduzir as lacunas e ampliar a aprendizagem. A análise de tarefas, quando aplicadas aos objetivos, também permite aos professores identificar quando pequenas tarefas semelhantes são realizadas em várias unidades ao longo do ano.

Interpretar tabelas de dados é outro exemplo de um objetivo complexo que começa no primeiro segmento do ensino fundamental, com tarefas como a leitura de uma tabela meteorológica, e continua até o ensino médio em todas as disciplinas, quando os alunos analisam os dados em tabelas de referência. Muitas vezes, eles enfrentam dificuldade para fazer previsões com base em uma tabela de dados. Antes de pensarmos em como os ajudar, identificaremos as partes que eles devem ser capazes de concluir para atingir essa meta. Vamos começar com o objetivo "Os estudantes podem fazer predições usando uma tabela". Na Figura 6.4, detalhamos o objetivo em habilidades que os alunos precisam ter para dominá-lo. Você pode identificar critérios para cada uma dessas etapas? Para a primeira etapa, os critérios *esperados* podem incluir nomear a unidade do dado, tais como metros, horas ou a umidade relativa do ar. A análise de tarefa e a identificação de critérios para a realização de um trabalho de alta qualidade (*esperados* e *de excelência*) preparam os professores para oferecer ajuda que seja específica e que permita aos estudantes monitorar o próprio progresso, promovendo a independência.

A Sra. Ford pede aos alunos que examinem uma tabela de dados (Fig. 6.5), com informações marcadas com um ponto de interrogação. Ela orienta a classe a resolver o problema: "Com base nos padrões que você observa nos dados, preveja as informações desconhecidas na tabela. As respostas devem incluir observações da tabela de dados que apoiam a sua previsão".

Quando a Sra. Ford circula pela sala, observa que muitos alunos pularam esse problema em sua folha de exercícios. Uma "Verificação CARR" sugeriu que, para se

Variável	Segunda-feira	Terça-feira	Quarta-feira	Quinta-feira	Sexta-feira
	1	2	3	4	?
Umidade	94%	99%	60%	96%	?
Precipitação	Chuva leve	Chuva forte	Sem chuva	?	Chuva
Cobertura de nuvens	Encoberto	Encoberto	Nuvens esparsas	?	?

Figura 6.5 Tabela de dados para problema da Sra. Ford.

engajar na tarefa, eles precisavam de mais clareza sobre a pergunta e acesso a uma orientação sobre como escrever a resposta. Em vez de correr para oferecer ajuda individual, a Sra. Ford analisou a tarefa e fez uma lista das etapas na lousa como um recurso geral para todos. Sua análise de tarefa está representada na Figura 6.6.

Agora, com as etapas claras exibidas na lousa, mais alunos sabem como iniciar a tarefa. Os critérios de qualidade permitem a eles monitorar o próprio trabalho, de modo que não precisam ficar perguntando à Sra. Ford se a atividade deles foi concluída ou se é boa o suficiente. No entanto, muitos alunos estão com dificuldades para descrever as relações entre as variáveis na resposta. Então, a professora decide oferecer um apoio a esse grupo de estudantes.

Apoios. A Sra. Ford quer fornecer apoio para que todos os estudantes possam completar toda a tarefa de escrever de maneira independente uma descrição da relação entre os valores, uma vez que percebe que muitos estão tendo dificuldades nessa tarefa. Antes de oferecer apoio, vamos voltar à piscina comunitária para rever como os apoios funcionam. No geral, são como uma boia ou um colete salva-vidas e permitem que um aluno execute toda a tarefa. Quando usa uma boia ou um colete salva-vidas, o nadador está completando toda a tarefa usando braços, pernas e respiração. Os apoios podem ser empregados durante a introdução de novos conteúdos para permitir que os estudantes comecem e experimentem a atividade — talvez testando e se divertindo com o assunto ou atividade antes de se debruçar sobre ele de forma mais séria. Os apoios estimulam os estudantes a assumirem riscos acadêmicos porque eles sabem que os apoios os impedem de se afogar.

Os apoios fornecem ajuda que possibilita que os estudantes completem toda a tarefa sem ser prejudicados por desafios de aprendizagem, bem como que vivenciem a tarefa por completo. Os desafios específicos e partes da tarefa que precisam de prática podem ser aprofundados em outra aula. Quando o conteúdo ou material da aula é novo para o aluno, fornecer apoio para evitar desafios de aprendizagem permite que o estudante se concentre na aquisição de novas informações e habilidades e na compreensão.

> Objetivo: eu posso fazer uma previsão baseada em uma tabela de dados.
>
> 1. Circule os nomes das variáveis na tabela de dados.
> 2. Explique como os valores estão variando: eles dizem a mesma coisa, aumentam ou diminuem? Existem outras mudanças?
> 3. Descreva o padrão na linha de cada variável.
> 4. Compare os padrões nas variáveis de duas linhas.
> 5. Preveja quais poderiam ser os valores onde se encontra um ponto de interrogação.
> 6. Escreva uma resposta que descreva as relações entre as variáveis e resuma suas descobertas nas etapas 1 a 5.
> 7. Marque na sua resposta onde estão os critérios de qualidade (coloque um *check* [✓] nos critérios *esperados* e sublinhe os *de excelência*).
>
> **Critérios**
>
> *Esperados*
>
> - Descrever uma relação.
> - Fornecer exemplos de dados.
> - Usar os dados para fazer uma inferência sobre o padrão.
> - Prever o que esse padrão pode significar ou explicar.
>
> *De excelência*
>
> - Fazer uma conexão com outra variável, dados de um experimento, um texto, outra aula ou experiência de vida na explicação dos resultados.
> - Utilizar termos do vocabulário-chave para detalhar as inferências e explicações.
> - Representar os valores da tabela em outro formato gráfico que mostre as relações.

Figura 6.6 Análise de tarefa da Sra. Ford.

A Sra. Ford percebeu que, embora conhecessem as etapas necessárias para completar a tarefa, os alunos não tinham clareza quanto à resolução da etapa de escrever a relação entre os valores da tabela. A professora utilizou novamente a análise de tarefa, decompondo essa etapa em partes visíveis e identificando o propósito de cada uma para que eles entendessem tanto o que fazer quanto por que estavam realizando cada uma delas. A Sra. Ford ofereceu esse apoio para a descrição da relação entre os valores na aula seguinte, como uma resposta às dúvidas dos alunos.

Com esse apoio, mais estudantes são capazes de se engajar de forma independente na tarefa de escrever a relação entre os valores da tabela. Entretanto, alguns precisam de mais prática para identificar as variáveis no enunciado do problema, ao passo que outros carecem de ajuda para reconhecer um padrão em uma linha da tabela de dados; há, ainda, os que necessitam de ajuda para fazer uma inferência e os que precisam de prática para explicar sua inferência usando dados da tabela e fatos de seu livro didático. A Sra. Ford decide, então, usar os andaimes para fazer com que os alunos se concentrem na parte que mais precisam praticar.

Andaimes. Vamos, por um momento, deixar de lado o exemplo da tabela de dados e voltar à piscina comunitária para examinar exatamente como funcionam os andaimes. Trata-se de uma forma de ajuda que faz os alunos se concentrarem em uma parte específica de uma tarefa maior. Por exemplo, uma nadadora quer nadar mais rápido, e seu treinador aponta a necessidade de manter as pernas mais esticadas durante o batimento das pernas. Assim, ela utiliza uma prancha como andaime. A prancha permite que os nadadores se concentrem no batimento de pernas, deixando-as mais esticadas, enquanto ela cuida de todo o resto (os braços e a flutuação). Mais tarde, eles podem utilizar um andaime diferente, um flutuador, que os impede de bater as pernas a fim de fortalecer as braçadas. A prancha de natação e o flutuador são andaimes porque possibilitam que os nadadores desenvolvam uma habilidade específica. Depois de terem realizado essa prática focada, o andaime é removido, e eles usam tanto os braços quanto as pernas para executar a tarefa de nadar.

Os andaimes servem frequentemente para ajudar os alunos a se concentrarem na aprendizagem de um aspecto do novo conteúdo sem lidarem ao mesmo tempo com todas as partes de uma tarefa. Primeiro, os estudantes executam a tarefa utilizando os andaimes. Depois, para removê-los, alternam entre atividades que fornecem o andaime e outras em que os estudantes o completam. Esse processo continua até que eles conheçam tão bem os componentes do andaime a ponto de elaborá-lo de forma independente. Pode haver um momento em que o estudante elabora o andaime pela primeira vez de forma independente e, depois, utiliza esse andaime criado por ele mesmo para completar a tarefa. Mais tarde, ele pode internalizá-lo de forma que consiga concluir a tarefa sem pensar nele.

Os alunos estão concluindo a tarefa inteira com os andaimes, mas a Sra. Ford pode notar, pelo trabalho deles, que, quando esse andaime é retirado, grupos de alunos e alunos individuais claramente carecem de diferentes habilidades específicas. Observe no exemplo apresentado na Tabela 6.5 que os dados foram fornecidos, e isso concentra a atenção dos estudantes na interpretação deles. A professora fez andaimes que focam diferentes partes da redação de uma relação entre os valores e, depois, os atribuiu a alguns alunos com base em suas necessidades.

Na Tabela 6.6, algumas pistas foram removidas para que os alunos as elaborassem. O andaime é oferecido com cada vez menos pistas preenchidas, até que, por fim, ele seja inteiramente removido para que os estudantes completem a tarefa. O uso do andaime continua até que os estudantes possam nomear de maneira inde-

TABELA 6.5 Exemplo 1 do apoio à descrição da relação entre valores

Propósito	Partes de uma descrição da relação
1. Descrever a relação	*Modelo: À medida que X aumenta, Y diminui.* *Tente:*
2. Fornecer dados	*Modelo: Por exemplo, quando _____, então _____* *Tente:*
3. Fazer uma inferência sobre o padrão dos dados	*Modelo: A partir desse padrão, podemos inferir que _____* *Tente:*
4. Prever o que o padrão pode explicar	*Modelo: Quando _____ ocorre, então podemos prever que _____ porque _____* *Tente:*

Releia sua resposta e analise-a anotando os critérios utilizados.

Critérios

Esperados

- Descrever uma relação.
- Fornecer exemplos de dados.
- Usar os dados para fazer uma inferência sobre o padrão.
- Prever o que esse padrão pode significar ou explicar.

De excelência

- Fazer uma conexão com outra variável, aula ou experiência pessoal durante a explicação dos resultados.
- Utilizar termos do vocabulário-chave para detalhar as inferências e explicações.
- Representar os valores da tabela em outro formato gráfico que mostre as relações.

Reescreva abaixo a descrição da relação entre os valores. Você pode usar as próprias palavras para começar as frases. Verifique se os critérios *esperados* estão em sua descrição e inclua pelo menos um dos critérios *de excelência*.

---

pendente todas as partes e os objetivos de cada parte, bem como escrever uma descrição de relação entre valores sem nenhuma pista.

Além de os alunos serem capazes de escrever uma descrição de relação quando orientados, a Sra. Ford quer que consigam reconhecer quando um problema ou questão exige o uso de uma descrição de relação. Assim, o andaime pode ser acompanhado por uma classificação dos problemas e perguntas para as quais uma resposta útil seria uma descrição de relação. Os andaimes ajudam os estudantes a concentrarem seu tempo para trabalhar nas partes de uma tarefa que necessitam de prática.

TABELA 6.6 Exemplo 2 do apoio à descrição da relação entre valores	
Propósito	**Partes de uma descrição da relação**
1. Descrever a relação	À medida que X aumenta, Y _____.
2. _____	Por exemplo, quando X é 94%, então Y é chuva leve, e, quando X é 99%, então Y é chuva forte. Além disso, quando X é 60%, então Y é sem chuva, apenas com nuvens esparsas..
3. Fazer uma inferência sobre o padrão dos dados	Modelo: A partir desse padrão, podemos inferir que quando X é _____, Y será _____.
4. Prever o que o padrão pode explicar	

Releia sua resposta e analise-a, anotando os critérios utilizados.

Critérios

Esperados
- Descrever uma relação.
- _____.
- Usar os dados para fazer uma inferência sobre o padrão.
- _____.

De excelência
- Fazer uma conexão com outra variável, aula ou experiência pessoal durante a explicação dos resultados.
- Utilizar termos do vocabulário-chave para detalhar as inferências e explicações.
- Representar os valores da tabela em outro formato gráfico que mostre as relações.

Reescreva abaixo a descrição da relação entre os valores. Você pode usar as próprias palavras para começar as frases. Verifique se os critérios *esperados* estão em sua descrição e inclua pelo menos um dos critérios *de excelência*.

Extensões. Por fim, as extensões ajudam os estudantes a irem além, como um *snorkel* ou equipamento de mergulho que permite aos nadadores irem mais fundo e permanecerem mais tempo debaixo d'água. Uma extensão amplia a capacidade dos alunos para realizarem um mergulho profundo na aprendizagem sobre um tópico ou habilidade. Muitas vezes eles não são desafiados, não veem seu aprendizado atual no contexto da etapa seguinte ou não percebem formas de melhorar a tarefa atual. Apresentar critérios *de excelência*, "para ir além", os estimula a realizar o ciclo de autorregulação da aprendizagem: estabelecer objetivos, monitorar, refletir, revisar e, depois, estabelecer novos objetivos. Os alunos estão não apenas concluindo tarefas, mas realmente conectando seu aprendizado às próximas etapas como um ciclo contínuo. Os critérios *de excelência* auxiliam os professores a construírem uma cultura de rigor na sala de aula, desafiando os estudantes a se esforçarem e irem além. As extensões são sempre fornecidas em nossos critérios *de excelência* para cada tarefa, mas, sempre que possível, também devem ser planejadas para cada parte de OSCAR.

As extensões levam além os alunos que dominaram os objetivos ensinados em uma aula para que eles recebam atividades relacionadas às metas de aprendizagem atuais, mas que vão além das expectativas da tarefa. Quando você estiver planejando apoios para atender às prováveis necessidades dos estudantes, é sempre bom planejar também extensões. Dessa forma, você não estará focado apenas em fornecer ajuda àqueles que podem ter dificuldades. Veja a Tabela 6.7 para exemplos de necessidades dos estudantes e possíveis apoios e extensões.

Abordagem de ensino para os recursos de ajuda específica

Os recursos de ajuda específica são mais eficazes quando o professor usa uma abordagem sistemática de ensino. Isso é muito diferente do método para recursos de ajuda geral "Ensinar, incentivar, fornecer". Em primeiro lugar, os docentes devem definir o objetivo dessa abordagem sistemática. Identificamos dois propósitos para o planejamento do ensino: "Prática e retirada" ou "Uso independente". Eles não são mutuamente exclusivos, ou seja, às vezes é possível implementar primeiro o "Uso independente" e, depois, o "Prática e retirada". Entretanto, a estratégia de ensino é completamente diferente, dependendo do objetivo da abordagem utilizada pelo professor para oferecer ajuda.

Em "Prática e retirada", o ensino sistemático é projetado para que os alunos exercitem uma habilidade específica, e em seguida o andaime é explícita e estrategicamente removido ou abandonado à medida que eles dominam a habilidade e não precisam mais deste. Os estudantes devem estar totalmente cientes do andaime, do seu propósito e de como ele os ajudará em uma habilidade específica. A ajuda não deve ser escondida porque eles vão querer saber como criar os próprios andaimes para realizar tarefas por conta própria quando não estão na escola.

O segundo objetivo é o "Uso independente", em que o estudante é ensinado a solicitar o andaime ou construí-lo para que obtenha a ajuda necessária e realize uma tarefa de forma independente. Essa abordagem é utilizada quando o professor prevê que o aluno precisará de um período prolongado para desenvolver a habilidade ou que pode não ser capaz de concluir as tarefas sem esse andaime. Portanto, o objetivo de curto prazo não é removê-lo, mas, sim, ensinar os alunos a perceberem de forma independente a oportunidade de usar a ajuda e, em seguida, obter a ajuda que requerem. Por exemplo, uma criança pequena pode usar uma reta numérica para checar suas atividades de matemática; esse instrumento pode ser retirado à medida que ela desenvolve maior domínio sobre os números e maior automati-

TABELA 6.7 Exemplos de apoios e extensões por objetivo

Necessidade dos estudantes	Objetivo	Apoios	Extensões
Resolução de problemas (responder às perguntas)	Identificar variáveis conhecidas e desconhecidas.	Circular os valores e informações conhecidas. Refazer a pergunta com as próprias palavras (esclarecer).	Fornecer diferentes tipos de problemas que aumentam o nível de dificuldade.
Vocabulário acadêmico	Usar um banco de palavras para explicar a resposta de maneira significativa por meio de vocabulário acadêmico.	Apresentar palavras com imagens, cognatos ou sinônimos. Utilizar uma combinação de palavras ou fazer conexões com as unidades anteriores.	Utilizar vocabulário avançado. Explicar as raízes latinas das palavras. Fornecer múltiplos significados. Criar um glossário.
Aplicação de conceitos	Solucionar uma situação intrigante ("Por que o pescoço de uma girafa é tão longo?").	Apresentar exemplos de problemas e soluções. Tornar disponíveis pistas. Conectar os conceitos à vida atual.	Descobrir evidências conflitantes. Fornecer um exemplo contraintuitivo. Conectar esse conceito a conceitos de outras unidades.
Leitura	Identificar a ideia principal.	Dividir o texto em trechos. Grifar o texto. Inserir definições do vocabulário.	Texto de maior complexidade. Rotina "Conectar, ampliar, perguntar-se". Comparar as ideias principais.

cidade. Entretanto, um estudante adolescente pode não ter tempo suficiente para trabalhar apenas com senso numérico. Assim, o professor o instrui acerca de como traçar uma linha numérica em um papel de rascunho antes de começar a resolver problemas com números negativos.

As duas abordagens são frequentemente utilizadas em momentos distintos pelos estudantes. É fundamental que o professor tenha em mente um propósito específico e um plano estratégico de ensino para que os apoios, os andaimes e as extensões sejam eficazes. Oferecer ajuda é complicado porque os mesmos apoios, andaimes e extensões podem ser usados como ferramentas na ajuda geral e na ajuda individualizada. A diferença não está no recurso ou material em si, mas na abordagem pedagógica que acompanha o uso dele. Ao oferecer ajuda, você deve planejar especificamente o propósito e a abordagem para utilizar nas aulas. Provavelmente você utilizará mais de uma abordagem ao longo do tempo, e, portanto, a única escolha errada é não definir com clareza tal abordagem pedagógica. Agora que a importância da abordagem do ensino foi esclarecida, vamos definir a ajuda individualizada, prestando atenção em como ela difere da ajuda geral e da específica.

Ajuda individualizada

Além dos recursos de ajuda geral e específica (apoios, andaimes e extensões), os professores também oferecem ajuda individualizada. Ao aprender a nadar, tal ajuda é representada pelas raias de natação, em que cada pessoa executa os próprios exercícios usando uma variedade de recursos. Assim como os nadadores têm treinos focados ou voltas cronometradas em que podem recorrer a diferentes andaimes, apoios e extensões, os estudantes precisam de práticas individualizadas e orientadas para suas necessidades específicas de aprendizagem.

Os exercícios individualizados podem ser tão simples quanto propor algumas perguntas de aquecimento diferentes concentradas na prática de habilidades específicas. Você pode optar por repetir uma tarefa de rotina de aquecimento da semana anterior. Por exemplo, durante a "Segunda-feira de domínio", os estudantes repetem uma tarefa da semana anterior que não entenderam, sobre a qual precisam aumentar sua fluência ou que entenderam erroneamente. Ter uma rotina de ajuda individualizada constrói uma cultura em que eles já esperam ter que rever e repetir e trabalhar para alcançar os objetivos de aprendizagem. Além disso, também proporciona uma oportunidade de rotina para fechar lacunas e ampliar a aprendizagem. Como vimos na Introdução, a prática espaçada é muito mais eficaz do que tentar eliminar defasagens em uma revisão de seis semanas no final do ano. A ajuda ou prática individualizada é empregada regularmente para eliminar disparidades e ampliar a aprendizagem.

Sabemos que os alunos chegam a nossas salas de aula com uma ampla gama de experiências, interesses e conhecimentos, e por isso esperamos que os pontos de partida de cada objetivo de aprendizagem variem amplamente entre cada um. Além das diferentes situações iniciais, eles aprenderão em velocidades distintas e se lembrarão de diferentes informações; portanto, é preciso que haja espaço em cada unidade de estudo para ajuda e prática individualizadas para *todos* os alunos. Essa ajuda não deve ser confundida com o Plano Educacional Individualizado (PEI)*, voltado a estudantes com deficiência. Serviços de atendimento educacional especializado são diferentes e complementares à diferenciação pedagógica na sala de aula regular que estamos descrevendo neste livro.

Abordagem de ensino para ofertar ajuda individualizada

O objetivo da abordagem do professor na ajuda individualizada é que os alunos utilizem sistematicamente a prática e os recursos de ajuda para alcançar os próprios objetivos. Nesse contexto, o papel do estudante é diferente, pois ele deve participar junto com o professor na determinação dos exercícios. Você pode visualizar as diferenças se imaginar que os nadadores estão usando os recursos de ajuda tanto na área de natação livre quanto nas raias individuais. É preciso reservar tempo para todos os níveis de ajuda durante cada unidade.

A abordagem do professor faz a diferença

Todos os recursos de ajuda devem ser ensinados. Os estudantes precisam saber o propósito desses recursos, quando e como utilizá-los, incluindo como deixar de usá-los ou retirá-los, e também os procedimentos para quando e como solicitar ajuda. Essa instrução inclui alertar os alunos sobre como eles devem se beneficiar das estratégias de ajuda. Eles necessitam de lembretes a respeito dos recursos de ajuda disponíveis durante as orientações. Declarar sistematicamente a ajuda disponível para a realização de uma tarefa faz do uso da ajuda uma parte normal do processo de aprendizagem de todos os alunos e permite ao professor atribuir facilmente ajuda específica àqueles com necessidades particulares. Esse tipo de introdução e de ensino é feito em todos os níveis de recursos de ajuda. A Figura 6.7 mostra a relação entre os diferentes níveis de ajuda (gerais, específicos e individualizados), a abordagem do professor (fornecer, ensinar e atribuir) e o nível de tomada de decisão de professores e alunos. Você vai notar que toda ajuda é ensinada; no entanto, os recursos gerais diferem, uma vez que são fornecidos ou estão disponíveis para que os estudantes os escolham. Para a ajuda geral, a tomada de decisão dos alunos é alta, mas, quando a ajuda é atribuída, a tomada de decisão é limitada. Essa é uma diferença importante a ser lembrada quando você oferece ajuda a um estudante especí-

---

* N. de R.T. Também conhecido como Plano de Desenvolvimento Individual (PDI), o PEI é um documento elaborado pelo professor, em conjunto com outros profissionais da escola, onde são planejados e acompanhados o processo de aprendizagem e o desenvolvimento de alunos com necessidades educativas, levando-se em consideração as especificidades de cada um. Ele contém as habilidades que o estudante possui e as que devem ser estimuladas (acadêmicas, de vida diária, motoras e sociais), os objetivos e conteúdos que serão trabalhados, as estratégias e os recursos que serão utilizados (SÃO PAULO, [2017]; GARCEZ, 2020).

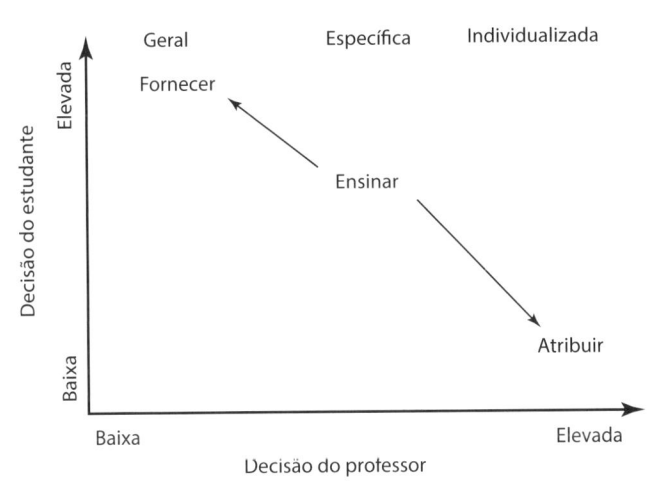

Figura 6.7 Tipo de ajuda e abordagem por nível de decisão do professor e do estudante.

fico a fim de abordar uma necessidade particular de aprendizagem e exigir o uso em um processo de ensino estruturado ou sistemático para alcançar determinada meta.

Os professores frequentemente usam a palavra "andaime" quando se referem a qualquer recurso de ajuda. Entretanto, os andaimes são significativamente diferentes dos apoios e das extensões e muito distintos dos recursos de ajuda geral. Para que os recursos de ajuda promovam uma aprendizagem efetiva, é preciso tomar decisões sobre a abordagem da oferta de ajuda. Lembre-se de que não é uma decisão final única, mas, quando a ajuda é oferecida, deve haver uma abordagem específica que seja conhecida tanto pelos alunos quanto pelo professor. A abordagem pode mudar, mas sempre há uma abordagem específica sendo utilizada. Uma vez tomada uma decisão, estudantes e professores podem medir o impacto da ajuda na aprendizagem. Além disso, os alunos podem refletir a respeito do tipo de ajuda utilizada durante diferentes momentos da aprendizagem de algo novo. Essa reflexão possibilita que eles aprendam como pedir ajuda específica em outros ambientes, como na faculdade, no local de trabalho e com amigos ou familiares.

BASEADO EM PESQUISAS: FOCO NA BUSCA DE AJUDA

Como qualquer professor atestaria, conseguir que os alunos busquem ajuda de forma adequada pode ser muito desafiador. Não apenas eles geralmente se tornam mais relutantes em buscar ajuda à medida que ficam mais velhos, mas também aqueles que muitas vezes precisam buscar ajuda nunca o fazem ou se tornam tão dependentes dos outros que jamais aprendem a estar no controle da própria aprendizagem.

Os pesquisadores que estudam a busca por ajuda estabelecem uma distinção entre os diferentes tipos de ajuda. Estudantes que a procuram pelos motivos apropriados, tais como ter um desempenho melhor em alguma tarefa ou adquirir novas habilidades, estão se engajando no que os pesquisadores chamam de *ajuda instrumental*. Os alunos às vezes também buscam ajuda porque é mais rápido fazê-lo ou porque sentem que podem descarregar o trabalho em outra pessoa, engajando-se na busca por *ajuda executiva*[1]. Ainda assim, outros se recusam totalmente a procurá-la e são considerados *avessos* a pedir ajuda. A principal questão por trás da maior parte dos estudos sobre busca de ajuda é como conseguir que os estudantes procurem ajuda instrumental.

Neste capítulo, detalhamos várias estratégias para promover a busca de ajuda em geral, mas especialmente a ajuda instrumental que promove a aprendizagem autorregulada. A busca por ajuda é considerada uma importante estratégia comportamental da aprendizagem autorregulada que os estudantes empregam, assim como estratégias cognitivas e metacognitivas (KARABENICK, 2011; ZUSHO *et al.*, 2007). O que torna a busca por ajuda um pouco diferente é que ela envolve outras pessoas. Como os estudantes dependem das próprias habilidades para ir atrás de ajuda, isso pode ser arriscado (KARABENICK, 2011). Não surpreende que trabalhos tenham mostrado que estudantes, em especial aqueles que lutam contra a baixa autoestima, se tornam relutantes em buscar ajuda em público, particularmente para tarefas que percebem ser um diagnóstico de habilidades altamente valorizadas (KARABENICK; KNAPP, 1991). Apresentar recursos de ajuda geral prontamente disponíveis é crucial para esses alunos.

O que diz a pesquisa sobre formas de promover a busca por ajuda instrumental? Os modelos teóricos de busca de ajuda apontam para a importância da conscientização de que existe um problema. Os estudantes não procurarão ajuda se não souberem que precisam dela. Para que possam detectar que existe um problema, os alunos devem se tornar insatisfeitos de alguma forma com seu nível de compreensão ou desempenho ou falhar em atingir alguma meta autoestabelecida. Segundo a perspectiva da ALL-ED, essa percepção é facilitada mediante frequentes autoavaliações formativas, bem como por meio de conversas com colegas nas quais podem comparar sua compreensão com as dos outros.

Os alunos devem também perceber que *precisam* buscar ajuda. Em alguns casos, apenas detectar que existe um problema não é suficiente para estimulá-los a fazer isso, especialmente se acreditam que dispõem dos recursos internos para resolver o problema por conta própria. Para que identifiquem essa necessidade, eles devem perceber que seu impasse não pode ser superado por coisas sob seu controle (ou seja, dedicando maior esforço). Eles também devem *querer* buscar ajuda; precisam sentir algum senso de motivação para resolver o problema. Existe uma associação inversa entre busca de ajuda e motivação: os estudantes são menos propensos a buscar ajuda se sentirem que são competentes para resolver o problema por conta própria *e* se eles sentirem que a busca por ajuda provavelmente não os levará a superar níveis de desempenho muito baixos (KARABENICK, 2011). Em geral, as pesquisas demonstram que alunos com perfis motivacionais adaptáveis — estudantes academicamente competentes que valorizam os estudos e têm maior interesse por estes — apresentam maior probabilidade de buscar ajuda quando necessário (KARABENICK, 2011). Conforme temos mostrado ao longo deste livro, as rotinas de ALL-ED são essencialmente elaboradas para construir a motivação.

É importante levar em conta as fontes onde os estudantes decidem buscar ajuda. A quantidade, o tipo e a qualidade dos recursos de ajuda disponíveis para os alunos podem afetar muito se eles optam ou não por buscar auxílio e que tipo de ajuda procuram (p. ex., instrumental ou executiva) (KARABENICK, 2011). Os pesquisadores frequentemente classificam fontes de busca de ajuda em formais ou informais. Recursos formais, incluindo professores, muitas vezes têm mais experiência, mas estão presentes em número limitado. Por outro lado, fontes informais (p. ex., amigos ou outros colegas) podem ter menos experiência, mas podem estar mais disponíveis e ser menos críticas.

Estudos constatam que as crianças mais novas geralmente são mais propensas a solicitar ajuda de professores do que de outros colegas, especialmente se perceberem que os professores gostam delas. No entanto, à medida que crescem, elas se tornam mais cautelosas, achando que os docentes pensarão que são "burras" se solicitarem ajuda. Essas pesquisas também sugerem que, conforme os estudantes ficam mais velhos, se torna mais provável que peçam ajuda a fontes informais (ou seja, colegas) do que a formais, como professores (KARABENICK; KNAPP, 1988; NEWMAN; GOLDIN, 1990). Apresentar recursos de ajuda geral prontamente disponíveis para os estudantes pode resolver alguns dos problemas relacionados à falta de busca por ajuda, especialmente entre os mais velhos.

Por fim, considerando o foco que a estrutura ALL-ED coloca nas rotinas de aprendizagem em grupo, concluímos esta seção com um resumo da pesquisa sobre a busca de ajuda em grupos. Uma das razões pelas quais a ALL-ED promove a utilização de rotinas de aprendizagem em grupo é facilitar o uso dos colegas como recurso de ajuda. A assistência está prontamente disponível quando os estudantes trabalham em grupos de aprendizagem colaborativos ou cooperativos. No entanto, as pesquisas também sugerem que a forma como eles trabalham juntos em grupos afeta muito a busca por ajuda. Noreen Webb *et al.* (2006) descobriram que a natureza das perguntas influencia diretamente o nível de ajuda que os estudantes recebem quando trabalham em grupo; aqueles que fazem perguntas específicas são muito mais propensos a receber ajuda do que os que fazem perguntas gerais. A qualidade das interações em grupo também exerce influência na procura por ajuda: estudantes são menos propensos a buscá-la quando os membros do grupo insultam uns aos outros ou quando estes encorajam outros a copiarem seus trabalhos (WEBB *et al.*, 2006). Conforme mencionamos no Capítulo 4, as rotinas de aprendizagem em grupo ALL-ED são especificamente projetadas para neutralizar as interações negativas e improdutivas do grupo.

Retirando os recursos de ajuda

Quando se trata de oferecer recursos de ajuda, uma questão importante a ser considerada é quando os retirar. Para isso, passemos à pesquisa sobre tutoria, andaimes e aprendizagem autorregulada. Estudos indicam que a tutoria tem um impacto positivo na aprendizagem (GRAESSER; D'MELLO; PERSON, 2009). Da mesma forma, há aqueles que apontam que o fornecimento de andaimes pode ajudar os alunos a se engajarem em tarefas complexas que, de outra forma, não seriam capazes de completar por conta própria (HMELO-SILVER; DUNCAN; CHINN, 2007; PUNTAMBEKAR; HÜBSCHER, 2005).

Implícita no conceito de andaime está a ideia de que, em algum momento, os andaimes e apoios precisam ser retirados — uma noção chamada de *fading* (desvanecimento). A pesquisa sobre andaimes se baseia, em grande parte, no trabalho teórico de Vygotsky, que sugeriu que a retirada deve ser feita quando acontece um processo de internalização. Esta ocorre essencialmente quando os alunos (não os educadores) estão no controle e assumem a responsabilidade pela própria aprendizagem. De acordo com a perspectiva da ALL-ED, tal processo é aprimorado à medida que eles constroem consciência metacognitiva e habilidades de autorregulação. A pesquisa sobre *fading* indica que os andaimes só devem ser removidos quando os estudantes conseguem completar a tarefa *e* quando entendem como as estratégias utilizadas para concluí-la podem ser aplicadas a outras tarefas similares. Como observam Puntambekar e Hübscher (2005, documento *on-line*):

> Um bom andaime implica que um aluno recebe apoio que pode permitir que ele funcione independentemente. O melhor andaime pode ser abandonado porque eventualmente levará o aluno a internalizar os processos que ele ou ela estão sendo ajudados a realizar (Rogoff, 1990). Sendo assim, é importante entender como os estudantes estão usando as ferramentas e se eles são realmente capazes de trabalhar de forma independente quando a ferramenta é removida.

A ajuda é um componente essencial para garantir que todos os alunos estejam aprendendo em cada aula. A pesquisa sobre a busca por ajuda concentra nossa atenção na importância do uso de recursos específicos com abordagens sistemáticas com vistas a oferecer ajuda e na importância de monitorar continuamente o impacto dela na aprendizagem.

EXPERIMENTE AS ROTINAS DE SALA DE AULA: APRENDIZAGEM PRECISA, EFICAZ E EFICIENTE PARA TODOS

Planeje: análise de tarefa

Reveja seu currículo e faça uma lista dos conceitos e estratégias mais desafiadores e das habilidades necessárias para que os estudantes os dominem. Releia a lista e coloque uma estrela ao lado de itens que aparecem com frequência para os estudantes. Procure por itens que são utilizados em várias unidades diferentes em sua área temática, que apresentam fortes conexões com outras áreas, que são elaborados a partir de habilidades anteriores ou que estabelecem as habilidades requeridas para a aprendizagem futura. Identifique um item que seja desafiador e usado com frequência.

Use a análise de tarefa para detalhar esse conceito, estratégia ou habilidade em seus menores componentes. As rotinas de análise de tarefa podem ser feitas com colegas ou estudantes a fim de identificar as partes dessa complexa tarefa. A análise de tarefas pode ser usada para construir a independência dos estudantes, ensinando as partes uma de cada vez ou começando com toda a tarefa e detalhando-a com eles.

Ensine: mesa de apoio

Defina um lugar na sala para recursos de ajuda relacionados à tarefa designada. Os recursos da mesa de apoio podem incluir uma folha de respostas, um trabalho de estudante concluído que sirva como modelo, um *iPad* com um vídeo sobre como completar as etapas da atividade, um colega que tenha terminado cedo para oferecer *feedback* e explicações, e o professor para fornecer miniaulas. Utilize a mesa de apoio durante a discussão livre e durante a realização de atividades individuais para que os estudantes não fiquem à espera da assistência do professor.

Ajuste o ensino: ensinar, incentivar, fornecer e atribuir ajuda

Antes de circular pela sala para fornecer ajuda, tente incentivar os estudantes a usarem os recursos de ajuda geral disponíveis ali. Além disso, encontre tempo para um breve exercício individual de rotina no seu planejamento diário ou da unidade. Na sala de aula de crianças das séries iniciais, você pode alocar alunos em uma estação específica por 10 minutos antes de lhes permitir escolher uma segunda estação, de forma a proporcionar um breve tempo para praticar ou ampliar uma habilidade. Com estudantes mais velhos, os exercícios individualizados podem envolver a repetição de uma ficha de exercícios da semana anterior para prática ou fluência ou responder a algumas perguntas das unidades anteriores com base nas necessidades deles. A ajuda individualizada de rotina é essencial para reduzir lacunas e ampliar a aprendizagem; portanto, a busca por pequenas formas rotineiras para começar é um primeiro passo importante.

Lista de verificação para implementar rotinas em seu ensino

Em loja.grupoa.com.br, acesse a página do livro por meio do campo de busca, clique em Material Complementar e baixe recursos adicionais que ajudarão você a implementar rotinas de aprendizagem em grupo e recursos de ajuda em sala de aula.

Planeje	Ensine	Ajuste o ensino
Planejar a oferta de ajuda em uma unidade ou aula.	Criar uma mesa de apoio durante os momentos de trabalho individual.	• Ensinar ajuda geral. • Ajustar os recursos de ajuda disponíveis antes de circular pela sala de aula para oferecer ajuda. • Planejar um tempo de rotina para os exercícios individualizados, talvez repetindo às segundas-feiras uma ficha de exercícios da semana anterior ou elaborando diferentes perguntas de revisão em cada unidade para praticar ou ampliar habilidades ou conhecimentos específicos.

Critérios de qualidade para implementar as rotinas de sala de aula	
Esperados	**De excelência**
• Vários recursos de ajuda estão disponíveis. • Os recursos de ajuda são oferecidos com frequência diária ou semanal ou estão ligados a uma atividade específica. • Os recursos de ajuda são oferecidos com uma abordagem docente clara.	• Ajustar a oferta de ajuda antes de circular ajudando os indivíduos. • Lembrar os alunos sobre a ajuda disponível e o propósito dos recursos em suas orientações. • Usar a análise de tarefa a fim de aumentar a clareza dos estudantes para realizar uma tarefa.

REFLEXÃO DO CAPÍTULO

Resumo do capítulo

Neste capítulo, esclarecemos os três níveis de ajuda e as diferentes abordagens na oferta de ajuda aos estudantes. Todos os alunos precisam de distintos tipos de ajuda em certos momentos ao longo da aprendizagem. Identificamos os muitos recursos já disponíveis na maioria das salas de aula e examinamos três abordagens para oferecer ajuda. Em relação aos *recursos gerais*, discutimos a abordagem "Ensinar, incentivar, fornecer". Os *recursos específicos* requerem uma abordagem docente sistemática e orientada de "Prática e retirada" ou "Uso independente". Exercícios *individualizados* são essenciais para reduzir lacunas e ampliar a aprendizagem. A abordagem docente à ajuda individualizada envolve o aluno na gestão de um contínuo exercício sistemático. Aprendemos como a análise de tarefa é usada para detalhar tarefas visando a desenvolver andaimes e apoios. Nossa abordagem para oferecer ajuda individualizada não está de modo algum relacionada a planos educacionais individualizados; os estudantes com necessidades especiais recebem serviços de educação especial, além da ajuda geral oferecida a todos os estudantes em salas de aula inclusivas.

Diário de aprendizagem: registre pontos-chave

Continue seu diário de aprendizagem para acompanhar seu raciocínio sobre como atender às necessidades de seus diferentes alunos, registrando em um caderno ou arquivo de computador as respostas às quatro perguntas apresentadas a seguir:

1. O que foi mais interessante e útil para você neste capítulo?
2. Por que isso foi interessante e útil?
3. Como isso se conecta ao que você conhece sobre atender às necessidades de aprendizagem de todos os alunos?
4. Que pesquisas deste capítulo você poderia usar para explicar ou apoiar decisões a fim de ajustar o ensino?

Guarde essas respostas para reflexão após ler mais capítulos deste livro e experimentar as ideias em suas salas de aula. Nós responderemos a essas mesmas quatro perguntas ao final de cada capítulo.

Retorne à sua Situação inicial

Retorne à sua resposta preliminar à pergunta do capítulo: "Como os professores ajustam o ensino para atender às necessidades de todos os alunos?". Acrescente novas ideias ou as revise de outra maneira. Circule a parte mais importante e a guarde para retornar após o Capítulo 7, "Passo 4: Ajustar EAO — 'Opções'".

NOTA

1. Os pesquisadores se referem a isso como "busca de ajuda executiva" porque imita o que executivos fazem com seus assistentes pessoais — repassar tarefas a eles porque é mais fácil e economiza tempo.

7

Passo 4
Ajustar EAO — Opções

VISÃO GERAL

Objetivo
Como os professores ajustam o ensino para atender às necessidades de todos os alunos?

Pense: releia sua lista do Capítulo 6 sobre maneiras de os professores ajustarem o ensino. Experimente a rotina "Critérios: verificar e refletir" usando a estratégia "Incluir mais duas". Você pode adicionar duas ideias — ou escrever uma ideia nova e destacar outra que você havia anotado antes, mas que é mais importante agora ou que tenha mudado de alguma forma.

Critérios

- Identificar como ajustar o ensino para incluir as escolhas dos alunos, usando "Opções", a fim de aumentar o número de estudantes engajados na aprendizagem e de avaliar a realização de possíveis ajustes visando a obter eficácia e eficiência.
- Explicar como as pesquisas sobre oferta de escolhas impactam a aprendizagem.
- Experimentar as rotinas de sala de aula:
  - Planeje — escolha estruturada dos estudantes.
  - Ensine — "Carrossel de ideias".
  - Ajuste o ensino — atribuir para refletir, não para terminar.

Situação inicial: antes de ler este capítulo

Registre sua Situação inicial: vantagens, desvantagens e pontos interessantes

Pense em quando você oferece escolhas aos estudantes. Ordene as três vantagens ou benefícios mais importantes da escolha dos alunos e as três características ou resultados negativos mais relevantes para você e para eles. Adicione aspectos que sejam interessantes e/ou perguntas que surgem quando você pensa em oferecer opções aos alunos na Tabela 7.1.

NA SALA DE AULA: OFERECENDO ESCOLHAS AOS ALUNOS

A Sra. Ford sempre se sentiu dividida entre oferecer escolhas aos alunos e atribuir tarefas. Quando apresentava escolhas, muitas vezes eles optavam por uma tarefa que era fácil demais ou difícil demais ou escolhiam baseados em estar com amigos *versus* algo que estavam verdadeiramente interessados em aprender. Alguns chegavam a ter dificuldade em fazer escolhas. Ela percebeu que a resposta deveria se encontrar no equilíbrio entre ambas as opções, e por isso decidiu alternar entre elas, às vezes propondo tarefas e outras vezes deixando que eles escolhessem o que fazer ou que tópico explorar. Apesar disso, a escolha continuou a ser um problema e, em muitas ocasiões, resultou em uma quantidade enorme de atividades para corrigir, com ganhos mínimos para a aprendizagem dos alunos.

TABELA 7.1 Quadro de escolhas: vantagens, desvantagens e pontos interessantes

Vantagens (+)	Desvantagens (–)	Pontos interessantes/ perguntas
Encoraja a autonomia	Mais atividades para avaliar	Como oferecer escolha quando todos os alunos precisam alcançar os mesmos padrões?
Aumenta a motivação	Demanda maior gerenciamento	
Captura os interesses		
Oferece tarefas diferenciadas	Demanda mais tempo de planejamento	Com que frequência? Quando?
Exige reflexão para fazer escolhas informadas	Alunos escolhem tarefa errada	
São desenvolvidas a partir dos pontos fortes dos alunos	Demanda encontrar mais materiais	
	Alunos se sentem sobrecarregados pelas escolhas	

Quando a Sra. Ford refletiu a respeito dos diversos pontos fortes que os alunos trazem todos os dias para a sala de aula, percebeu que conectar esses pontos fortes às atividades era essencial nos esforços de construir significado. Ela também sabia que os estudantes progrediam em velocidades muito distintas e, portanto, precisava de diferentes maneiras para manter todos engajados. Então, começou a pensar em oferecer-lhes a possibilidade de escolha de diferentes maneiras. Parou de enxergar esse processo como um botão de ligar e desligar — ora permitindo a escolha, ora não oferecendo nenhuma escolha. Em vez disso, passou a pensar na escolha dos alunos como uma escala com diferentes níveis de opções, desde a atribuição total de tarefas pelo professor a algo intermediário — ou seja, de escolha do aluno estruturada pelo professor — até a escolha livre do estudante. Assim, surgiu uma nova oportunidade de oferecer opções em cada tarefa. Ela podia estruturar a escolha dos estudantes, estimular o seu raciocínio e fazer com que todos trabalhassem em uma única tarefa. Por exemplo, poderia orientá-los da seguinte forma: "Responda às perguntas 1 a 5 e, depois, escolha duas adicionais entre a 6 e a 9. Escreva uma observação explicando por que optou pelas duas perguntas (por exemplo, você sabia a resposta, ou as perguntas o desafiaram?)". Esse foi o início de uma nova maneira de ajustar o ensino. A Sra. Ford poderia adequar as opções ao longo da escala de escolhas, indo da atribuição feita por ela até a escolha feita pelos estudantes para aumentar o sentimento de autonomia deles, ao mesmo tempo que criava espaços em cada tarefa para a realização de atividades específicas voltadas às necessidades de aprendizagem individual ou em grupo.

Opções

No capítulo anterior, definimos Estruturas e Ajuda — duas respostas que os professores podem usar para ajustar o ensino visando a atender às necessidades dos alunos. Neste capítulo, definimos Opções — o "O" dos ajustes EAO (Estruturas, Ajuda e Opções). Juntos, esses elementos permitem que os professores assegurem que todos estejam aprendendo. Assim, vamos conhecer mais a respeito de como implementar a descoberta da Sra. Ford sobre como oferecer opções, que vai desde a escolha livre do aluno, passando pela escolha estruturada pelo professor, até a atribuição da tarefa por este. As Opções oferecem maiores oportunidades para que os estudantes concluam uma tarefa com sucesso. Por exemplo, se o objetivo da Situação inicial é que os alunos se lembrem da aula do dia anterior, é possível oferecer uma escolha livre: eles podem escrever uma história, desenhar uma figura ou fazer uma lista de palavras e de fatos importantes sobre tal aula. Todas essas três tarefas cumprem o objetivo de lembrar o que aconteceu, ao mesmo tempo que dão aos alunos a escolha livre para realizarem a tarefa.

Outro exemplo de como as opções podem ser usadas no sentido de ajustar o ensino é designar que os estudantes ou resolvam um problema ou façam um círculo e expliquem a parte do problema que é nova. Dessa forma, os estudantes estão ou solucionando o problema ou identificando suas perguntas, e, assim, todos eles podem se engajar na tarefa. Frequentemente, quando todos os alunos recebem um mesmo texto, muitos deles consideram que a leitura está bem acima do seu nível de leitura independente ou abaixo de um nível desafiador. Para resolver esse problema comum, você pode propor alternativas de leitura independente, como, por exemplo, dar a opção de fazer uma leitura cuidadosa do início ao fim ou de circular as palavras familiares e resumir o assunto do texto a partir delas. Desse modo, todos os estudantes estarão empenhados em ler o texto de forma independente e acessível. Assim, as Opções são usadas para garantir que todos trabalhem para alcançar o objetivo definido. Além disso, elas garantem o engajamento dos alunos — não há razão para que estes não se envolvam, visto que há opções que contemplam o objetivo e permitem que os estudantes com uma ampla variedade de habilidades sejam bem-sucedidos.

Escala de escolhas

Lembre-se de que as Opções sempre se distribuem por uma escala de diferentes níveis de escolha, que se estende desde aquela que é totalmente do estudante, passando pela que é dele e estruturada pelo professor, até a que é totalmente do professor, conforme ilustrado na Figura 7.1.

Vamos exemplificar. Quando os estudantes optam por um livro da biblioteca, é comum que a decisão seja totalmente deles. Se o professor quiser garantir que selecionem um livro de leitura independente ou algum sobre um tema específico, pode organizar diferentes caixas de livros por níveis ou tópicos de leitura semelhantes e, então, orientar os alunos para selecionarem um que corresponda à sua necessidade. Desse modo, ainda estão decidindo por um livro e fazendo uma escolha, mas dentro dos limites da estrutura definidos pelo docente a fim de assegurar que um objetivo específico de aprendizagem seja atingido. Por fim, a atribuição da tarefa pelo professor é usada para reduzir lacunas e ampliar a aprendizagem. O docente atribui diferentes tarefas aos estudantes com base especificamente nas

| Escolha livre do estudante | Escolha do estudante estruturada pelo professor | Escolha do professor |

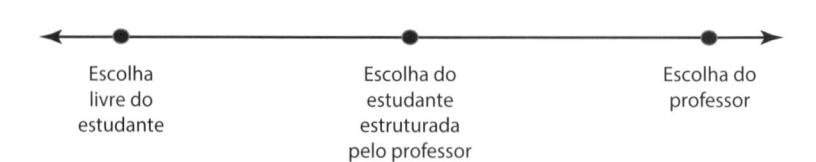

Figura 7.1 As Opções se distribuem ao longo de uma escala de escolhas.

necessidades de aprendizagem deles, conforme indica a Figura 7.2. Vamos discutir um pouco mais cada uma dessas opções na escala de escolhas.

Escolha livre do estudante. Como discutimos anteriormente, essa escolha envolve a oferta de várias opções e, depois, a possibilidade de que os alunos decidam sem restrições. Por exemplo, você pode pedir aos estudantes que anotem o que lembraram da aula do dia anterior na forma de palavras, números ou desenho. Permitir-lhes que façam escolhas promove um senso de autonomia e sinaliza que você se preocupa com eles. Tenha em mente que a escolha livre do estudante só deve ser oferecida quando todas as opções levam direta e eficientemente ao objetivo de aprendizagem; caso contrário, você pode ter problemas relacionados a estudantes fazendo escolhas inapropriadas.

Escolha do estudante estruturada pelo professor. Quando você solicita aos alunos que completem uma tarefa necessária e, em seguida, oferece-lhes a oportunidade de escolher tarefas adicionais a serem concluídas como parte do trabalho, está proporcionando uma escolha do estudante estruturada pelo professor. Instruções simples, como "Responda a cinco perguntas da lista: as duas primeiras são necessárias, e depois escolha outras três" ou "Escolha um livro da caixa de livros da biblioteca reunidos de acordo com seu nível de leitura independente", são bons exemplos desse mecanismo.

A escolha estruturada ajuda a diferenciar o ensino, oferecendo aos professores a oportunidade de fornecer apoio e extensões em uma tarefa comum. Apoios e extensões podem ser estabelecidos pelo professor para atender às necessidades específicas dos alunos e apoiar a autonomia deles, permitindo que façam escolhas que se adequem às suas necessidades ou pontos fortes. As opções disponíveis levam ao domínio de um objetivo curricular, e a estrutura, ou a forma como as tarefas são organizadas e atribuídas, cria a oportunidade para a diferenciação pedagógica.

Para estruturar as escolhas de forma mais eficaz, é útil apresentar as opções em percursos claros, mostrando uma progressão em direção a um objetivo, de modo

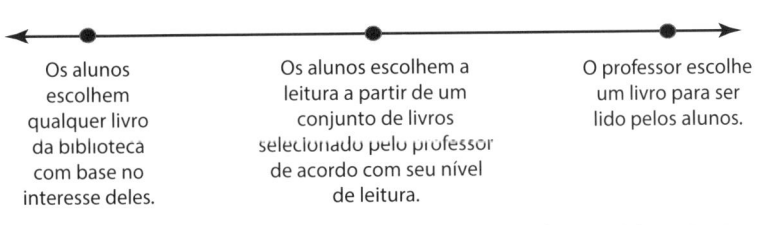

| Os alunos escolhem qualquer livro da biblioteca com base no interesse deles. | Os alunos escolhem a leitura a partir de um conjunto de livros selecionado pelo professor de acordo com seu nível de leitura. | O professor escolhe um livro para ser lido pelos alunos. |

Figura 7.2 Exemplos de opções na escolha de um livro: totalmente feita pelo aluno, estruturada pelo professor e totalmente definida pelo professor.

que os estudantes possam monitorar seu progresso e escolher a próxima tarefa. Por exemplo, a Figura 7.3 pode ser um percurso de aprendizagem para completar um projeto, com cada caixa representando uma tarefa ou parte do projeto. Como você pode ver, todos os estudantes têm que completar um total de seis tarefas. Eles devem concluir as quatro primeiras, mas depois lhes é dada uma opção de escolher uma de cada ramo. Essa atividade pode ser facilmente diferenciada ao categorizar

Projeto de livro de não ficção

E – Índice
D – Destacar em negrito palavras do vocabulário
C – Glossário
B – Títulos e subtítulos
A – Tabela de conteúdos

3 – Diagrama ou mapa conceitual
2 – Tabela de dados
1 – Imagem com legenda

Aspectos textuais

Aspectos visuais

Gramática e ortografia corretas

Fale com o professor antes de prosseguir

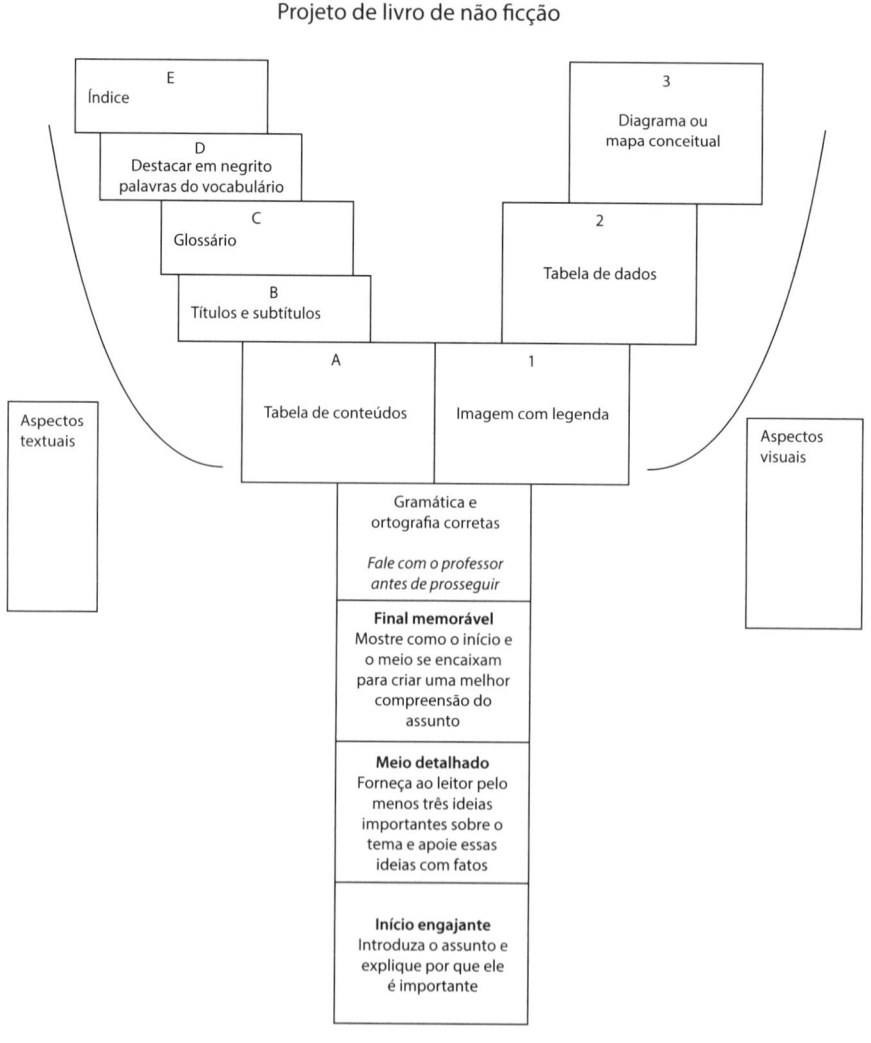

Final memorável
Mostre como o início e o meio se encaixam para criar uma melhor compreensão do assunto

Meio detalhado
Forneça ao leitor pelo menos três ideias importantes sobre o tema e apoie essas ideias com fatos

Início engajante
Introduza o assunto e explique por que ele é importante

Figura 7.3 Escolha estruturada: projeto de livro de não ficção.

as tarefas nos dois ramos por nível de dificuldade, como, por exemplo, "desenvolve a habilidade necessária", "aplica a habilidade necessária" e "excede a habilidade necessária". Em seguida, você pode atribuir aos alunos uma das tarefas de ambos os ramos e pedir a eles que selecionem uma de cada ramo. Nesse caso, todos os alunos completarão as mesmas quatro tarefas iniciais, a quinta será diferenciada por atribuição do professor, e a sexta, pelo interesse do estudante. Você pode até mesmo pedir aos alunos que terminam primeiro que selecionem uma tarefa adicional de qualquer um dos ramos.

A escolha estruturada sinaliza aos estudantes que o professor acredita que todos atingirão os objetivos de aprendizagem e que há diferentes rotas necessárias para que isso ocorra. A tarefa não foi reduzida a uma versão simples e outra avançada, mas as grandes tarefas ou conceitos são subdivididos em habilidades específicas que são claras, juntamente com uma progressão esperada da aprendizagem. O professor e os alunos compartilham a responsabilidade de estruturar a aprendizagem e monitorar o progresso, o que fomenta uma cultura de respeito e colaboração, assim como incentiva a motivação intrínseca (ver "Baseado em pesquisas"). As escolhas estruturadas de aprendizagem são:

- eficazes, porque tanto os objetivos de aprendizagem quanto o processo para alcançá-los são claros para professores e estudantes;
- eficientes, porque uma atividade pode apresentar escolhas que permitem que os professores atribuam tarefas específicas aos estudantes que respondem às diversas necessidades de aprendizagem;
- precisas, porque a atribuição da atividade assegura que os alunos invistam tempo na resolução de tarefas que sejam adequadas às suas necessidades de aprendizagem.

A escolha estruturada pelo professor apoia a autonomia do aluno e aumenta o acesso, o rigor e a relevância; além disso, ajuda você a ajustar as orientações para acelerar ou ampliar a aprendizagem, além de revisar e reduzir lacunas. Esquemas visuais e orientações voltadas às escolhas de aprendizagem são fundamentais no sentido de proporcionar aos estudantes opções que enfatizem a aprendizagem visando a atingir objetivos específicos. Observe as Figuras 7.4 a 7.7 para imaginar como as opções oferecidas estão orientando as escolhas dos alunos na direção dos objetivos de aprendizagem. Pense nas tarefas e atividades que você propõe a seus estudantes e como um caminho visual pode representar tanto a atribuição do professor quanto as opções de escolha dos alunos.

- Na Figura 7.4, há conceitos, habilidades ou tarefas essenciais que todos devem completar. Os alunos se dividem no percurso, em busca de um aprendizado profundo, talvez escolhendo um tópico específico dentro de uma unidade; depois, voltam a se juntar, compartilhando seus conhecimentos aprofundados, aprendendo e conectando ideias às tarefas centrais do início do percurso.

- Na Figura 7.5, podemos observar como cinco caminhos diferentes levam a um objetivo de aprendizagem comum. Esse é um exemplo de uso de múltiplas perguntas ou múltiplos materiais para responder a uma pergunta de pesquisa.
- Na Figura 7.6, as tarefas iniciais são subdivididas para oferecer desenvolvimento de habilidades e prática ou revisão de um conceito necessário.

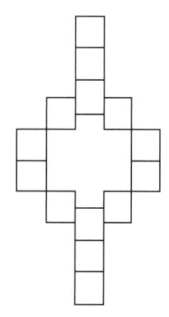

Figura 7.4 Percurso de conceitos centrais, habilidades e tarefas.

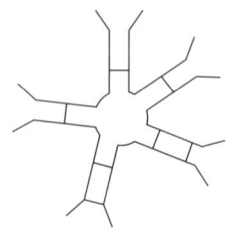

Figura 7.5 Cinco caminhos, um objetivo de aprendizagem comum.

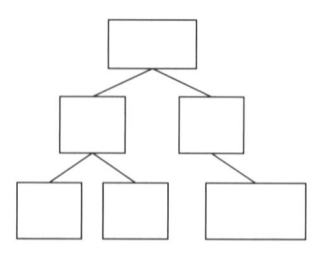

Figura 7.6 Detalhamento das tarefas iniciais para desenvolvimento de habilidades.

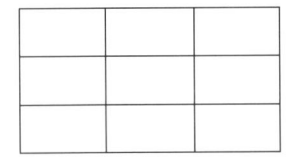

Figura 7.7 Formação em jogo da velha.

- Na Figura 7.7, vemos uma típica formação em jogo da velha que pode ser usada tanto para estruturar escolhas quanto para atribuir tarefas específicas a serem concluídas pelos estudantes. Você pode, por exemplo, solicitar aos alunos que completem um jogo da velha que cruza o quadrado central, colocando uma tarefa essencial no meio. Também pode atribuir os quatro cantos, se houver quatro tarefas necessárias, e então permitir que os alunos escolham outra tarefa para completar uma linha, coluna ou diagonal.

Durante cada unidade, os professores precisam ajustar o ensino para proporcionar ampliação da aprendizagem, revisão e prática, reduzir lacunas e promover os interesses dos alunos. A escolha do estudante estruturada pelo professor oferece oportunidades diárias a esses diferentes objetivos de ensino. Observe que você não está criando algo novo aqui, e sim ajustando os percursos para atribuir uma folha de exercícios, um livro para ler ou um projeto de arte, considerando como a escala de opções pode ser usada dentro dessa atribuição de tarefa. A Tabela 7.2 oferece alguns exemplos de pequenas mudanças nas tarefas e atribuições comuns que podem permitir que você ajuste o ensino para atender às diversas necessidades dos alunos.

As opções na escala de níveis de escolha vão desde a escolha livre do estudante até a escolha total do professor, oferecendo muitas oportunidades para promover a autonomia dos alunos e a aprendizagem duradoura, ao mesmo tempo que facilitam ajustes no ensino por parte dos docentes a fim de adaptá-lo mais facilmente às necessidades dos alunos. Mais importante ainda, essas opções ampliam o currículo a fim de engajar estudantes cujos interesses e habilidade variam amplamente de diversas maneiras. Embora fornecer opções constitua parte importante da construção da motivação, também se deve pensar em como você pode rotineiramente usar sua experiência para atribuir tarefas precisas para a aprendizagem dos estudantes avançar. Isso significa que pode ser necessária a escolha total do professor.

Escolha total do professor (atividades direcionadas): a escolha total do professor com atividades direcionadas pode ser rotineiramente incorporada ao horário das aulas. Essa prática orientada deve ser incluída como uma rotina regular (ou seja, diária ou semanal) em cada unidade a fim de garantir uma aprendizagem efetiva

TABELA 7.2 Opções para ajustar o ensino nas atividades e tarefas diárias

Ampliar a aprendizagem: estimule os estudantes a obterem resultados além das expectativas. Exemplos 1. Use a análise de tarefa para dividir a atividade e acrescentar partes desafiadoras que estimulem os alunos a irem além das expectativas; oriente aqueles que necessitam ampliar sua aprendizagem a não realizarem as atividades que não precisam praticar e a resolverem as partes mais desafiadoras. 2. Adicione uma coluna a uma rubrica-padrão para incluir critérios que vão além da pontuação máxima. 3. Apresente dois critérios *de excelência*, em vez de dois critérios *esperados*, para uma tarefa. 4. Inclua nas tarefas diárias uma pergunta ou problema desafiador. Apresente aos alunos uma habilidade ou tópico que gere um problema ou perguntas que devem ser respondidas.	**Revisar e praticar:** ofereça uma oportunidade de revisar aulas e praticar habilidades anteriores. Exemplos 1. Forme pequenos grupos para oferecer explicações e correções de atividades conforme a necessidade deles. 2. Nos deveres de casa, reduza a quantidade de novos conteúdos e acrescente material de revisão. 3. Inclua a revisão de um material como parte de um projeto em uma próxima unidade. 4. Uma vez por semana, inclua um dever de casa ou uma atividade em sala do tipo "Escolha você mesmo". Exija que as escolhas sejam baseadas nos resultados de uma revisão dos trabalhos dos alunos ou de uma avaliação. 5. Planeje a revisão de cada unidade como uma atividade de rotina. Isso evita interromper o andamento do ensino para revisar habilidades e conhecimentos necessários antes de testes e outras avaliações e amplia o tempo de prática para obter melhor memorização.
Reduzir lacunas: ofereça oportunidades para aprender habilidades ou conhecimentos faltantes. Exemplos 1. Use a mesma análise de tarefa realizada para criar extensões a fim de identificar pré-requisitos de habilidades e conhecimentos. Atribua diferentes pontos de partida com base nas necessidades dos estudantes. Alguns alunos começam trabalhando as habilidades ausentes, ao passo que outros iniciam a tarefa e avançam para as extensões da atividade; todos completam as tarefas comuns requeridas. 2. Atribua projetos que exigem diferentes prazos para serem realizados. Por exemplo, elabore um projeto que exija dos estudantes um tempo significativamente menor que o outro para ser feito, mas que avaliará o mesmo conteúdo. No tempo restante, direcione os alunos que fizeram o projeto mais curto para uma aula sobre os conhecimentos básicos ou habilidades que não possuem. 3. Inclua tanto tarefas comuns (a todos os estudantes) quanto tarefas ou jogos específicos nas atividades do dia a dia. Apresente aos alunos o conjunto de perguntas, problemas ou jogos "específicos" — que desenvolvam as habilidades necessárias — como parte das tarefas diárias. Tarefas especializadas devem usar uma rotina familiar a fim de que nenhuma nova orientação seja necessária para oferecer uma prática adicional. Se for preciso explicar algo, forneça uma mesa de apoio durante os momentos de trabalho individual.	**Estimular os interesses dos estudantes:** aproveite os interesses dos alunos a fim de construir significado e motivação; assim, o professor aprende mais a respeito deles e os estudantes começam a se valorizar mutuamente. Exemplos 1. Pergunte aos alunos o que acham interessante sobre cada tópico e tarefa. Convide-os a iniciar o trabalho acerca de um ponto ou tópico interessante e, depois, progredir na aprendizagem a partir daí. 2. Distribua os estudantes conforme os tópicos da aula, fornecendo exemplos de imagens ou palavras que representam o tema que será estudado. Peça que selecionem uma imagem ou palavras que se conecta com suas experiências, se relaciona com coisas que sabem a respeito do tema ou que gerem mais perguntas. Mostre como essas imagens também podem se conectar com o tema, trazendo o interesse deles sobre a imagem ou palavra para o tópico em estudo. 3. Pergunte aos alunos como aprenderam sobre algo que podem realizar bem. Por exemplo, um deles pode dizer que praticou cem vezes um jogo, uma canção ou uma habilidade no esporte. Associe a prática necessária à realização de uma habilidade acadêmica ao processo que o estudante já utilizou para aprender com sucesso. Os estudantes podem orientar outros colegas sobre como se motivarem a realizar algo cem vezes.

a estudantes com necessidades diversas. Nela, os docentes disponibilizam tempo para que os estudantes repitam as tarefas em busca de fluência, revisem o material, adquiram habilidades que não possuem e ampliem as regulares.

No Capítulo 6, descrevemos a "Segunda-feira de domínio", em que os alunos retomam as fichas de exercícios da semana anterior para realizar tarefas não concluídas, praticar atividades desafiadoras, repetir uma tarefa para aumentar a automaticidade e/ou completar a extensão de uma atividade. Você pode utilizar uma hora da rotina do dia para realizar as atividades direcionadas ou planejar um espaço em cada unidade para isso. Pode apresentar os objetivos de aprendizagem em um quadro na parede e colocar nomes de alunos ao lado dos objetivos que eles dominaram e cujos aprendizados eles estão interessados em compartilhar. Então, de forma regular, os estudantes podem marcar compromissos com colegas "especialistas" em um conteúdo específico que gostariam de saber mais e assistir a uma demonstração. Considere, ainda, acrescentar objetivos de aprendizagem como "Posso desenhar sem olhar o papel" ou "Posso manter meu corpo e cérebro em forma com flexões perfeitas" para garantir que todos os estudantes sejam especialistas em pelo menos um objetivo e também tenham interesse em aprender um conteúdo especializado. Essas atividades direcionadas são individuais e podem utilizar a ajuda individualizada discutida anteriormente.

Dada a diversidade estudantil que descrevemos na Introdução, é impossível que todos os estudantes alcancem os mesmos níveis de aprendizagem dentro de um determinado período de tempo. Alguns precisarão de menos tempo de prática, ao passo que outros demandarão um período mais longo para alcançar a aprendizagem duradoura. Por isso, a atribuição precisa de tarefas pelo professor é tão essencial quanto as escolhas dos estudantes para atender à sua ampla gama de necessidades. Oferecer essas opções (seja a escolha livre do estudante, a escolha estruturada ou a escolha total do professor) nas rotinas de sala de aula, que são projetadas para facilitar a gestão e a oferta de *feedback*, é essencial para a sustentabilidade da aprendizagem. Oferecemos outro exemplo de atividades direcionadas no Capítulo 9, quando apresentamos nossa pesquisa sobre o *Flag Time* (ou a "Hora do desafio").

BASEADO EM PESQUISAS: AUTONOMIA E ESCOLHA

Como mencionamos anteriormente, a pesquisa sobre motivação é em grande parte fundamentada na noção de que a motivação intrínseca floresce quando os indivíduos experimentam um senso de autonomia, o que por definição significa autogoverno, estar no controle de si mesmo. Portanto, a autonomia está associada a um lócus de controle interno ou a um sentimento de que você (e não outras pessoas) está no controle.

Ryan e Deci (2017) observaram, ainda, que a autonomia pode ser definida em termos de ações que são endossadas e escolhidas pela própria pessoa. Em outras palavras, uma das principais formas de aumentá-la é oferecer opções para escolha (PATALL; COOPER; WYNN, 2010). As pesquisas geralmente confirmam que proporcionar opções aos estudantes pode ser benéfico (PATALL; COOPER; ROBINSON, 2008). Por exemplo, a oferta de escolha tem sido associada a maior apreço e interesse pelas tarefas, bem como a maior esforço e alcance dos resultados de aprendizagem (CORDOVA; LEPPER, 1996; IYENGAR; LEPPER, 1999). Patall, Cooper e Wynn (2010) dividiram aleatoriamente estudantes entre um grupo que podia escolher uma opção de dever de casa e um grupo que recebia uma atribuição dos deveres de casa, ao longo de duas unidades de estudo. Ficou evidenciado que, com opções de escolha, os alunos tiveram melhor desempenho no teste da unidade e também relataram maior motivação intrínseca e percepções de competência para fazer o dever de casa.

É importante ter em mente uma ressalva para a pesquisa sobre escolhas e opções. Apesar de a oferta de escolhas aos estudantes ser a maneira mais concreta de professores transmitirem um senso de autonomia a essas pessoas (PATALL; COOPER; WYNN, 2010), simplesmente proporcionar a escolha livre nem sempre é eficaz. Estudos sugerem que o excesso de escolha também pode ser debilitante, pois pode levar à sobrecarga de escolhas e à fadiga por tomadas de decisão (HATTIE, 2009; SCHWARTZ, 2004). Por essa razão, geralmente defendemos a escolha estruturada em vez da livre escolha.

Os teóricos motivacionais também afirmam que a escolha só pode ser eficaz quando realmente satisfaz as necessidades psicológicas fundamentais de autonomia, competência e vínculo (KATZ; ASSOR; 2007; PATALL, 2013), dando aos estudantes um senso interno de controle. Oferecer opções a eles pode não ser suficiente para apoiar sua motivação. É igualmente importante, ou mais, pensar se as escolhas são relevantes aos seus interesses e objetivos, em sintonia com suas habilidades e seus valores familiares e culturais.

A pesquisas também demonstram que, quando se trata de proporcionar escolhas, os professores normalmente oferecem apenas uma gama limitada delas, tais como o parceiro de trabalho, o formato da produção ou as sugestões de prazos de entrega (ROGAT; WITHAM; CHINN, 2014; STEFANOU *et al.*, 2004). Embora tais opções possam inicialmente proporcionar um senso de controle sobre o ambiente ou sobre o formato da tarefa, alguns argumentam que elas contribuem pouco para engajar cognitivamente os estudantes e, portanto, provavelmente não terão efeitos sobre a aprendizagem em longo prazo. Pesquisadores também defendem escolhas que promovam a autonomia cognitiva ou o domínio dos estudantes sobre a sua aprendizagem (STEFANOU *et al.*, 2004). Exemplos de comportamentos de professores que fornecem apoio à autonomia cognitiva incluem solicitar aos alunos que fundamentem seu ponto de vista, que elaborem os próprios percursos de solução, que autoavaliem o aprendizado ou que forneçam *feedback* avaliativo sobre as soluções de seus colegas. A esse respeito, OSCAR e a "Verificação CARR", discutidos anteriormente neste livro, promovem a autonomia cognitiva, assim como os caminhos estruturados de escolhas de aprendizagem abordados neste capítulo.

Por fim, é importante observar que promover a escolha não é a única maneira de melhorar o sentimento de autonomia dos alunos na sala de aula. Professores tidos como grandes promotores de autonomia são descritos pelos pesquisadores como aqueles que não apenas oferecem escolha, mas que também escutam os estudantes e permitem que experimentem e testem materiais e ideias. Esses docentes levam em conta as preferências e os interesses dos alunos ao selecionar e elaborar as atividades para a turma, compartilham com eles o racional por trás dessas atividades e lhes oferecem a oportunidade de fazer perguntas (PATALL *et al.*, 2017; REEVE; BOLT; CAI, 1999; ROGAT; WITHAM; CHINN, 2014). Os professores que apoiam o desenvolvimento da autonomia não são controladores — eles abraçam as perspectivas dos estudantes e não os pressionam a pensar, agir ou se sentir de uma determinada maneira (PATALL *et al.*, 2017).

Retorno à Sra. Ford e à luz vermelha piscante

Voltemos à Sra. Ford do Capítulo 5 ("Passo 3: Verificar CARR") para resolver seu dilema de estudantes não engajados na leitura científica sobre doenças genéticas, mesmo após ter lhes oferecido duas opções diferentes de texto. Para aumentar a clareza e a relevância, a professora pediu a eles que fizessem um *brainstorm* das perguntas que esperavam responder a fim de assegurar que todos soubessem o tema que estavam prestes a ler. Esse *brainstorm* os encorajou a mobilizar o que sabiam acerca de genética para gerar perguntas e para que a Sra. Ford pudesse corrigir mal-entendidos já durante essa rotina. Em seguida, ela ofereceu uma escolha livre para os estudantes selecionarem o artigo escrito no estilo que mais lhes interessava — ou uma biografia ou um artigo de pesquisa científica. As informações necessárias para responder às mesmas cinco perguntas estavam presentes em ambos os textos para que os estudantes pudessem selecionar qualquer um dos dois e alcançar o objetivo. Isso parece muito correto — ponto positivo para a Sra. Ford em clareza e relevância. Porém, as coisas dão errado quando os estudantes não conseguem ler o texto de forma independente ou consideram o nível dele muito fácil; então, a professora se depara com um problema de acesso e rigor. Você consegue pensar em algumas maneiras de ela resolver esse dilema? Se pudesse voltar no tempo, talvez devesse ter atribuído os diferentes textos com base no nível de leitura dos alunos; contudo, é tarde demais, pois eles já escolheram os textos e não estão lendo de maneira independente. Sua primeira atitude pode ser mudar a estrutura da tarefa, passando de leitura independente para leitura em dupla. Ela pode formar pares entre estudantes que tenham escolhido a mesma leitura e utilizar uma rotina de aprendizagem em grupo chamada "Ler e resumir", na qual um aluno capaz de ler o texto começa a lê-lo em voz alta por 2 ou 3 minutos, ao passo que sua dupla tem o papel de acompanhar a leitura e circular a palavra ou fato mais importante que foi lido. Este então compartilha o que fez, e ambos discutem por que tal palavra ou fato é importante e como se conecta com suas vidas. Eles repetem o exercício até o final do artigo. A Sra. Ford pode solicitar aos estudantes que troquem de papéis, se todos puderem ler o texto de forma independente, ou os papéis podem permanecer os mesmos até o final do exercício. Mudar as estruturas de individual para uma rotina de aprendizagem em grupo garante o engajamento de todos. Em seguida, os alunos podem se reorganizar em pequenos grupos com representantes de cada artigo para discutir as informações ali encontradas (no que elas se diferem ou se parecem entre os dois textos), bem como as respostas preliminares às cinco perguntas. É provável que, depois disso, todos os estudantes sejam capazes de responder a essas perguntas de forma independente. Você pode aprender com a Sra. Ford que essas decisões são contínuas e que uma leva à outra. Você pode nunca resolver todos os problemas, mas pode fazer um ajuste para aumentar o CARR e, em seguida, avaliá-lo novamente, fazendo novos ajustes continuamente à medida que avança em cada parte da aula.

EXPERIMENTE ROTINAS DE SALA DE AULA: APRENDIZAGEM PRECISA, EFICAZ E EFICIENTE PARA TODOS

Planeje: escolha dos estudantes estruturada pelo professor

A maneira mais fácil de iniciar a escolha estruturada é oferecê-la em cada tarefa. Por exemplo, em vez de completar as perguntas de 1 a 10, solicite aos alunos que façam as de 1 a 8 e escolham uma questão entre a 9 e 10. Outra possibilidade é pedir-lhes que respondam às questões de 1 a 10 e, depois, voltem e façam um círculo em torno do problema e da resposta da qual mais se orgulham. Assim, você está oferecendo uma escolha, mas ainda exigindo que todos realizem toda a tarefa.

Para construir a própria escolha estruturada, retome a análise de tarefa que você fez na etapa "Planeje" do último capítulo. Elabore uma atividade de escolha estruturada utilizando as partes que você analisou para essa tarefa. Outra abordagem é usar estas perguntas de reflexão para pensar sobre uma unidade que você está prestes a ensinar:

1. Você pode pensar em uma forma pela qual a escolha estruturada leve a uma aprendizagem eficiente e efetiva na unidade?
2. Qual é a parte mais difícil para os estudantes? Como a escolha estruturada do estudante pode ser usada para apoiar as partes mais difíceis de uma unidade?
3. Quais são os interesses e talentos dos alunos e como a escolha estruturada do estudante pode tornar esses interesses e talentos ativos na aprendizagem do currículo estabelecido?

Ao planejar as atividades de escolha estruturada, sempre antecipe possíveis problemas e tire proveito dos resultados positivos. Por exemplo, combine com a turma que, dentro de uma atividade com opções de escolha estruturada, todos os alunos devem fazer uma pausa para conversar com o professor ou colega a fim de obter *feedback* sobre a tarefa.

Toda atividade geralmente começa com alguma forma de revisão para ativar os conhecimentos prévios e engajar os alunos a se lembrarem do que já sabem ou podem fazer. Esse é um grande momento para oferecer rotineiramente a escolha livre do estudante. Como o objetivo é que os alunos se recordem, o modo como comunicam sua memória pode variar para que todos alcancem o objetivo de forma eficiente. A rotina individual "Listar, escrever, desenhar", que você concluiu como sua Situação inicial no Capítulo 1, pode ser usada com qualquer pergunta, solicitando a eles que se lembrem de algo. Basta pedir-lhes que respondam à sua pergunta usando uma lista, história, desenho ou esboço rápido para capturar o que lembram e, depois, voltar e acrescentar dois detalhes. Incentive-os a revisar sua produção do "Listar, escrever, desenhar" em outro momento e a fazer um círculo em volta da parte mais importante. Os estudantes podem compartilhar as respostas à sua pergunta com um parceiro em uma "Troca entre pares" ou em uma mesa com um "Mostrar e compartilhar" e, então, voltar à sua resposta para adicionar mais dois detalhes. Essa rotina oferece opções de comunicação ao mesmo tempo que ativa o conhecimento prévio e fornece aos professores um painel sobre quão preparados os alunos estão para a realização da tarefa seguinte.

Outra opção é possibilitar ao aluno uma escolha estruturada pelo professor dentro das tarefas que se repetem diariamente, semanalmente ou em cada unidade. A Figura 7.8 apresenta um exemplo de uma tarefa rotineira de prática de vocabulário. Dessa forma, o docente pode exigir que todos os alunos concluam a tarefa no centro do jogo da velha: "Escreva a definição de cada uma de suas palavras".

Pense em oferecer escolhas aos estudantes nas atividades e tarefas diárias:

- solicite aos alunos para focar em uma fileira de uma rubrica a fim de melhorar seu trabalho conforme suas necessidades e possibilite que os alunos escolham uma fileira adicional com base em seu interesse;

Escolhas durante a prática de vocabulário		
Nome _____ Palavras que estou estudando _____		
Complete dois jogos da velha para aprender suas palavras.		
1. Se suas palavras fossem cores, que cores seriam e por quê?	2. Compare cada uma de suas palavras com outra palavra usando esse formato: (sua palavra) é como _____ porque _____. Repita esse padrão para cada palavra.	3. Encontre suas palavras em um livro didático. Faça uma lista com a palavra, o número da página em que ela foi encontrada e copie a frase em que foi usada. Se não puder achá-la em seu livro didático, tente outros livros, jornais, revistas e na internet.
4. Desenhe uma imagem ou símbolo que representa sua palavra.	5. Escreva as definições de cada uma de suas palavras.	6. Escreva uma pergunta em que a resposta seria uma de suas palavras. Crie uma pergunta para cada uma delas.
7. Explique por que é importante conhecer essa palavra. Dê exemplos sobre como as pessoas podem utilizá-la.	8. Encontre uma imagem que represente cada uma das suas palavras.	9. Crie um grupo de cinco palavras no qual uma de suas palavras se encaixaria. Dê um título ao grupo. Crie um grupo de palavras com um título para cada uma das suas palavras.

Figura 7.8 Exemplo de escolha do estudante estruturada pelo professor para a prática de vocabulário.

- passe deveres de casa de prática contínua, tais como desenvolvimento de vocabulário e ortografia;
- proponha vários projetos sobre um único tópico para aprofundar a compreensão (possivelmente usando distintos métodos de comunicação ou focando diferentes perspectivas);
- desenvolva grandes projetos divididos em tarefas menores e com escolhas dentro das tarefas menores;
- revise problemas ou vocabulário de uma unidade;
- crie atividades de aquecimento que incluam uma opção.

Ensine: Carrossel de ideias (rotina em grupo)

Veja como os alunos usam seus conhecimentos para explicar respostas e compartilhar ideias com os colegas.

ORIENTAÇÕES DA ROTINA DE SALA DE AULA ALL-ED: CARROSSEL DE IDEIAS

O "Carrossel de ideias" permite que os estudantes possam gerar respostas de forma colaborativa em pequenos grupos enquanto registram as ideias. Ele é usado quando um tópico é novo e pode ser difícil para os estudantes ativarem seus conhecimentos prévios para responder a uma pergunta. A conversa em pequenos grupos os ajuda a lembrarem de informações, a praticar o vocabulário acadêmico e a desenvolver seus conhecimentos. A desvantagem é que o professor não é capaz de reunir respostas individuais durante a atividade. Reunir respostas dessa maneira promove a aprendizagem dos alunos, mas não leva a informações que possam ser utilizadas para agrupar os estudantes. As crianças pequenas podem realizar essa rotina registrando imagens e desenhando-as, bem como elaborando ideias com materiais manipuláveis. Já os mais velhos geralmente a realizam escrevendo suas ideias.

Os pontos fortes dessa rotina são os seguintes:

- incentiva a colaboração;
- fornece *feedback* por escrito a cada pequeno grupo;
- reúne as respostas em padrões para facilitar a compreensão das respostas da turma;
- estimula e movimenta os estudantes;
- possibilita que professores e alunos acompanhem suas respostas desde o início até o final da atividade, permitindo-lhes refletir sobre como seu pensamento cresceu ou permaneceu o mesmo.

ORIENTAÇÕES DE IMPLEMENTAÇÃO

Objetivo: fazer um *brainstorm* de ideias de maneira colaborativa e avaliá-lo.

Situação inicial: peça aos alunos que se reúnam por tema ou pergunta para a qual eles tenham uma resposta.

Critérios:

- *Esperados:* contribui em cada cartaz à medida que os grupos circulam pela sala; garante que cada pessoa do grupo contribua para a resposta; responde à pergunta.
- *De excelência:* a resposta se conecta a uma aula ou texto anterior; utiliza vocabulário da unidade; insere ideias incomuns.

Ações:

O professor identifica nas orientações:

- **Papéis:** registrador (faça um rodízio para que, em cada rodada, um aluno diferente atue nessa função; comece designando o estudante com a melhor caligrafia como registrador de cada grupo; assim, as respostas iniciais serão fáceis de ler para os outros grupos quando alunos trocarem de função).

- **Turnos:** os estudantes são orientados a se dirigir primeiramente para o *flip chart* ou cartolina em que tenham uma contribuição para a resposta. Em seguida, os grupos discutem e registram suas ideias por determinado período de tempo. O professor orienta os alunos a irem para a cartolina seguinte. Todos os grupos se deslocam na mesma direção pela sala de aula de acordo com a orientação do docente.
- **Regras:** usar apenas a cor de caneta designada ao grupo; todos os membros dele devem contribuir com ideias em cada etapa, bem como atuar como registradores.
- **Tempo:** 15 a 30 minutos.

1. Espalhe tópicos ou perguntas e papel *flip chart* ou cartolina pela sala de aula (um tópico por papel). Divida o papel se quiser incluir mais de uma tarefa por cartaz, como, por exemplo, "coisas que você acha que sabe" de um lado e "perguntas" de outro.
2. Peça aos alunos que se dirijam ao papel com o tópico que lhes interesse mais (orientação: limite o tamanho do grupo a quatro ou menos participantes).
3. Oriente os grupos a fazer um *brainstorm* sobre as respostas à pergunta ou sobre informações a respeito do tema no papel *flip chart*.
4. Oriente os grupos a se revezarem sistematicamente, completando a rotina a cada rodada. Exija que levem a caneta com eles para que alunos, bem como o professor, possam avaliar o pensamento de cada grupo ao olhar para a cor das palavras nos cartazes. Escolha o estudante com a melhor caligrafia ou ortografia para ser o primeiro registrador e, depois, faça o revezamento. Se o tempo permitir, adicione rodadas para que os alunos observem os quadros.
   - Primeira rodada: *leia* o quadro, verifique as ideias que também lhe chamam a atenção.
     - *Adicione* novas ideias ao quadro.
   - Segunda rodada: *leia* o quadro, verifique as ideias que também lhe chamam a atenção.
     - *Adicione* novas ideias ao quadro.
     - *Coloque estrelas em três* ideias ou perguntas que você gostaria de discutir ou nas três ideias mais importantes.
   - Terceira rodada: *leia* o quadro, verifique as ideias que também lhe chamam a atenção.
     - *Adicione* novas ideias ao quadro.
     - *Circule* uma palavra — a ideia mais importante.
   - Quarta rodada: *convide* os alunos a continuarem em torno da sala, apenas visualizando os cartazes restantes até que os estudantes retornem ao seu ponto de partida.

Reflexões
1. Peça aos alunos que retornem ao seu primeiro cartaz para perceber as mudanças. Eles podem colocar um ponto de exclamação ao lado daquilo que os surpreendeu.

2. Peça aos alunos que voltem a seus assentos para discutir os cartazes. Direcione os estudantes para discutirem sobre os padrões e diferenças que observaram nos cartazes e o que pensam a respeito das palavras circuladas e sublinhadas. Convide-os a formularem perguntas ou a planejarem os passos seguintes.
3. Peça aos estudantes que escrevam individualmente sobre o próprio aprendizado ou ponto-chave do "Carrossel de ideias" e/ou respondam a uma das perguntas iniciais ou sugestões de tópicos.

Ajuste o ensino: atribuir para refletir, não para terminar

As atividades e tarefas diárias devem terminar rotineiramente em reflexão, em vez de encerrar na conclusão ou resolução da tarefa. Esse hábito do professor leva os alunos a passarem da conclusão do trabalho para a reflexão sobre seu aprendizado em cada tarefa ao simplesmente alterar o objetivo final. Por exemplo, em vez de pedir aos estudantes para resolver os problemas de 1 a 10, peça a eles que resolvam os de 1 a 8 e que leiam o 9 e o 10, escolhendo um deles para responder e explicando por escrito por que o selecionou. Outra possibilidade é que os estudantes respondam aos problemas de 1 a 10 e voltem a refletir sobre seu trabalho, sendo orientados da seguinte forma: "Leia seu trabalho e circule duas palavras utilizadas no vocabulário que um leitor deve observar" ou "Leia seu trabalho e coloque uma estrela ao lado da resposta mais interessante". Os alunos podem seguir a orientação: "Leia seu trabalho e coloque o número correspondente a um critério de qualidade ao lado da evidência que você percebe em seu trabalho". A orientação para refletir (e não para terminar o trabalho) ajuda os estudantes a identificarem evidências de suas habilidades e de seu crescimento em cada tarefa. Um hábito para fornecer orientações é recomendar-lhes que reflitam, e não apenas que concluam.

Planejar opções para a realização de tarefas incluindo a escala da escolha total do professor à escolha livre do aluno aumenta as formas possíveis de engajar os estudantes com sucesso. Durante as aulas, tente utilizar um pensamento ágil (ver Cap. 8), aumentando as opções quando eles hesitarem em se engajar em uma tarefa. Monitore quais opções levam a respostas mais detalhadas e melhores para os estudantes. Considere a possibilidade de adicionar recursos de ajuda nas opções oferecidas nas tarefas, tais como apoios e extensões. Desse modo, estes podem ser atribuídos a eles conforme a necessidade, sem que seja preciso criar materiais novos.

Lista de verificação para implementar rotinas em seu ensino

Em loja.grupoa.com.br, acesse a página do livro por meio do campo de busca, clique em Material Complementar e baixe recursos adicionais que ajudarão você a implementar a escolha estruturada em sala de aula.

Planeje	Ensine	Ajuste o ensino
• Planejar opções ao longo da escala de níveis de escolha. • Colocar apoios e extensões nas tarefas de escolha estruturada.	• Implementar a escolha estruturada em tarefas rotineiras ou diárias. • Fornecer opções para respostas de estudantes utilizando rotinas como "Listar, escrever, desenhar". • Aumentar as opções por meio do pensamento ágil durante as aulas a fim de aumentar o número total de estudantes com uma resposta bem-sucedida.	Adicionar a seguinte orientação: "Quando você terminar, volte e procure um critério específico". Por exemplo, "Releia e sublinhe ou circule os critérios do seu trabalho". Atribua aos estudantes critérios específicos baseados em seus próximos passos no aprendizado. Por exemplo, atribua critérios *de excelência* àqueles que precisam de mais desafios.

Critérios de qualidade para implementar as rotinas de sala de aula	
Esperados	**De excelência**
A rotina de sala de aula é utilizada com frequência diária, semanal ou vinculada a um tipo específico de ensino, como, por exemplo, miniaula, exercícios individuais ou revisão.	As tarefas fornecem rotineiramente uma ampla variedade para o engajamento e sucesso.

REFLEXÃO SOBRE O CAPÍTULO

Resumo do capítulo

Exploramos como o ajuste das Opções proporciona maiores oportunidades de sucesso a todos os alunos. Pensamos em opções ao longo de uma escala de escolhas de atividades em que um extremo é a escolha livre dos alunos; em uma posição intermediária, encontra-se a escolha do aluno estruturada pelo professor; e, no extremo oposto, está a escolha total do professor. Os docentes utilizam opções para aumentar o número de alunos engajados e as habilidades requeridas para concluir a tarefa. Examinamos como a oferta de escolhas aos estudantes é baseada em pesquisas. Praticamos nosso pensamento ágil, levando em conta como oferecer a orientação necessária e promover a autonomia do estudante por meio da escolha do estudante estruturada pelo professor.

Diário de aprendizagem: registre pontos-chave

Continue seu diário de aprendizagem para acompanhar seu raciocínio sobre como atender às necessidades de seus diferentes alunos, registrando as respostas às quatro perguntas apresentadas a seguir:

1. O que foi mais interessante e útil para você neste capítulo?
2. Por que isso foi interessante e útil?
3. Como isso se conecta ao que você conhece sobre como atender às necessidades de aprendizagem de todos os alunos?
4. Que pesquisas deste capítulo você poderia usar para explicar ou apoiar decisões a fim de ajustar o ensino?

Guarde essas respostas para reflexão após ler mais capítulos deste livro e experimentar as ideias em suas salas de aula. Responderemos a essas mesmas quatro perguntas ao final de cada capítulo.

Retorne à sua Situação inicial

Retorne à sua primeira resposta à nossa pergunta do capítulo: "Como os professores ajustam o ensino para atender às necessidades de todos os alunos?". Acrescente novas ideias ou as revise de outra maneira. Circule a parte mais importante e a guarde para retornar a ela após a leitura do Capítulo 9 ("Reduzindo as lacunas e ampliando a aprendizagem").

8

Pensamento ágil docente
Decidindo ajustar o ensino

VISÃO GERAL

Objetivo

Como utilizar na prática a estrutura de tomada de decisão dos professores em quatro etapas?

Pense: sublinhe a palavra mais importante neste Objetivo.

Critérios

- Identificar oportunidades para usar o modelo de pensamento do professor: "Em OSCAR, observar e ouvir; se os estudantes (todos, alguns ou indivíduos) precisarem de CARR, ajuste EAO" para perceber as necessidades de aprendizagem dos alunos e usar o pensamento ágil para ajustar o ensino.
- Explicar como as decisões de usar as rotinas de sala de aula ALL-ED são baseadas em pesquisas.
- Experimentar as rotinas de sala de aula:
  - Planeje – decisões ágeis docentes: declarações "Em-se-então".
  - Ensine — "Perguntas, respostas, prática, troca" (PRPT — tutoria entre pares).
  - Ajuste o ensino — registrar a tomada de decisões pedagógicas ágeis.

Situação inicial: Anotar, ordenar, refletir (rotina individual)

A diversidade de alunos é um recurso natural abundante em todas as salas de aula. O ajuste do ensino requer um pensamento ágil para mudar rapidamente de direção e transformar problemas potenciais em oportunidades. Quando os professores diferenciam o ensino, estão trabalhando como construtores responsáveis pelo meio ambiente, que pesquisam os recursos na comunidade e planejam maneiras de aproveitá-los ao construir novas estruturas. O ajuste do ensino desafia os docentes a prospectarem continuamente a comunidade de estudantes em busca de recursos que possam ser usados na aprendizagem. As rotinas de sala de aula ajudarão você a perceber e construir com base no que os estudantes apresentam como pontos de partida valiosos para a aprendizagem. Então, vamos desenvolver seu pensamento ágil, utilizando as habilidades dos alunos em situações nas quais uma necessidade pode ser empregada de forma produtiva.

Observe: leia as habilidades na primeira coluna da Tabela 8.1.
Adicione: insira as habilidades de seus alunos nas linhas em branco.
Anote: pense em diferentes situações em que essas habilidades e hábitos podem ser uma força a ser potencializada ou um desafio a ser vencido por meio do ajuste do ensino. Leve em conta diferentes unidades de estudo e épocas do ano.
Ordene: coloque uma estrela ao lado das habilidades que mais chamam sua atenção nos estudantes.

TABELA 8.1 Aproveitando os pontos fortes dos estudantes

	Quando isso é um ponto forte que pode ser aproveitado ou usado como ponto de partida?	Quando isso é um desafio a ser minimizado ou vencido?
Copiar outros alunos		
Ser confiante para assumir riscos		
Precisar de habilidades básicas ou fundamentais		
Perder a aula ou a explicação		
Conversar com os amigos		
Enviar textos usando celulares e outros dispositivos		

Retorne: volte à sua Situação inicial do Capítulo 2 ("Os extremos em constante mudança na sala de aula"). Pense em como essa lista de características dos alunos é semelhante ou diferente.

Reflita: pense e anote as perguntas que essa atividade despertou em você. Percebeu padrões naquilo que observa sobre os estudantes? Pergunte a colegas se eles podem pensar em outras situações em que essas habilidades podem ser pontos fortes.

Planeje: pense em seus próximos passos para aprender com os alunos. Planeje uma atividade em cada lição para que você possa aprender sobre eles. Faça planos para usar os pontos fortes dos estudantes visando a promover a aprendizagem.

NA SALA DE AULA: 10 MINUTOS ATÉ O SINAL

Faltam 10 minutos para o sinal do almoço. A Sra. Ford está circulando entre os estudantes e oferecendo-lhes ajuda. O barulho aumenta à medida que alguns terminam a atividade individual e procuram outras coisas para fazer, tornando ainda mais difícil para aqueles que ainda não começaram a se concentrar. A professora não consegue se locomover suficientemente rápido para auxiliar todos os alunos e, então, faz uma pausa e investe em um momento para pensar sobre o problema usando uma "Verificação CARR".

Os estudantes que ainda não iniciaram a tarefa necessitam de maior clareza e melhor acesso para entender que ações devem ser tomadas, e os que já a concluíram precisam de uma tarefa mais rigorosa, ou mais clareza sobre o que fazer na sequência. A professora decide ajustar a estrutura do padrão de ação*, passando de um trabalho individual para uma rotina de aprendizagem em grupo. Então, ela resolve formar trios usando a rotina de tutoria entre pares "Perguntas, respostas, prática, troca" (PRPT).

Para formar grupos, a Sra. Ford pede que os alunos que já terminaram se levantem com seus cadernos e façam o "Mostrar e compartilhar". Ela observa rapidamente o trabalho de cada um para se certificar de que completaram os problemas corretamente e, em seguida, designa dois estudantes para trabalhar com cada um dos que estão em pé. Ela está feliz por ter ensinado a rotina PRPT quando deu miniaulas na semana passada. Durante essa rotina, ela desempenhou o papel do tutor que está auxiliando os colegas, e toda a turma fez o papel de aprendizes com perguntas. Por isso, agora ela pode simplesmente dizer:

---

* N. de R.T. O "A" em OSCAR.

"Nosso objetivo é que todos tenham clareza sobre os passos para resolver esses problemas. Vamos realizar a atividade PRPT — "Perguntas, respostas, prática, troca". Eu vou cronometrar as rodadas. Dois alunos no papel de aprendizes — preparem-se para fazer perguntas. Vou dar 10 segundos para vocês pensarem e... Já!"

A discussão começa com os dois alunos que ainda não terminaram a tarefa no papel de aprendizes, compartilhando e fazendo um *brainstorm* com o máximo possível de questões sobre a tarefa. Na segunda rodada, os que concluíram a tarefa estão na função de Tutores, respondendo apenas às perguntas que os estudantes mais precisam entender. Depois, há um período de prática de cerca de 2 minutos durante o qual trabalham juntos em um problema ou questão. Eles se concentram em uma parte difícil para praticar ou esclarecer palavras confusas; não podem copiar respostas, pois estão aprendendo a desenvolver o raciocínio que precisam para solucionar os problemas de forma independente. Nesse caso, o estudante que concluiu a tarefa é o único a segurar o caderno com as resoluções, que ele pode utilizar na hora de explicar o problema aos colegas.

Ao final, os alunos trocam de função, e quem tinha as respostas faz agora perguntas a que os nossos novos especialistas devem responder. Os que antes estavam se esforçando para entender a atividade explicam sua abordagem para resolver os problemas. Quando o trio está convencido de que cada pessoa pode trabalhar independentemente nas perguntas, todos voltam a seus lugares. Em cerca de 6 minutos, 100% da classe está esclarecida sobre como iniciar as perguntas. Observe que nem todos os problemas de ensino foram resolvidos por essa única rotina. Por exemplo, nem todos os estudantes responderão corretamente às perguntas; os que terminaram precisam de uma atividade de extensão; e alguns podem demandar uma miniaula adicional. Entretanto, o uso de uma rotina de aprendizagem em grupo reduziu o número daqueles incapazes de iniciar a atividade individual e proporcionou aos que terminaram a tarefa uma oportunidade de consolidar seu pensamento; ao mesmo tempo, ofereceu à professora 6 minutos para pensar, ouvir e observar a fim de planejar os próximos passos de ensino — no caso da Sra. Ford, será oferecer uma extensão para aqueles que já tiverem concluído. Ela tem tempo para fazer isso porque todos os outros alunos estão agora completando a atividade de forma independente.

As rotinas de sala de aula permitiram que a professora completasse uma "Verificação CARR" e, depois, ajustasse a estrutura de ensino (usando PRPT) para garantir que nenhum aluno saísse confuso. Na Figura 8.1, podemos visualizar essa aula e a tomada de decisão da professora.

A Figura 8.1 é um exemplo de como ocorre a diferenciação pedagógica na prática e ilustra como a Sra. Ford utilizou a rotina "Mostrar e compartilhar" para conduzir a "Verificação CARR". Ela decidiu que a clareza precisava ser aumentada e,

Diferenciação pedagógica na prática **189**

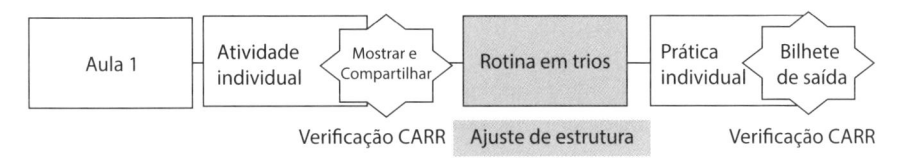

Figura 8.1 Tomada de decisão da professora na prática.

assim, ajustou o ensino, passando da atividade individual para uma rotina de aprendizagem em grupo, o PRPT, utilizando o apoio dos alunos. Em seguida, voltou à estrutura individual e, por fim, verificou o impacto de sua adaptação, coletando as respostas individuais da atividade como bilhete de saída.

O método de visualização das decisões dos professores como uma série de etapas e ajustes associados também pode ser empregado no planejamento. Veja a Figura 8.2, que representa uma série de aulas focadas na compreensão de um texto específico. Nesse caso, a Sra. Ford planeja com antecedência a realização de uma "Verificação CARR" para perceber as diferenças de clareza, acesso, rigor e relevância que podem impactar a aprendizagem. A partir do início de seu plano de aula, ela planeja rotinas que lhe permitirão procurar por diferenças entre os alunos as quais possam representar um desafio ou oferecer uma oportunidade de aprendizagem.

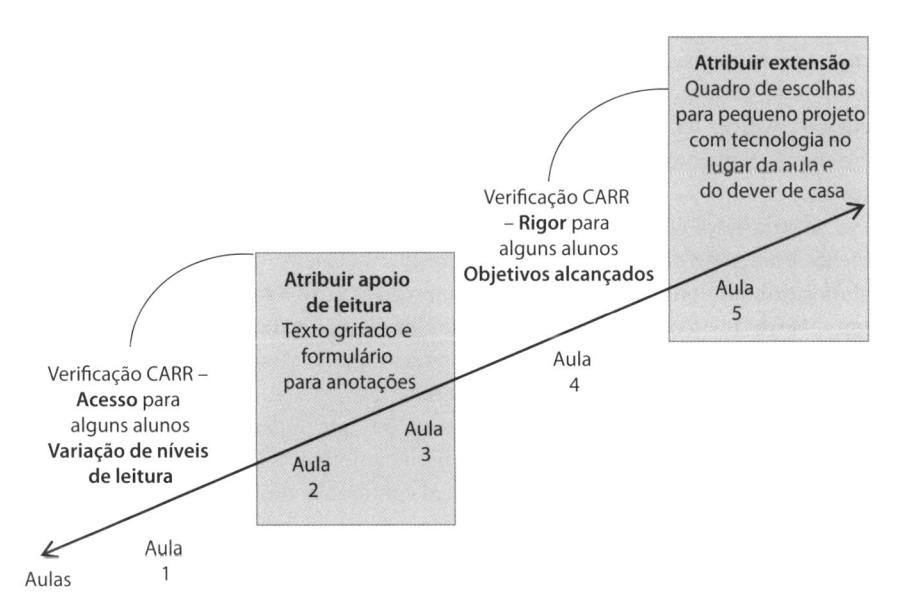

Figura 8.2 Tomada de decisão da professora no planejamento de uma sequência didática com ajustes de ajuda.

Além disso, ela prepara recursos a fim de antecipar as disparidades nos níveis de leitura independente ou na capacidade de acessar o texto a ser utilizado nas aulas, acrescentando ajuda na forma de apoios nas aulas 2 e 3. Na aula 4, será usada uma "Verificação CARR" para determinar se alguns alunos dominaram os objetivos que ela pretende revisar e praticar na aula 5. A professora antecipa um problema de rigor para aqueles que não precisam da repetição da aula e da prática, acrescentando um recurso de extensão que será atribuído a eles.

O apoio nas aulas 2 e 3 é algo que permitirá aos alunos adquirirem novos conteúdos sem dificuldades no caminho. Nesse caso, desde a aula 1 a Sra. Ford já sabia que alguns estudantes estavam lendo abaixo do nível necessário para entender o texto da aula 2. Assim, ela usou a diferenciação pedagógica para atender a três objetivos de ensino:

1. todos os alunos precisam estar familiarizados com esse texto;
2. logisticamente, os alunos precisam concluir a leitura mais ou menos ao mesmo tempo para que a turma possa fazer uma discussão;
3. os estudantes precisam compreender o conteúdo mais importante do texto para participar da discussão.

Assim, para os alunos com dificuldades na leitura, a professora passou o texto com trechos grifados junto com um formulário estruturado para auxiliar a realização de anotações resumidas. Esse apoio permitirá que aprendam o novo conteúdo sem se esforçar tanto com leitura e compreensão. A Sra. Ford se concentrará em desenvolver habilidades de leitura independente e estratégias de compreensão em outro momento, muito provavelmente em uma aula em que o tema seja uma revisão.

Na aula 4, foi feita uma avaliação, ou uma nova "Verificação CARR", provavelmente uma série de perguntas ou projeto que lhe permitiu perceber que alguns alunos tinham dominado os objetivos que seriam ensinados na aula 5. Ela passou um quadro de escolhas com pequenas tarefas — uma extensão que inclui Opções — para esses estudantes, em vez de fazê-los acompanhar uma aula cujo conteúdo já haviam aprendido. Tal quadro abrange tarefas que revisam e ampliam os objetivos de aprendizagem da aula 5 e inclui apenas opções que podem ser respondidas individualmente sem o apoio da professora e que ampliam as habilidades aprendidas nessas aulas. Por exemplo, as opções podem contemplar alunos fazendo um jogo de revisão sobre o tema da aula para que a turma jogue, ou uma animação ou desenho que explique um conceito importante e complexo ou que mostre como esse tópico se conecta aos estudados anteriormente. Os alunos que não precisam da aula 5 continuam sua aprendizagem por meio desse quadro, enquanto o restante da turma conclui a aula 5. Será ainda melhor se os produtos criados pelos estudantes a partir do quadro de escolhas puderem ser usados pelo resto da classe como material de revisão.

Esses exemplos de prática e planejamento ilustram como a diferenciação pedagógica é o resultado de um processo contínuo de tomada de decisão em que os professores buscam a diversidade acadêmica que fortalecerá ou dificultará a eficácia e a eficiência da aprendizagem e, assim, respondem às suas percepções com ajustes precisos no ensino que garantem clareza, acesso, rigor e relevância (CARR) a todos os alunos. Acreditamos que as decisões de ajustar ou diferenciar o ensino para atender às necessidades dos estudantes reflete a agilidade dos docentes para pensar e tomar decisões tanto ali na sala de aula quanto durante o planejamento das aulas.

O pensamento ágil permite que os professores levem efetivamente em conta a diversidade dos comportamentos dos estudantes, que podem dificultar ou facilitar a aprendizagem. Quando estão preocupados em entender por que seus alunos não estão engajados na aprendizagem, os professores estão demonstrando a predisposição necessária para o pensamento ágil. Os professores usam esse pensamento para manter o foco em um objetivo específico, analisam uma situação em busca das evidências de clareza, acesso, rigor ou relevância ("Verificação CARR") e, em seguida, fazem um *brainstorm* das escolhas possíveis para ajustar ou diferenciar o ensino. O pensamento ágil ajuda os professores a avaliarem os ajustes EAO para tomar decisões de ensino que respondam às necessidades de aprendizagem percebidas de maneira precisa, eficiente e eficaz. A Tabela 8.2 mostra os componentes do pensamento ágil do professor em termos de predisposições, habilidades e ações. Experimente a nossa frase para entender como o pensamento ágil funciona na sala de aula: "Quando os professores são (*predisposição*), eles (*habilidades*) para (*ação*)".

A partir dessa tabela, você pode perceber como o pensamento ágil é complexo e algo que os professores trabalham continuamente para desenvolver. Essas predisposições, habilidades e ações se baseiam em uma vida inteira de experiências, interações com os outros e reflexões sobre como aprender com os estudantes. O pensamento ágil proporciona um desafio constante, assim como inspiração para os docentes ao longo da carreira.

Pensamento ágil e decisões pedagógicas

A melhor maneira de se tornar eficiente na diferenciação pedagógica é praticar o pensamento ágil e tomar decisões usando nossa rotina de pensamento ágil docente "Em se então", conforme é possível observar na Figura 8.3.

Por exemplo, "No 'Objetivo', se *todos* os estudantes *precisarem de maior clareza*, o professor ajustará a *estrutura*, incluindo a discussão livre e a coleta de respostas de cada grupo antes de seguir em frente na miniaula". Mais tarde, "Na 'Situação

TABELA 8.2 Pensamento ágil docente: quando os professores são (predisposição), eles (habilidades) para (ação)

Predisposições	Habilidades	Ações
Conscientes	Verificam a compreensão dos alunos	Reconhecer padrões e diferenças
Alertas	Observam e escutam	Aprender com os dados
De mente aberta	Evitam o julgamento	Buscar a aprendizagem
Intencionais	Planejam com análise de tarefas (detalhando as etapas)	Manter o foco nos objetivos e critérios
Criativos	Fazem conexões incomuns	Potencializar os pontos fortes para atender às necessidades
Empáticos	Mudam a perspectiva	Responder às necessidades dos estudantes a partir da perspectiva dos alunos
Flexíveis	São ágeis, mas deliberados, com as mudanças	Ajustar, em vez de mudar completamente
Solucionadores de problemas	Pensam de forma lógica (especificamente causa e efeito)	Utilizar as rotinas de forma responsiva
Crentes em potencial	Buscam pontos fortes e possibilidades	Começar pelo que os alunos podem fazer
Reflexivos	Pensam com cuidado	Usar os erros de ensino como oportunidades

inicial", se *alguns* estudantes *precisarem* de maior *acesso* porque o texto exigido está acima do seu nível de leitura independente, o professor fornecerá *opções* durante o momento de leitura. As opções incluem solicitar aos estudantes com dificuldades na leitura que eles circulem as palavras familiares no texto e escrevam algumas frases sobre o que entenderam, enquanto outros completam a leitura do texto". Na sala de aula, a atenção dos professores está concentrada em responder aos problemas que os alunos estão vivenciando.

Opção 1: rotina de pensamento ágil

Em OSCAR, se os estudantes PRECISAM de CARR, então ajuste EAO.

Opção 2: rotina de pensamento ágil com evidência a partir do passo "Observar e ouvir"

Em OSCAR, se os estudantes PRECISAM de CARR porque (complete com evidências que você percebeu), então ajuste EAO.

Figura 8.3 Rotina de pensamento ágil docente ("Em-se-então").

Entretanto, pelo menos durante o planejamento, é útil preparar as declarações "Em-se-então" levando-se em conta as habilidades que os estudantes têm. "Na 'Situação inicial', se *alguns dominaram* o objetivo da aula *porque* demonstraram essas habilidades no teste da unidade da semana anterior e *precisam* de maior rigor, então ajuste as *estruturas*, usando uma rotina de tutoria entre pares, ou ajuste as *opções*, atribuindo uma atividade de extensão a ser concluída por um pequeno grupo enquanto outros estudantes completam uma miniaula com o professor".

As declarações "Em-se-então" se baseiam na percepção das necessidades de aprendizagem dos alunos em determinada aula ou contexto. A escolha de um ajuste EAO requer um pensamento ágil para produzir possíveis declarações "Em-se-então" e determinar os ajustes que provavelmente serão mais eficazes e eficientes. Ajustes eficazes movem todos os alunos em direção ao objetivo, ao passo que ajustes eficientes asseguram que o objetivo da aula seja alcançado em dado período de tempo. É útil escrever as declarações "Em-se-então" nos planos de aula na área designada para a diferenciação pedagógica. Na Tabela 8.3, listamos as possíveis escolhas para ajustar o ensino. O pensamento ágil ajuda o docente a tomar decisões sobre quais ajustes EAO provavelmente aumentarão CARR para todos os estudantes.

Para iniciar o uso de pensamento ágil e dos ajustes EAO, temos exemplos de ajustes EAO para cada parte da aula ou OSCAR. Essas ideias são destinadas a iniciar seu pensamento sobre as possibilidades que existem em seu próprio ambiente. Os ajustes devem ser feitos com base nas suas percepções sobre os alunos e considerando as exigências de seu currículo e o tempo disponível. *Essas ideias buscam despertar sua criatividade para ajustes no seu contexto e não devem ser consideradas uma lista de soluções.* Prepare-se para pensar em possíveis ajustes EAO para cada parte de uma aula ou OSCAR.

TABELA 8.3 Em OSCAR, "Observar e ouvir". Se falta CARR, então faça os ajustes EAO

Em	Se os estudantes PRECISAREM de	Ajustes nas escolhas de ensino (EAO)		
(OSCAR)	(CARR)	**E**struturas	**A**juda	**O**pções
Objetivo	Clareza	1 Instrução explícita	1 Todos	1 Escolha livre do estudante
Situação inicial	Acesso		2 Alguns	
Critérios	Rigor	2 Discussão livre	3 Individual	2 Escolha do estudante estruturada pelo professor
Ações	Relevância			
Reflexões	porque...	3 Individual		
Observar e ouvir	então	4 Em grupo		3 Escolha do professor

Objetivo

Os professores podem usar uma "Verificação CARR" para determinar por que o objetivo pode precisar de ajustes ou por que deve permanecer consistente a todos os alunos. Geralmente faz sentido usar a *análise de tarefa* para decompor os objetivos em partes administráveis, permitindo que os alunos avaliem o progresso em uma parte de cada vez, enquanto o mesmo objetivo geral é mantido para todos os alunos. Dessa forma, todos os estudantes estão voltados a um objetivo comum e estão trabalhando individualmente ou em grupos na parte do objetivo mais relevante conforme suas habilidades atuais. Além de detalhar os objetivos comuns, os professores planejam o tempo em que os alunos trabalham em diferentes objetivos, incluindo objetivos de unidades anteriores e, em alguns casos, do currículo do ano anterior. Isso é importante porque os estudantes não começam do mesmo ponto, nem progridem em velocidades iguais; portanto, é eficaz planejar rotineiramente um tempo específico em cada unidade para que trabalhem com objetivos diferentes indicados pelo professor segundo sua necessidade. Geralmente, há objetivos em cada unidade que todos devem aprender. A Tabela 8.4 mostra as possíveis formas de um objetivo

TABELA 8.4 Em Objetivo, possíveis ajustes EAO

Estruturas	Ajuda	Opções
Instrução explícita O objetivo é lido em voz alta para a turma, e uma história é contada a fim de demonstrar a importância dele no mundo atual ou para compartilhar por que o professor é entusiasmado por ele. *Discussão livre* Conversa entre colegas acerca do que eles sabem sobre o objetivo. *Individual* Os alunos sublinham palavras familiares do objetivo e circulam uma palavra surpreendente ou desafiadora. *Em grupo* Os alunos se revezam em pequenos grupos e compartilham os motivos da importância desse objetivo para a aprendizagem.	*Todos* Palavras importantes do vocabulário são ilustradas com uma imagem ou destacadas em negrito para que os estudantes reconheçam sua relevância. *Alguns* Definições são fornecidas para termos e conceitos desconhecidos. *Individualizada* Uma amostra do trabalho de um aluno que dominou o objetivo é apresentada como modelo.	*Escolha livre do estudante ou escolha do professor* O objetivo é detalhado em partes menores realizáveis, de modo que os estudantes possam perceber o domínio parcial e escolher o próximo passo necessário. O professor também pode atribuir partes do objetivo para cada aluno. *Escolha estruturada* Opções são oferecidas no interior de cada objetivo, tal como falar, construir, desenhar, movimentar-se e escrever para demonstrar compreensão. Todos os estudantes devem completar duas: uma opção é atribuída pelo professor, e o aluno escolhe a segunda.

comum a todos os estudantes ser ajustado visando a aumentar a CARR para aqueles com habilidades diversas.

Situação inicial

A Situação inicial é um meio essencial para que os professores avaliem os ajustes necessários na próxima parte do ensino. Ela também fornece aos alunos um registro de seu pensamento para que eles possam avaliar o aprendizado ao final da aula; por isso, é importante que todos a concluam. Os docentes usam ajustes como os listados na Tabela 8.5 para garantir que todos os estudantes estejam engajados.

Critérios

Além dos critérios *esperados*, recomendamos que haja sempre os critérios *de excelência* a fim de estimular os estudantes para além da tarefa exigida, como uma parte ajustável. Os critérios *esperados* são geralmente os mesmos a todos os alunos;

TABELA 8.5 Na Situação inicial, possíveis ajustes EAO

Estruturas	Ajuda	Opções
Instrução explícita O professor fornece uma introdução, possivelmente um vídeo. *Discussão livre* Conversa entre colegas a partir de uma pergunta. *Individual* Estudantes fazem uma pré-avaliação ou respondem a uma pergunta usando "Listar, escrever, desenhar". *Em grupo* "Mostrar e compartilhar": os estudantes apresentam ao mesmo tempo seus trabalhos em silêncio para os membros do seu grupo e, depois, voltam para revisar ou acrescentar pelo menos uma ideia ao próprio trabalho.	*Todos* Dicas, um gabarito ou uma amostra de resposta podem incentivar todos os alunos a pensarem em uma resposta à pergunta. *Alguns* Grupos de estudantes podem receber problemas ou perguntas para rever ou iniciar uma nova investigação com base em seu nível de habilidade, interesses ou outra qualidade. *Individualizada* Os estudantes podem utilizar um recurso, tal como um banco de palavras, ou ferramenta, como uma calculadora, para ajudar a realizar a tarefa da Situação inicial.	*Escolha livre do estudante* "Avaliação lápis e caneta": resolva o máximo de problemas que puder usando uma caneta em determinado período de tempo (5 minutos), em seguida, troque para lápis e continue respondendo aos problemas. Examine seu trabalho dos primeiros 5 minutos e dos últimos 5 minutos. *Escolha estruturada* Passe aos alunos as três primeiras perguntas e deixe-os escolherem entre as perguntas 4 e 5. *Escolha do professor* Os alunos respondem a uma folha de exercícios selecionada pelo professor.

entretanto, pode ser recomendado que um grupo de estudantes ou alunos individuais priorizem ou se concentrem em um critério *esperado* específico durante a realização de uma atividade ou tarefa. É importante incluir tanto critérios *esperados* quanto *de excelência* a fim de garantir que cada aluno seja desafiado. Envolver os estudantes na definição dos critérios é uma ideia produtiva. Os exemplos de ajustes de Critérios estão listados na Tabela 8.6.

Ações

Somente as Opções e os recursos de Ajuda são tipicamente utilizados como ajustes em Ações. Como mais de uma estrutura é usada para elaborar um padrão de ação, o pensamento ágil não é uma questão de quais estruturas usar, mas sim da ordem de uso delas. Por exemplo, se um professor atribui uma tarefa individual e os alunos não são capazes de iniciar a tarefa de forma independente, ele pode precisar alterar a estrutura para aprendizagem em grupo primeiro, pedindo que discutam em suas

TABELA 8.6 Em Critérios, possíveis ajustes EAO

Estruturas	Ajuda	Opções
Instrução explícita O professor demonstra em voz alta como usar os critérios para uma autoavaliação e revisão do trabalho. *Discussão livre* Os alunos conversam sobre os critérios com os colegas. *Individual* Os alunos usam selos, adesivos ou anotações para identificar qualidades específicas observadas no seu próprio trabalho. *Em grupo* Os alunos usam "Pensar, falar, trocar livremente" depois da atividade para refletir como utilizaram critérios em seu trabalho, ou antes da atividade, para discutir seus planos de uso dos critérios.	*Todos* Peça aos alunos que completem um resumo do seu desempenho para monitorar se estão atingindo os objetivos e usando os critérios em seu trabalho. *Todos/Alguns* Exiba modelos de critérios com as respectivas qualidades identificadas. *Individualizada* Os estudantes preenchem um instrumento para monitorar seus objetivos e a qualidade do seu trabalho.	*Escolha livre do estudante* Escolha ou crie critérios de excelência. *Escolha estruturada* O professor atribui um critério conforme a necessidade dos estudantes ou por grupo para fornecer um foco; depois, estes escolhem um ou dois critérios de um total de três. *Escolha do professor* Rubrica ou lista de verificação formal

mesas sobre como iniciar a tarefa e, depois, voltem a completá-la individualmente. Os docentes não esperam que todos concluam as tarefas corretamente; entretanto, a mudança da estrutura permite que todos se sintam capazes de, pelo menos, iniciar a atividade. Exemplos adicionais de ajustes em Ações estão listados na Tabela 8.7.

TABELA 8.7 Em Ações, possíveis ajustes EAO

Estruturas (observar a ordem de uso)	Ajuda	Opções
Instrução explícita — O professor explica um conceito ou estratégia e solicita aos estudantes que respondam a uma pergunta para verificar a compreensão. *Individual* — Os estudantes são orientados a pensar individualmente e, depois, anotar suas respostas em seus cadernos. *Em grupo (pequeno)* — Os estudantes compartilham suas ideias com um parceiro ou em pequenos grupos para criar respostas que incorporem as opiniões dos outros. *Em grupo (toda a turma)* — Os repórteres de cada grupo compartilham as respostas, um de cada vez, enquanto o professor as registra na lousa para refletir sobre elas. *Individual* — Os estudantes retornam ao seu pensamento inicial e fazem revisões, refletindo sobre como o ato de falar em seu grupo e escutar os colegas mudou ou confirmou seu pensamento.	*Todos* — Cartazes na parede mostrando as ações. *Todos/alguns* — Apoios — tais como uma resposta anotada por um colega, um texto resumido ou uma rotina de circular palavras conhecidas e escrever um breve resumo de frases — podem ser oferecidos para estudantes que necessitem de apoios de leitura. Alunos podem receber um andaime para trabalhar uma habilidade específica ou parte de uma tarefa, como identificar evidências ou explicar seu raciocínio. *Individualizada* — Os alunos podem completar um quadro de comportamentos para monitorar sua participação. Os alunos podem ser orientados a usar calculadora, dicionário, glossário, linha do tempo, materiais manipuláveis ou outros recursos de ajuda.	*Escolha livre do estudante* — Os estudantes escolhem o processo de aprendizagem, como no "Listar, escrever, desenhar". Eles podem optar entre diferentes perguntas a serem respondidas ou atividades de aprendizagem completamente distintas. *Escolha estruturada* — As opções de tarefas são oferecidas aos estudantes em uma estrutura controlada pelo professor. Dessa forma, todos completam ações ou tarefas atribuídas pelo professor e escolhem outras adicionais. *Escolha do professor* — Rubrica ou lista de verificação formal gerada pelo professor. O professor oferece *feedback* e orienta os estudantes a aplicarem essa devolutiva na próxima tarefa ou em uma revisão.

Reflexões

Os estudantes tornam a aprendizagem significativa quando pensam por que e como seu pensamento ou suas habilidades permaneceram os mesmos, foram desafiados ou talvez tenham mudado como resultado da aprendizagem. A reflexão pode incluir uma avaliação de seu trabalho, por meio de critérios de qualidade, bem como oferecer *feedback* sobre o processo de aprendizagem para o professor e/ou para seu pequeno grupo. A Situação inicial fornece documentação necessária para que os alunos se lembrem do ponto em que se encontravam antes da experiência de aprendizagem.

As rotinas de reflexão são frequentemente ajustadas com base em restrições de tempo e alteradas para garantir que todos os alunos sejam capazes de se engajar nelas. Por exemplo, são feitos ajustes para estudantes que estavam ausentes a fim de que reflitam em um momento diferente. Na Tabela 8.8, são elencados exemplos de ajustes em Reflexões.

BASEADO EM PESQUISAS: RESOLUÇÃO DE PROBLEMAS

A noção de pensamento em termos de declarações "Em-se-então" vem da pesquisa cognitiva sobre resolução de problemas (ANDERSON, 1983; ANDERSON *et al.*,1995). Sob o ponto de vista puramente cognitivo, a aquisição de habilidades pode ser considerada uma tarefa que envolve a formulação de milhares de regras que relacionam objetivos de tarefas a ações e consequências específicas — que são as declarações "Em-se-então" (ANDERSON *et al.*, 1995). O cientista cognitivo John Anderson escreveu extensivamente acerca da arquitetura da cognição humana. Sua teoria de aprendizagem, Controle Adaptativo do Pensamento — Racional (ACT-R, do inglês *Adaptive Control of Thought-Rational*), se baseia em três princípios.

Primeiramente, o ACT-R faz uma distinção entre conhecimento declarativo e conhecimento processual. O conhecimento declarativo é essencialmente tópico ou de conteúdo — como saber o caso do lado-ângulo-lado na geometria (ou seja, dois triângulos são congruentes se dois de seus lados e os ângulos formados por esses lados forem congruentes). Já o conhecimento processual é exatamente o que você pensa que é, ou seja, sobre processos; no caso do exemplo de geometria apresentado, é saber como realmente usar o caso lado-ângulo-lado. O ACT-R assume que a aquisição de habilidades se encontra na capacidade de traduzir conhecimentos declarativos em conhecimentos processuais, especificamente a capacidade de transformar conhecimento declarativo em regras de produção (ou seja, declarações "Em-se-então"). A teoria de Anderson está sugerindo que não é suficiente saber sobre OSCAR, CARR ou EAO; para se tornar competente na diferenciação pedagó-

TABELA 8.8 Em Reflexões, possíveis ajustes EAO

Estruturas	Ajuda	Opções
Instrução explícita O professor lidera toda a turma durante uma reflexão. Pode ser facilitada com os alunos sentados em círculo. *Discussão livre* Conversa entre colegas sobre objetivos e progresso. Alguns estudantes podem oferecer ajuda a outros. *Individual* Estudantes preenchem um diário de aprendizagem ou outro instrumento de rotina estruturada de reflexão que podem consultar ao longo do tempo para rever suas reflexões. *Em grupo* Feedback estruturado e reflexão podem ser parte das rotinas de aprendizagem em grupo em que os estudantes ouvem e oferecem *feedback* aos pares com base em critérios. Por exemplo, eles podem analisar as respostas registradas de uma "Descoberta dominó" a fim de elogiar as respostas que atendam aos critérios de excelência.	*Todos* Os critérios de qualidade são apresentados para iniciar a reflexão. Modelos de frases ou pontos de partida são afixados. Os estudantes revisam seu trabalho antes de escrever ou discutir sobre suas reflexões para que possam facilmente se referir a exemplos e evidência em seu trabalho que apoiam suas ideias. Podem também preencher um resumo de desempenho, analisando os itens corretos e incorretos para determinar os passos seguintes usando os resultados da avaliação. *Alguns* O professor pode oferecer um andaime, dando aos estudantes o trabalho de um aluno como modelo com as evidências de qualidade destacadas nele. O estudante explica apenas as qualidades que as evidências mostram e como poderia tê-las desenvolvido. *Individualizada* Professor, colega ou membro da família podem conversar com o estudante e ajudá-lo a redigir anotações a partir da conversa.	*Escolha livre do estudante* Os alunos escolhem ou criam os próprios instrumentos para reflexão e podem acrescentar critérios de qualidade ou selecionar uma linha de uma rubrica para usar nas reflexões. *Escolha estruturada* O professor pode pedir aos estudantes que se conscientizem a respeito de critérios específicos ao circular exemplos nos trabalhos deles e recomendar que reflitam e expliquem tais exemplos. Os alunos escolheriam exemplos adicionais para o trabalho e também explanariam acerca deles. *Escolha do professor* O professor pode limitar os estudantes a refletirem sobre evidências específicas encontradas em seus trabalhos utilizando critérios.

gica, você também deve aprender a transformar seu conhecimento sobre ALL-ED em declarações "Em-se-então" específicas. Isso explica por que oferecemos vários exemplos de declarações "Em-se-então" neste capítulo.

O segundo e o terceiro princípios do ACT-R estão associados. O segundo é que as declarações "Em-se-então" só podem ser aprendidas usando-se o conhecimento declarativo para resolver problemas. O terceiro é que, para desenvolver competência e adquirir habilidades, você simplesmente tem que praticar. Para se tornar mais competente na diferenciação pedagógica, é necessário usar ativamente seus conhecimentos sobre a ALL-ED a fim de resolver, repetidamente e ao longo do tempo, todos os diferentes tipos de problemas relacionados à diversidade estudantil. Entendemos que você não se tornará proficiente em diferenciar o ensino assim que terminar de ler este capítulo ou mesmo este livro. Para ajudá-lo em sua jornada em direção à aquisição de habilidades, fornecemos inúmeros dilemas para serem resolvidos, de modo que você possa colocar em prática seu conhecimento de ALL-ED e diferenciação pedagógica. Também oferecemos ao final de cada capítulo sugestões de rotinas de sala de aula que você pode tentar com seus alunos para que se torne mais proficiente no desenvolvimento dessas declarações "Em-se-então" por conta própria.

Agilidade de pensamento no planejamento

A agilidade de pensamento é desenvolvida pensando em maneiras de aplicar suas respostas do "Planejamento de tração" às suas aulas diárias e antecipando possíveis resultados das "Verificações CARR", a fim de preparar os ajustes EAO antes de dar as aulas. Comece a praticar essa agilidade pensando em alguns exemplos desafiadores que muitas vezes ocorrem nas unidades, como momentos de revisão, realização de uma tarefa comum necessária, retomada de habilidades de unidades anteriores e prática individualizada diária.

Revisão

Uma revisão típica com "toda a turma", passando pelos exercícios feitos em sala ou em casa com a turma inteira, frequentemente resultam em muitos alunos não engajados. É comum que, durante uma revisão, o tempo não permita que o professor se aprofunde em todos os problemas, e os alunos acabam levando para estudar em casa problemas que não entenderam. Uma forma de evitar isso é fazer uma "Verificação CARR" e, depois, ajustar a Ajuda, determinando a ordem em que os estudantes encaram os tópicos de revisão em sala de aula. Os exercícios são atribuídos de forma que os alunos trabalhem em tarefas nas quais mais precisam de ajuda durante a aula de revisão. Nesse exemplo (ver Fig. 8.4), todos os alunos recebem a mesma tarefa de revisão, mas são agrupados de acordo com o objetivo em que precisam de ajuda para revisar. O professor chamará cada grupo para uma mesa de apoio durante a aula de revisão a fim de oferecer uma miniaula sobre o objetivo necessário e rever as tarefas relacionadas a esse objetivo, e então os estudantes podem praticá-las de forma independente. Os alunos continuam a trabalhar nas partes da tarefa de revisão que podem realizar independentemente até que o professor chame seu grupo.

```
[Aula 1] — ‹Verificação CARR› — [Aula 2] — [Aula 3] — ‹Verificação CARR› — Revisão {Grupo 1, Grupo 2, Grupo 3} — [Teste ou projeto]
```

Figura 8.4 Decisões do professor para planejar uma revisão.

A rotina de pensamento ágil é a seguinte: *em Ações, se alguns estudantes precisam ter acesso porque o trabalho deles na unidade indica a necessidade de receber mais explicações, então a Ajuda será ajustada durante a aula de revisão para incluir uma miniaula sobre objetivos específicos.*

Quando os professores pensam em experimentar uma mesa de apoio ou diferentes estruturas que facilitem a aprendizagem dos alunos, frequentemente perguntam: "E se a minha sala for muito pequena para que os alunos se organizem em grupos ou se desloquem até a mesa de apoio?". Talvez os estudantes que se deslocam fisicamente demorem muito tempo e desconcentrem os colegas que estão trabalhando.

A seguir, apresentamos possíveis opções.

1. O professor circula: o professor escreve na lousa diferentes tarefas para os alunos realizarem de forma independente, relacionadas a objetivos específicos. Os estudantes são informados sobre quais das tarefas precisam concluir e as começam enquanto permanecem em seus assentos. Haverá os que trabalham em diferentes tarefas em cada grupo. O professor circula entre os alunos para ajudar e oferecer *feedback*.

2. Os alunos entram na sala e descobrem onde devem se sentar a partir da atribuição do professor, que pode colocar no quadro uma configuração de mesas e assentos. Eles movimentam as carteiras na configuração definida e se sentam na cadeira designada para o dia da revisão. Dessa forma, os grupos não são iguais, mas refletem o número de estudantes que compartilham um objetivo prioritário para revisão. Cada grupo pode ter diferentes atividades de aquecimento relacionadas ao seu objetivo.

Há maneiras de se trabalhar dentro das restrições de espaço e tempo. Os professores devem primeiro decidir como os alunos aprenderão de forma mais eficiente e eficaz e, depois, criar rotinas em sala de aula que sejam sustentáveis, dadas essas limitações. Por exemplo, uma vez que os estudantes sejam informados a respeito das expectativas de concluírem as atividades de forma independente enquanto as miniaulas estão sendo conduzidas em uma mesa de apoio, essa rotina de Ajuda pode ser usada a qualquer momento quando alguns estudantes precisarem de revisão, explicações complementares e/ou extensões durante uma aula.

Tarefa comum necessária

A Figura 8.5 mostra um professor usando uma "Verificação CARR" a partir de uma pré-avaliação para ajustar a Ajuda, atribuindo apoios e extensões às aulas 2 e 3. Em seguida, uma "Verificação CARR" é utilizada a fim de agrupar os estudantes para revisão (como no exemplo anterior), e depois todos concluem uma tarefa comum necessária. A pré-avaliação pode ser um bilhete de saída que avalie a compreensão da aula 1, um dever de casa da aula 1 ou uma atividade de introdução no início da aula 2.

A rotina de pensamento ágil nesse caso é a seguinte: se no Objetivo alguns alunos dominam o tema e demandam rigor e relevância, ajuste a Ajuda atribuindo extensões; se há aqueles que precisam ter acesso, ajuste a Ajuda mediante a atribuição de apoios; se alguns necessitam de acesso ou de rigor, recomende o uso da mesa de apoio e ordene os problemas para que os alunos possam trabalhar de forma independente.

Os apoios e extensões utilizam recursos específicos, tais como diferentes tipos e níveis de material de leitura sobre determinado tópico; problemas ou materiais que revisam uma unidade anterior como apoio; e problemas ou materiais que fornecem uma perspectiva diferente ou a aplicação do tema em estudo como uma extensão. O professor está empregando o mesmo tipo de apoios e extensões para as duas aulas consecutivas, o que economiza o tempo de ensinar uma nova rotina na próxima aula e permite que os alunos pratiquem utilizando os apoios ou extensões. Nesse exemplo, os apoios e extensões permanecem focados na realização de um objetivo comum a todos os estudantes, que será medido por meio de uma tarefa comum. Portanto, é provável que o trabalho de casa ou produto esperado para as aulas 2 e 3 seja o mesmo para todos. Por exemplo, os alunos podem ler textos diferentes, mas responderão às mesmas cinco perguntas por escrito, ou podem usar diferentes organizadores gráficos para responder a um conjunto de problemas, mas este será o mesmo para todos. As aulas preparam todos os estudantes para uma tarefa comum necessária.

Retomada de habilidades das unidades anteriores

Nesse exemplo, uma avaliação da unidade anterior serve como ponto de partida para a aula 1 de uma nova unidade. Aqui parece que a avaliação revelou que

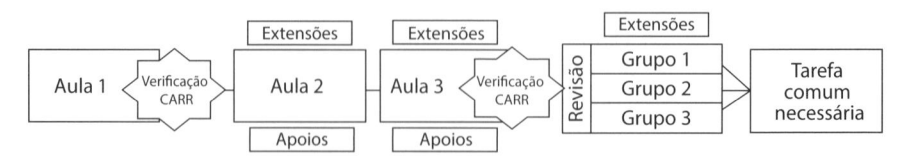

Figura 8.5 Decisões do professor para planejar uma tarefa comum necessária.

alguns alunos precisam de mais explicações ou de uma revisão da unidade anterior enquanto prosseguem na seguinte. Nesse caso, o professor divide a turma em dois grupos durante três aulas (ver Fig. 8.6): o grupo 1 estará tanto revisando a unidade anterior e praticando as habilidades que faltam quanto aprendendo a unidade seguinte; e o grupo 2 vai avançar para a próxima unidade e completar um projeto relacionado. O professor tem objetivos comuns para ambos os grupos, que farão uma avaliação comum, mas também tem objetivos diferentes para os grupos para assegurar que o ensino seja rigoroso para todos.

O docente pode ter um professor auxiliar que esteja trabalhando com um grupo ou pode organizar as estruturas para que o grupo 1 esteja trabalhando de forma independente ou com os colegas enquanto ele estiver ensinando ao grupo 2. Em seguida, o professor muda o foco para o outro grupo. Os professores precisarão planejar os ajustes EAO para os dois grupos porque os alunos ainda terão diferenças, mesmo dentro de um grupo formado a partir de uma necessidade de aprendizagem em comum. O docente e os alunos saberão que essa diferenciação foi eficaz se todos forem bem-sucedidos na avaliação. Nesse formato, as tarefas de casa para as aulas 1, 2 e 3 são frequentemente diferentes.

Prática individualizada diária

A diferenciação pedagógica pode fazer parte do fluxo diário de ensino e aprendizagem. Nesse exemplo, após a primeira aula, uma "Verificação CARR" mostra que os alunos variam de um modo que é importante abordar durante a aula 2. Talvez os estudantes tenham diferentes interesses no tópico, e eles serão agrupados considerando-se esse aspecto. Alguns podem apresentar a compreensão equivocada de certos conceitos ou não dispor de habilidades que serão requeridas nessa aula, ou podem ter diferentes experiências anteriores com o tópico que, se revisado na aula 2, farão com que a aquisição de novas informações na aula 3 seja mais fácil. A Figura 8.7 ilustra esse cenário.

Há muitas razões diferentes pelas quais um professor pode agrupar os estudantes dessa forma após uma "Verificação CARR". Em história ou geografia, os grupos podem estudar pessoas, lugares, eventos ou vida cotidiana relacionados a um tópico, e depois o professor reagrupa os alunos para a aula 3, visando a compartilhar essas informações básicas à medida que, juntos, todos aprendem mais sobre o tema.

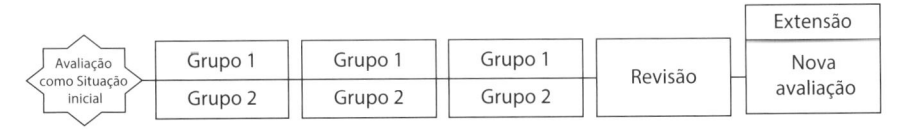

Figura 8.6 Decisões do professor para retomar habilidades das unidades anteriores.

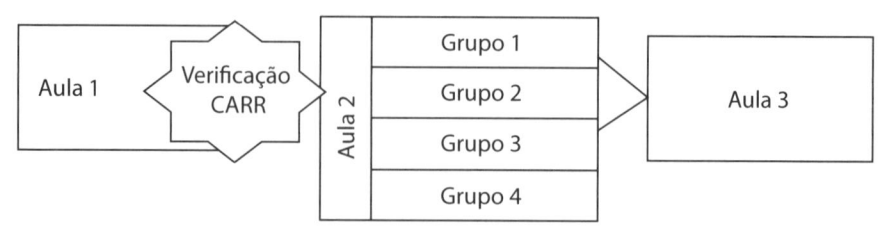

```
┌────────┐    ┌──────────┐          ┌─────────┐
│ Aula 1 │───▶│Verificação│   ┌────│ Grupo 1 │────┐    ┌────────┐
└────────┘    │   CARR    │   │    ├─────────┤    │    │ Aula 3 │
              └──────────┘ Aula 2  │ Grupo 2 │    │───▶└────────┘
                            │      ├─────────┤    │
                            │      │ Grupo 3 │    │
                            │      ├─────────┤    │
                            └────│ Grupo 4 │────┘
                                   └─────────┘
```

Figura 8.7 Decisões do professor para individualizar a prática diária.

Em matemática, os alunos podem ser agrupados de acordo com sua habilidade na aula 2: um grupo vai revisar as habilidades básicas relacionadas ao tema em estudo; outro grupo vai explorar o tema da unidade; e outro grupo (composto por alunos que já dominaram as habilidades e não precisam de aula adicional) vai ampliar seu entendimento do tópico com uma aplicação mais complexa.

Na aula de ciências, cada grupo pode ter uma pergunta de investigação diferente para a mesma experiência, e, na de língua portuguesa, pode ler textos com diferentes níveis de leitura relacionados a um tema comum.

A chave aqui é que a diferenciação na aula 2 permite que todos se engajem na aula 3. A importância da avaliação é salientada neste exemplo: após a aula 2, o professor verifica se a diferenciação do ensino foi bem-sucedida com uma "Verificação CARR" antes de iniciar a aula 3; depois, antes do projeto, há outra "Verificação CARR". Essa avaliação pode medir o interesse da turma. A natureza contínua da percepção das diferenças entre os estudantes por intermédio da avaliação e, depois, da resposta às necessidades de aprendizagem por meio de ajustes de ensino é parte rotineira de cada unidade.

Esses quatro exemplos exploram o uso da rotina de pensamento ágil "Em-se--então" para planejar a diferenciação pedagógica ao longo de uma série de aulas. Talvez seja ainda mais útil implementar o "Em-se-então" para resolver problemas imediatamente durante as aulas com essa rotina.

Agilidade de pensamento na prática: escolhas e resultados imediatos na sala de aula

Nesta seção, apresentamos seis dilemas reais de sala de aula. Fornecemos quatro opções de ensino e identificamos um resultado provável de cada escolha. O objetivo é ajudá-lo a praticar seu pensamento ágil e a antecipar a percepção de como as diferentes decisões se desenrolam com os estudantes. Considere sempre as restrições de tempo, currículo e espaço. Não há respostas corretas. Como demonstramos, temos aqui dilemas que são abordados por meio de uma tomada de decisão contínua, e não problemas com soluções únicas. *Pense nos resultados como momentos que conduzem a outra decisão* versus *o encerramento de uma atividade ou aula*. Depois de cada escolha, avaliamos a eficiência e a eficácia dessa decisão para ajustar o ensino. Você pode imaginar resultados diferentes que poderiam ocorrer no seu cenário. Pensar nas distintas escolhas e classificar os possíveis resultados desenvolve a prática do pensamento ágil que você utilizará em decisões que levarão frações de segundo durante as aulas, enquanto a aprendizagem acontece.

Dilema 1: estudantes ausentes

Cinco estudantes chegaram tarde à aula, vindos de outra atividade escolar. O professor está na metade de uma miniaula. Como ele garante que todos os alunos cumpram os objetivos do dia?

Sem pensamento ágil — decisão de colocar de lado as diferenças entre os alunos e lidar com elas mais tarde.

O professor pode dar as boas-vindas aos que chegaram atrasados, concluir a miniaula e se encontrar com eles em outro momento para atualizá-los. O problema com essa abordagem é que esses estudantes não estão aprendendo durante a miniaula e podem distrair os demais.

Opção 1 de pensamento ágil: em Ações, se a clareza for o desafio, ajuste a Estrutura.

Se os estudantes precisarem de maior clareza, mude a estrutura de instrução explícita para a rotina de aprendizagem em grupo. Por exemplo, o professor pode solicitar aos alunos que formem grupos para apresentar resumidamente os pontos principais da miniaula até agora, com cada aluno falando um ponto importante usando a rotina "Pensar, falar, trocar livremente". O professor estabelece duas regras, apresentadas a seguir.

1. "Incluir mais uma" — os alunos podem repetir o que foi dito anteriormente por outros colegas, mas também devem acrescentar uma pergunta ou uma segunda ideia.
2. "Repórter ausente" — o repórter do grupo será alguém que tiver entrado atrasado na turma ou que tiver faltado recentemente.

Durante o "Trocar livremente", os grupos preparam o repórter a respeito do tópico ou questão mais importante a ser relatado. Dê um total de 5 minutos para os trios, e depois os repórteres deverão escrever o ponto ou questão mais relevante em um documento digital ou em um papel *flip chart*.

Classifique a Opção 1: ela é precisa, eficaz e eficiente? Mudar a estrutura da tarefa envolveria todos os estudantes. Para os que chegaram tarde, o pequeno resumo em grupo forneceria a informação de que necessitam; para os que estavam presentes, a rotina ofereceria uma oportunidade de retomar o novo vocabulário e os conceitos e praticar a sistematização do seu aprendizado.

Opção 2 de pensamento ágil: em Ações, se a clareza e o acesso forem o desafio, então inclua Ajuda.

Forneça aos alunos um vídeo do professor ou de um aluno ministrando a miniaula. Isso pode ser feito facilmente durante a primeira vez em que a aula tiver sido dada (para outra turma, por exemplo), na qual um aluno com um *iPad* ou celular pode gravar o professor. Também podem ser utilizados vídeos da internet sobre o mesmo tópico. Os retardatários são orientados a assistir à versão em vídeo da aula em um computador, *iPad* ou celular com fones de ouvido enquanto a aula ao vivo com o professor continua.

Classifique a Opção 2: ela é precisa, eficaz e eficiente? Ter opções de materiais de ajuda, tais como um vídeo da miniaula ou um vídeo dos conceitos relacionados pronto para ser apresentado aos retardatários é uma grande estratégia. Estudantes que precisam de mais tempo para o processamento auditivo ou que carecem ouvir e assistir várias vezes as aulas também podem se beneficiar. Além disso, aqueles que necessitam praticar o registro de anotações podem acompanhar os vídeos. Às vezes, com esse objetivo, professores solicitam que alunos registrem as miniaulas em um *iPad* ou celular e guardam a gravação em um computador.

Opção 3 de pensamento ágil: em Ações, se acesso ou rigor são o desafio, então inclua Ajuda.

Forneça aos alunos uma versão impressa dos *slides* da miniaula e solicite que marquem o que está sendo apresentado naquele momento para que se lembrem de quando entraram na aula e possam voltar para rever o que perderam depois que ela tiver terminado.

Classifique a Opção 3: ela é precisa, eficaz e eficiente? Imprimir os *slides* é um bom recurso de ajuda, pois os alunos podem marcar quando entraram na aula e identificar os tópicos abordados antes e que não foram vistos. Além da impressão, pode ser feita uma "Troca entre pares" com o objetivo de realizar a etapa "Conectar e questionar", em que os estudantes têm de conectar o que acabaram de ouvir a uma ideia anterior ou elaborar uma pergunta sobre como um *slide* anterior se conecta ao que estão atualmente discutindo. A atividade "Conectar e questionar" envolve todos os alunos numa revisão com um propósito determinado.

Dilema 2: ampla variedade de necessidades de aprendizagem dos estudantes

Alguns estudantes ficaram entediados porque já dominam as competências e os conceitos que estão sendo revistos; outros precisam de mais prática. Todos os alunos terão de passar por um teste comum; então, como podem ser desafiados sem muito planejamento extra ou realização de atividades totalmente diferentes?

Sem pensamento ágil — decisão de confiar no professor como a única fonte de Ajuda.

Os estudantes têm tempo suficiente para completar as atividades de revisão no próprio ritmo. O professor circula pela sala e fornece ajuda e *feedback*. O problema com essa abordagem é que, mesmo que esteja circulando para apoiar todos os alunos, muitos deles passam muito tempo à espera de ajuda e não realizam o trabalho. Ao final do tempo de revisão, grande parte da turma reviu apenas alguns conceitos.

Opção 1 de pensamento ágil: em Ações, se acesso e rigor forem um desafio, ajuste a Estrutura.

Solicite aos alunos que respondam a um pequeno questionário baseado nos tópicos e/ou competências que serão avaliados. Peça que preencham um resumo de desempenho para que reconheçam os tópicos e competências que dominaram e quais precisam rever. Solicite que numerem as seções da revisão, colocando o número 1 naquela atividade que eles devem realizar na sala de aula porque necessitam de maior ajuda nesse tópico/habilidade e aumentando a numeração conforme o tópico/habilidade careça de menos prática. Os estudantes devem estruturar o tempo durante a revisão e a prática para trabalharem em sua prioridade máxima. Mesas de apoio voltadas para os principais tópicos podem ser criadas em momentos específicos durante a revisão da aula e conduzidas por colegas que dominam o tema ou pelo professor.

Classifique a Opção 1: ela é precisa, eficaz e eficiente? Utilizar uma autoavaliação para verificar a compreensão é uma grande ideia com vistas a ajudar os estudantes a serem mais independentes na busca de rever um tema a fim de desenvolver o domínio dele. Você pode variar a estrutura de revisão começando com a prática individual durante 5 minutos e, depois, mudar para o trabalho em colaboração. Por vezes, os alunos podem se encontrar com outros que compartilham suas principais prioridades de estudo para rever seus progressos e levantar questões ou, então, podem se encontrar com um parceiro que possa ajudar com uma prioridade máxima. O professor pode chamar grupos de alunos com prioridades semelhantes para uma miniaula na mesa de apoio ou na mesa do próprio grupo.

Opção 2 de pensamento ágil: em Ações, se acesso e rigor forem um desafio, então ajuste as Opções.

O professor proporciona aos alunos uma atividade de escolha estruturada à medida que completam a revisão. Eles devem responder a certos problemas/questões e, depois, são convidados a fazer animações GIF com as palavras do vocabulário-chave ou um jogo de cartas com palavras-chave que ampliem a aprendizagem. Podem também elaborar definições que mostrem significados de vocabulário-chave das diferentes matérias. Para definir quais palavras serão o foco das animações e dos jogos, os alunos utilizam critérios. Ao terminar a revisão, os demais estudantes são convidados a jogar os jogos criados pelos que terminaram a revisão primeiro.

Classifique a Opção 2: ela é precisa, eficaz e eficiente? Fornecer estrutura (problemas atribuídos) e, depois, facultar aos estudantes a escolha (animações GIF ou jogo de cartas de palavras) oferece um projeto significativo e divertido aos que necessitam de um desafio adicional. As animações e os jogos de palavras produzidos podem ser jogados por aqueles que precisam de mais revisão, havendo, assim, um público real para esses projetos de extensão.

Opção 3 de pensamento ágil: em Ações, se acesso e rigor forem um desafio, então ajuste a Ajuda.

O professor enumera na lousa os quatro temas principais dessa revisão com um período correspondente a 15 minutos. Durante esse tempo, ele abre uma mesa de apoio e dá explicações sobre cada tópico designado; os alunos recorrem a ele para os temas em que necessitam de ajuda.

Classifique a Opção 3: ela é precisa, eficaz e eficiente? Abrir uma mesa de apoio é uma excelente ideia, pois os estudantes podem praticar a solicitação e o recebimento de ajuda.

Dilema 3: engajamento numa miniaula

O professor está conduzindo os alunos através de uma aula bem planejada. O ritmo é rápido e envolvente para a maioria, mas alguns estudantes logo se perderam e "se desconectaram". Como ele pode voltar a envolver aqueles que estão perdidos, manter o avanço dos outros e terminar antes do fim do período?

Sem pensamento ágil — decisão de deixar de lado as diferenças entre os estudantes e lidar com elas mais tarde.

Com a maioria dos alunos engajados, faz sentido terminar a instrução explícita. Na sequência, o professor pode circular para voltar a engajar os que estão perdidos. A continuação da aula sem esse cuidado os deixará mais atrasados em sua aprendizagem. Embora isso poupe tempo nesta aula, prosseguir pode aumentar as disparidades de aprendizagem entre os estudantes da turma, o que pode custar muito mais tempo em outro dia.

Opção 1 de pensamento ágil: em Ações, se a clareza é o desafio, então ajuste a Estrutura.

O professor interrompe a aula e pede aos alunos que escrevam em uma nota adesiva ou em um pedaço de papel seus nomes e o máximo de ideias importantes da aula ou uma pergunta que tenham sobre o tema. Quando tiverem concluído, devem investigar se as ideias e questões mais importantes são as mesmas ou diferentes em relação às de seus colegas. Para descobrir isso, trocarão informações utilizando a rotina chamada "Burburinho". Eles lerão suas ideias a um colega, ouvirão o que os outros escreveram e, depois, trocarão as anotações. Cada um vai tentar ler, ouvir e trocar anotações com pelo menos quatro pessoas. Após 3 minutos, vão encerrar essa atividade para tentar identificar padrões; em seguida, compartilharão ideias e perguntas, e o professor os reunirá em grupos a partir dos temas encontrados nas respostas. A rotina "Burburinho" permite que os alunos obtenham *feedback* a respeito de suas ideias e perguntas, ao mesmo tempo que permite que o professor observe, ouça e organize os pensamentos dos estudantes em grupos.

Classifique a Opção 1: ela é precisa, eficaz e eficiente? Embora a rotina "Burburinho" possa durar de 5 a 10 minutos, os alunos aumentarão a clareza sobre o tema da aula por meio dessa interação. Ao mesmo tempo, ela oferece ao professor uma avaliação para entender os padrões de compreensão dos alunos, permitindo-lhe adaptar a próxima parte da aula especificamente às necessidades de aprendizagem dos estudantes. No final, a rotina "Burburinho" é muito mais rápida do que ter de ensinar de novo ou rever toda a aula posteriormente.

Opção 2 de pensamento ágil: em Ações, se a relevância for o desafio, então ajuste as Opções e a Estrutura.

O professor interrompe a aula com uma pausa para reflexão e convida os alunos a responderem a uma das questões a seguir:

- Se esse tópico fosse uma cor, que cor seria e por quê?
- Como podemos utilizar apenas números para representar as ideias de que estamos falando?
- Se você fosse entrevistar alguém sobre esse tópico, quais seriam suas duas perguntas mais interessantes?
- Quais são as três razões pelas quais os estudantes deveriam se importar com esse tópico?

Depois, de anotar as ideias em resposta a uma das perguntas, os estudantes podem ser convidados a compartilhá-las em uma discussão livre ou por meio da atividade "Pensar, falar, trocar livremente". Eles também podem se agrupar pela pergunta a que responderam para obter *feedback* sobre suas ideias.

Classifique a Opção 2: ela é precisa, eficaz e eficiente?*

---

* N. de R.T. A escolha da pergunta possibilita que o estudante reflita a partir da proposta que mais o interessa, aumentando a relevância da atividade. Além disso, a mudança de estrutura para rotinas em grupo aumenta o engajamento de todos os estudantes na discussão do tópico da aula.

Opção 3 de pensamento ágil: em Ações, se a relevância for o desafio, ajuste a Estrutura e a Ajuda.

O professor escreve no quadro "palavras do momento" ou ideias-chave que os alunos devem ouvir durante a aula. Eles as copiam em um papel no meio da mesa do grupo ou em um papel compartilhado com um parceiro de "Troca entre pares" e elaboram um mapa das palavras que acabaram de escutar que se relacionam com cada uma das ideias. Depois, à medida que o docente continua a miniaula, eles conectam mais ideias às palavras-chave. Ao final da contagem de 1 a 3 feita pelo professor, todos apresentam seu mapa de palavras para os outros grupos, levantando e mostrando o seu papel. Os estudantes olham os mapas de grupos próximos para "roubar" palavras e acrescentar ao próprio mapa. Cada vez que a rotina "Mostrar e compartilhar" for feita, ela deve levar à etapa "Inclua mais uma", na qual acrescentam a nova ideia ao seu mapa e a circulam. Eles podem utilizar esses mapas como um recurso de ajuda para responder a perguntas após a miniaula e esclarecer o que foi dito ao longo dela no seu grupo ou com um colega.

Classifique a Opção 3: ela é precisa, eficaz e eficiente? O mapa de palavras compartilhado por grupo é uma boa maneira de criar um recurso de ajuda durante a aula, pois é concreto e acessível para ser utilizado por todos os estudantes. Isso favorece os alunos que têm dificuldade em copiar da lousa, pois o papel está na sua carteira. Além disso, eles podem trabalhar em conjunto, permitindo que se beneficiem das habilidades de ortografia e escrita de outros do seu grupo.

Dilema 4 ensino sem engajamento

O professor está explicando no quadro a maneira de executar uma tarefa complexa, demonstrando a resolução uma parte de cada vez. Embora o apoio seja útil, a maioria dos estudantes está apenas copiando e esperando que o docente explique e resolva a parte seguinte. Como ele pode dar apoio e, ao mesmo tempo, fomentar a independência e o raciocínio da turma?

Sem pensamento ágil — decisão de se concentrar na conclusão da tarefa, em vez de no raciocínio.

Pelo menos quando os alunos copiam, estão engajados na tarefa de copiar e contam com um modelo que podem estudar depois. Assim, talvez se copiarem dessa vez, na próxima serão capazes de realizar a tarefa de modo mais independente e copiarão menos. Infelizmente, como copiaram sem realmente pensar no que estão fazendo e por quê, não conseguirão se recordar da informação ou utilizar essas competências numa tarefa semelhante mais tarde na unidade.

Opção 1 de pensamento ágil: em Ações, se o rigor é o desafio, então ajuste a Estrutura.

Em vez de o professor servir como único modelo, os alunos são distribuídos em pares ou trios, incluindo um colega especialista (tutor), que é capaz de explicar a resolução da tarefa, e um ou dois colegas chamados de aprendizes — trata-se da rotina "Perguntas, respostas, prática, troca" (PRPT). Os aprendizes começam fazendo perguntas que vêm à sua cabeça, e o tutor as ouve e responde apenas à mais interessante, útil e necessária para saber como completar a tarefa; depois, o tutor pratica com o aprendiz até que este seja capaz de concluí-la. Em seguida, os papéis são trocados: o tutor faz perguntas que lhe vêm à mente, e os aprendizes respondem apenas às mais interessantes e úteis. Na sequência, o tutor apresenta a conclusão da tarefa, e os aprendizes conferem para se certificar de que cada parte foi realizada corretamente. Quando os aprendizes forem capazes de completar a tarefa, todos praticam as próximas atividades de forma independente.

Classifique a Opção 1: ela é precisa, eficaz e eficiente? Aproveitar a perícia dos alunos da turma é uma grande ideia. Os estudantes terão mais respostas às suas perguntas e farão mais exercícios discutindo com um colega do que se o professor fosse esperar que toda a turma aprendesse cada parte. O docente pode servir de modelo para os especialistas, se estes precisarem de apoio prévio, ou pode ele mesmo desempenhar o papel de tutor em um pequeno grupo de estudantes.

Opção 2 de pensamento ágil: em Ações, se o rigor é o desafio, então ajuste a Estrutura.

Em vez de demonstrar a resolução de toda a tarefa, o professor a decompõe em partes (análise de tarefa). Estas são apresentadas de forma clara, na ordem recomendada de execução, em um quadro, como recurso de ajuda a todos os estudantes, que podem utilizar essa lista de passos como um apoio no sentido de monitorar e avaliar o seu progresso. Em seguida, o docente cria um andaime para uma parte específica a fim de que os alunos com dificuldade de resolvê-la foquem nessa parte. Uma vez que tenham dominado tal parte, eles podem continuar a completar mais etapas. Além disso, o andaime pode ser ajustado visando a propor um desafio de extensão da atividade àqueles que a concluírem primeiro.

Classifique a Opção 2: ela é precisa, eficaz e eficiente? Detalhar a tarefa e fornecer uma lista das etapas antes de demonstrar sua resolução é uma forma eficaz de encorajar os alunos a usarem o raciocínio, em vez de confiarem no professor para dar o modelo quando estão se sentindo inseguros. A lista de etapas oferece um apoio a todos os estudantes, ao passo que o andaime e sua extensão são especificamente dirigidos àqueles que se encontram nos extremos na realização da tarefa — os que estão com dificuldade e os que se destacaram nela —, assegurando que todos estejam engajados e desafiados.

Opção 3 de pensamento ágil: em Ações, se o rigor é o desafio, então ajuste a Ajuda.

O professor decide parar de demonstrar a resolução e, em vez disso, fornece um recurso de ajuda — uma tarefa concluída para que os estudantes a avaliem. Pedir a eles que deem uma nota a um exemplo resolvido exige que façam mais do que apenas observá-lo; devem encontrar evidências de critérios de qualidade para indicar uma nota a essa amostra de trabalho. O docente pede aos alunos que expliquem a um colega a nota atribuída e as evidências que observam no trabalho que a justificam. Os estudantes utilizam os critérios de qualidade para entender quais deles serão mais fáceis ou mais desafiadores de alcançar nos seus próprios trabalhos. O professor oferece ajuda específica a respeito dos critérios que a maioria da turma considerou desafiadores.

Classifique a Opção 3: ela é precisa, eficaz e eficiente? O exemplo de trabalho de estudante pode ser um grande recurso de ajuda, mas apenas quando os alunos são obrigados a pensar sobre tal trabalho — isso é feito quando eles precisam atribuir uma nota. Com um gabarito, o professor pode fazer com que eles classifiquem os problemas mais difíceis de resolver, pedindo-lhes que pensem nas respostas, em vez de apenas observá-las.

Dilema 5: trabalho em grupo dependente da gestão do professor

Os estudantes gostam de trabalhar em pequenos grupos. Alguns agem de forma independente, outros conversam e muitos esperam que o professor venha e dê orientações. O docente repete as mesmas orientações para cada grupo. Como pode tornar a aprendizagem em grupo mais centrada nos estudantes? Ele pode projetar as orientações para o trabalho em grupo numa apresentação de *slides* ou escrevê-las em uma cartolina ou na lousa e mostrá-las aos alunos. Pode também circular pela sala lembrando os estudantes de seguir essas orientações.

Sem pensamento ágil — decisão de permitir que os estudantes não colaborem com seus pares.

Exibir a lista de orientações é um ótimo começo. O cartaz oferece clareza aos estudantes sobre o que devem fazer nos pequenos grupos e serve como um recurso de ajuda ou lembrete a que podem recorrer ao completar cada ação. Infelizmente, alguns alunos ainda estão dominando as discussões, e há os que continuam a trabalhar de forma independente, em vez de colaborar com seus pares, mesmo conhecendo o processo que o grupo deve seguir.

Opção 1 de pensamento ágil: em Ações, se o rigor é o desafio, então ajuste a Estrutura.

O professor decide que o trabalho em grupo será mais produtivo se os alunos primeiramente se prepararem de forma individual. Antes de entrar em grupos, ele pede que respondam a uma pergunta, releiam a resposta e comecem pela parte mais importante ou façam um círculo em torno de uma palavra do vocabulário. Depois, o professor reforça o objetivo, os papéis e as regras para a aprendizagem em grupo. Uma vez que os estudantes estejam nos seus grupos, o docente define quem iniciará e a ordem do revezamento, recomendando que se atentem aos critérios de qualidade e estejam preparados para relatar ou registrar o seu aprendizado a partir da troca nos pequenos grupos.

Classifique a Opção 1: ela é precisa, eficaz e eficiente? Com a atividade de "Situação inicial" realizada antes do trabalho em grupo e com instruções claras sobre papéis, turnos, regras e tempo, o professor participa apenas como ouvinte e observador durante as rotinas de aprendizagem em grupo.

Opção 2 de pensamento ágil: em Ações, se o rigor é o desafio, então ajuste a Estrutura e as Opções.

O professor percebe que os debates em grupo não estão engajando os alunos, porque falta interesse na pergunta ou tópico a ser discutido. Para aumentar esse interesse, ele oferece uma pergunta disparadora necessária e pede que façam um *brainstorm* sobre uma segunda pergunta que queiram discutir. Após completar a discussão exigida, cada grupo pode escolher um tópico a partir da lista do *brainstorm* para a segunda discussão. O professor pedirá aos estudantes que elaborem um resumo individual do seu aprendizado a partir do debate ocorrido após o trabalho em grupo para que percebam que precisam ouvir e participar na conversa, pois terão de relatar de forma breve o que aprenderam após a discussão em grupo.

Classifique a Opção 2: ela é precisa, eficaz e eficiente? Oferecer estrutura propicia que os estudantes completem as tarefas exigidas, ao passo que proporcionar a eles uma oportunidade de escolha aumenta o significado e a relevância da discussão para eles.

Opção 3 de pensamento ágil: em Ações, se o rigor é o desafio, então ajuste a Ajuda.

A discussão em grupo pode ser apoiada por modelos de frases para começar a conversa e por um organizador gráfico no qual os estudantes anotam o que outros membros disserem. Esse instrumento de registro pode ser utilizado para anotar e elogiar as falas dos colegas durante a discussão e para aumentar a responsabilização individual.

Classifique a Opção 3: ela é precisa, eficaz e eficiente? Aumentar o registro individual dos estudantes sobre o que ouvem é valioso para a escuta e para o engajamento, mas também permite que eles reflitam a respeito do vocabulário que está sendo utilizado durante as discussões. Os alunos podem recorrer a um organizador gráfico para rastrear as "palavras do momento" e determinar a frequência das palavras do vocabulário acadêmico utilizadas nas discussões do grupo. Com base nesse registro, os estudantes poderão definir objetivos visando a utilizar mais vocabulário acadêmico em conversas futuras.

Dilema 6: inclusão de mais estudantes com necessidades diversas

Os estudantes recém-chegados que estão aprendendo nosso idioma como uma língua adicional foram incluídos em uma de suas turmas. Embora estejam seguindo suas orientações e interagindo com os pares, eles frequentemente ficam em silêncio durante as aulas, pois o vocabulário acadêmico é novo, e eles ainda não conseguem ler a maior parte dos livros e dos materiais fornecidos. Você ensina essa mesma matéria em três outras turmas, nas quais não existem estudantes com esse perfil, e gostaria de manter essa turma no mesmo ritmo das outras. Todas as turmas vão realizar o mesmo teste padronizado sobre esse assunto.

Sem pensamento ágil — decisão de esperar que os alunos aprendam com o tempo, em outras aulas.

Os alunos que estão aprendendo o novo idioma vão captar muito do vocabulário e compreender os conceitos ao participar de pequenos grupos com os colegas. Estar nos grupos é provavelmente mais importante do que realizar as leituras em si, pois mesmo um texto simplificado pode ser um desafio, e colegas podem provocá-los porque o texto parece infantil. Eventualmente esses alunos poderão ler os materiais, e é apenas uma questão de esperar que dominem mais o idioma. No entanto, depois de passarem aula após aula, dia após dia, em que todos os materiais são incompreensíveis, eles começam a brincar em classe, distraindo o restante da turma. Além dos comportamentos fora da tarefa (*off-task behaviors*), alguns simplesmente desistem, pois estão cansados de tentar entender os textos que lhes foram fornecidos.

Opção 1 de pensamento ágil: Em Ações, se o acesso é o desafio, então ajuste a Estrutura.

O professor decidiu que, quando o texto não é compreensível para todos os alunos, as estruturas devem fornecer formas alternativas de lê-lo. Por exemplo, um pequeno grupo pode ler em voz alta em uníssono ou o professor pode fazê-lo a um grupo numa mesa, em algum lugar da sala. Pode-se solicitar aos alunos que façam um círculo nas palavras que são familiares antes de o texto ser lido em voz alta. Depois de lê-lo, os estudantes podem discutir o seu significado por meio de uma "Troca entre pares". O docente poderá utilizar a rotina "Fato, pergunta, resposta" para estimular a compreensão. A alternância entre leitura e discussão em grupo e leitura independente apoiará os estudantes em sua compreensão do texto.

Classifique a Opção 1: ela é precisa, eficaz e eficiente? Alterar a estrutura da tarefa, de completá-la de forma independente para escutar o texto e discutir o seu significado utilizando uma rotina de aprendizagem em grupo, aumenta a acessibilidade dela a todos os estudantes. Além disso, você poderá pedir que escrevam ou desenhem um resumo ou que digam uma palavra-chave a fim de verificar a compreensão do significado do texto.

Opção 2 de pensamento ágil: em Ações, se o acesso é o desafio, então ajuste a Ajuda.

Com um tempo de preparação, o professor pode cortar um texto em menos frases, tornando-o mais compreensível a todos os alunos. Também pode ajustar o nível Lexile* de textos de não ficção utilizando *sites*, como o Newsela (https://newsela.com/), para que o texto esteja dentro da sua capacidade de leitura atual. É possível também mudar o estilo dele para aumentar sua relevância e seu acesso.**

Opção 3 de pensamento ágil: em Ações, se o acesso é o desafio, então ajuste as Opções.

O professor pode oferecer opções de rotinas individuais de leitura, fazendo com que qualquer texto seja mais acessível a todos. Ele poderá convidar os alunos a lerem de uma das três maneiras apresentadas a seguir:

1. uma leitura cuidadosa, lendo todas as palavras;
2. circular e desenhar — passar os olhos pelo texto, circulando as palavras-chave identificadas pelo professor, e, depois, ler apenas as frases com as palavras-chave nelas contidas e desenhar um esboço rápido ou gráfico de linhas na margem indicando o que está acontecendo no texto;
3. escutar — fazer com que o texto seja lido em voz alta pelo menos duas vezes por estudantes diferentes, pelo professor ou por uma gravação, e circular as palavras-chave na segunda leitura.

Classifique a Opção 3: ela é precisa, eficaz e eficiente? Opções de rotina de leitura asseguram que todos os estudantes sejam capazes de apreender algum sentido de cada texto distribuído em sala. Por vezes será possível oferecer a eles textos específicos ao seu nível de leitura independente. Contudo, na maior parte do tempo, estratégias como as opções de rotinas são necessárias quando o texto não pode ser diferenciado ou alterado e os alunos precisam compreendê-lo.

---

* N. de R.T. O nível Lexile, ou medida Lexile, é um método comumente usado pelas escolas norte-americanas para medir a habilidade de leitura de um aluno ou o nível de dificuldade de leitura de um texto.
**N. de R.T. Ajustar o nível de dificuldade do texto contribui com os sentimentos de competência dos estudantes, aumentando sua motivação para continuar aprendendo em uma nova língua. Além disso, ajuda a cumprir o objetivo da atividade, garantindo que todos os estudantes da sala tenham condições de compreender e discutir o conteúdo do texto.

EXPERIMENTE AS ROTINAS DE SALA DE AULA: APRENDIZAGEM PRECISA, EFICAZ E EFICIENTE PARA TODOS

Planeje: rotina de pensamento "Em-se-então"

Planeje rotinas em cada aula para realizar uma "Verificação CARR". Consulte nossos exemplos de ajustes no OSCAR nas tabelas deste capítulo para apoiar seu planejamento. Você pode incluir no seu planejamento uma lista de declarações "Em-se--então" para antecipar possibilidades de diferenciação pedagógica.

Ensine: Perguntas, respostas, prática, troca (PRPT)

As rotinas de aprendizagem em grupo são utilizadas para três objetivos diferentes: reunir as respostas dos estudantes, fornecer ajuda e colaborar. Experimente uma rotina para fornecer ajuda, como a de tutoria entre pares. Por exemplo, "Perguntas, respostas, prática, troca" (PRPT) permite que os estudantes aprendam a oferecer ajuda, ensinando um colega a usar uma nova competência de forma independente. Sem uma rotina, muitas vezes os alunos se limitam a copiar o trabalho para completar uma tarefa, e, embora o colega esteja no mesmo patamar em termos de conclusão da tarefa, a diferença de compreensão permanece. Essa rotina pode ser primeiramente ensinada por meio de uma instrução explícita para toda a turma. Você pode estar no papel de tutor, e toda a turma no papel de aprendizes. Assim que os estudantes entenderem como funciona a rotina, eles poderão efetivamente se tornar tutores uns dos outros.

ORIENTAÇÕES DA ROTINA DE SALA DE AULA ALL-ED: PERGUNTAS, RESPOSTAS, PRÁTICA, TROCA (PRPT)

A tutoria entre pares se refere geralmente a estudantes que trabalham em pares ou trios para ajudar um ao outro a estudar ou a praticar uma tarefa acadêmica. Normalmente, os professores agrupam aqueles que se encontram, naquele momento, em diferentes níveis de fluência ou confiança em determinada tarefa. Nesta rotina, os estudantes trocam de papéis no meio da tutoria para que o tutor seja depois tutorado e o aprendiz se torne o tutor. Ter uma rotina estruturada de sessões de tutoria ajuda os alunos a avançarem eficazmente no processo. Por exemplo, os papéis são tutor e aprendiz. Primeira rodada: o aprendiz faz perguntas sobre o tema ou habilidade a ser aprendida, enquanto o tutor anota as mais importantes a serem respondidas primeiro. Segunda rodada: o tutor responde a perguntas e demonstra a habilidade ou tarefa a ser aprendida. Terceira rodada: o aprendiz pratica, e o tutor oferece *feedback*. Quarta rodada: o aprendiz ensina ao tutor a habilidade ou tarefa, e o tutor segue as instruções e oferece *feedback* sobre qualquer etapa ausente. A tutoria deve acontecer rotineiramente em cada unidade, fornecendo um veículo pelo qual os estudantes saibam como pedir ajuda. As habilidades para realizar uma tutoria devem ser diversificadas a fim de garantir que todos os estudantes possam ser tutores e aprendizes em momentos diferentes.

Os pontos fortes dessa rotina são os seguintes:

- promove o pensamento crítico;
- encoraja a colaboração;
- exige que os estudantes utilizem e desenvolvam habilidades de linguagem;
- desenvolve a apreciação dos talentos e pontos fortes dos outros;
- os alunos podem esclarecer dúvidas de forma eficiente e ganhar confiança.

ORIENTAÇÕES DE IMPLEMENTAÇÃO

Objetivo: ensinar algo que sabe a outra pessoa.

Situações iniciais (individualmente e, em seguida, em pequenos grupos)

Individualmente: use a rotina individual "Critérios: verificar e refletir" com a regra de "avaliar e circular". Solicite aos estudantes que revejam os seus trabalhos em andamento — fazendo uma marcação ao lado de algo em que está confiante ou naquilo que está funcionando bem e circulando uma coisa que levanta questões ou é confusa.

Em grupos: o professor distribui os alunos em duplas ou trios, conforme os diferentes níveis de habilidades e conhecimentos prévios, e designa o local na sala de aula em que cada grupo se reunirá. Os estudantes devem estar sentados ou em pé, com os joelhos de frente para os joelhos dos outros colegas e com olhos nos olhos, para que seja mais fácil ouvir cada integrante.

Critérios

- *Esperados*: todos os alunos saem do grupo capazes de trabalhar de forma independente na tarefa.
- *De excelência*: cada membro do grupo, incluindo o tutor, compartilha como a discussão promoveu seu aprendizado.

Ações

O professor identifica nas orientações:

- **Papéis:** um tutor, um ou dois aprendizes.
  Observação: sempre que a tarefa de um participante for escutar, ele não poderá falar.
- **Turnos:** o professor designa um estudante em cada grupo para começar e, em seguida, os estudantes que serão o segundo e o terceiro.
- **Regras:** "Adicionar ou repetir" — os estudantes podem repetir uma resposta de um estudante anterior ou adicionar uma nova. Eles não podem copiar trabalhos concluídos de outros alunos.
- **Tempo:** o professor cronometra cada rodada, de modo que todos os grupos passem pela rotina no mesmo ritmo.

> **Ações: Perguntas, respostas, prática, troca**
> 1. **Primeira rodada (perguntas):** os aprendizes fazem perguntas, e o tutor anota as mais importantes a serem respondidas primeiro (2 a 3 minutos).
> 2. **Segunda rodada (respostas):** o tutor responde a perguntas e demonstra a habilidade ou tarefa a ser aprendida. Os aprendizes escutam e seguem as orientações (3 a 5 minutos).
> 3. **Terceira rodada (prática):** os aprendizes praticam, e o tutor oferece *feedback* (5 a 10 minutos).
> 4. **Quarta rodada (troca de papéis):** os aprendizes ensinam ao tutor a habilidade ou a tarefa. Ele segue as orientações dos aprendizes e oferece *feedback* caso alguma etapa tenha sido deixada de lado (5 a 10 minutos).
> 5. Repita as rodadas com um problema ou pergunta até que os aprendizes se sintam prontos para tentar realizar a tarefa independentemente.
>
> **Reflexões**
> Um momento para "Trocar livremente" pode ser acrescentado antes de os membros do grupo regressarem aos seus assentos, para discutir a tarefa, pensar como a PRPT pode ser ainda mais eficaz na próxima vez e repassar essas sugestões ao professor (5 minutos). Individualmente, os alunos podem escrever o que aprenderam com o PRPT antes de começar a trabalhar de forma independente, para que lembrem e consultem suas anotações mais tarde, após completarem a tarefa.

Ajuste o ensino: registre a tomada de decisões pedagógicas ágeis

Escolha um tipo de ajuste para implementar na sua prática durante um mês ou mesmo um trimestre. Tente responder às diferenças dos estudantes ajustando EAO. Anote os momentos em que suas adaptações são particularmente bem-sucedidas em promover o engajamento deles. Escreva orientações bem-sucedidas no seu diário de aprendizagem. Mantenha uma lista semanal das decisões "Em-se-então" que você toma em uma aula. Reflita a respeito das seguintes questões:

1. Existem padrões nas necessidades/habilidades dos estudantes que precisam de ajustes EAO?
2. Você responde principalmente a percepções de clareza, acesso, rigor ou relevância?
3. Os seus ajustes se baseiam mais em Estrutura, Ajuda ou Opções? Ou seus ajustes ao ensino são variados?

Lista de verificação para implementar rotinas em seu ensino

Em loja.grupoa.com.br, acesse a página do livro por meio do campo de busca, clique em Material Complementar e baixe recursos adicionais que ajudarão você a colocar em ação o pensamento ágil por meio do ajuste de estruturas.

Planeje	Ensine	Ajuste o ensino
Planejar declarações "Em-se-então" para OSCAR em cada aula.	Concentrar-se em implementar apenas um tipo de ajuste: Estrutura, Ajuda ou Opções.	Praticar o pensamento ágil no contexto de projetos e no ensino diário. Registrar suas tomadas de decisões pedagógicas ágeis. Anotar as decisões para as escolhas que foram mais precisas (especificamente em relação a CARR), eficazes e eficientes.

Critérios de qualidade para implementar as rotinas de sala de aula	
Esperados	De excelência
A rotina de sala de aula é utilizada com frequência diária, semanal ou vinculada a um tipo específico de ensino, como, por exemplo, miniaula, exercícios individuais ou revisão.	As tarefas fornecem rotineiramente uma variedade de oportunidades para engajamento e sucesso na aprendizagem.

REFLEXÃO DO CAPÍTULO

Resumo do capítulo

Neste capítulo, colocamos em ação nosso pensamento ágil, definindo respostas de ensino para dilemas de sala de aula envolvendo diferenças entre os estudantes.

Diário de aprendizagem: registre pontos-chave

Continue o diário de aprendizagem para acompanhar seu raciocínio sobre como atender às necessidades de seus diferentes alunos, registrando as respostas às quatro perguntas apresentadas a seguir:

1. O que foi mais interessante e útil para você neste capítulo?

2. Por que isso foi interessante e útil?
3. Como isso se conecta ao que você conhece sobre atender às necessidades de aprendizagem de todos os alunos?
4. Que pesquisas deste capítulo você poderia usar para explicar ou apoiar decisões a fim de ajustar o ensino?

Guarde essas respostas para reflexão após ler mais capítulos deste livro e experimentar as ideias em suas salas de aula. Responderemos a essas mesmas quatro perguntas ao final de cada capítulo.

Retorne à sua Situação inicial

Retorne à sua primeira resposta à nossa pergunta do capítulo: "Como utilizar na prática a estrutura de tomada de decisão dos professores em quatro etapas?". Adicione novas ideias ou as revise de outra maneira. Circule a parte mais importante e a guarde para retornar a ela após ler o Capítulo 9 ("Reduzindo as lacunas e ampliando a aprendizagem").

9

Reduzindo as lacunas e ampliando a aprendizagem
Histórias da sala de aula

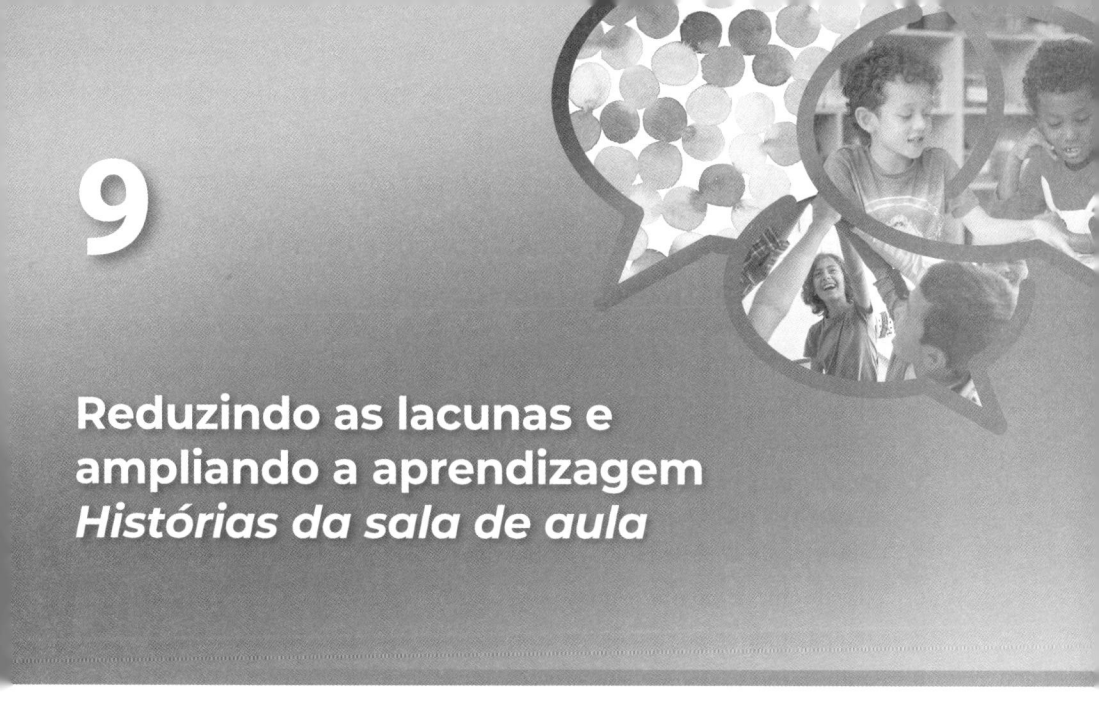

VISÃO GERAL

Objetivo

Como podemos analisar o impacto dos ajustes de ensino na aprendizagem dos alunos?

Pense: volte à sua Situação inicial no Capítulo 2 ("Os extremos em constante mudança em nossas salas de aula"). Considere os extremos que seriam importantes para verificar como o ajuste do ensino impacta a aprendizagem dos alunos. Identifique um caso extremo e como você pode medir a mudança.

Critérios

- Identificar uma história de sala de aula que você poderia replicar ou que o inspire a implementar a estrutura ALL-ED.
- Explicar como as pesquisas iniciais sobre a estrutura ALL-ED de tomadas de decisão em quatro etapas podem apoiar os esforços dos professores para reduzir lacunas e ampliar a aprendizagem.
- Experimentar um projeto de impacto.
  - Planeje — escolher um projeto de impacto para modificar o seu cenário.
  - Ensine — implementar rotinas para o projeto de impacto.
  - Ajuste o ensino — reunir trabalhos de alunos para analisar o impacto das rotinas no aprendizado deles.

Situação inicial: reveja suas Situações iniciais

Volte e reveja suas Situações iniciais em cada capítulo:

1. Melhores e piores momentos de motivação
2. Percepções dos extremos na sala de aula
3. Momento de aprendizagem bem-sucedida
4. Minutos para pensar: meça o tempo que costuma reservar nos planos de aula para refletir sobre a aprendizagem dos alunos
5. Desafios para engajar todos os estudantes
6. Salas de aula como um recurso para a aprendizagem: recursos de ajuda
7. Escolha dos alunos: vantagens, desvantagens e pontos interessantes
8. Pontos fortes para aproveitar e desafios para minimizar ou vencer

Observe quando você voltou e fez ajustes em sua Situação inicial após a leitura do capítulo. Faça uma lista de tópicos com as ideias que vêm à sua mente quando você pensa em si mesmo como professor, leitor do livro e um implementador de ALL-ED que compartilha ideias desta obra com colegas e alunos ou pensa em apresentar ideias deste livro a outras pessoas. Faça uma marca ao lado das ideias que já havia visto antes e circule um item que seja novo. Compartilhe com um colega uma ideia antiga e outra nova que você aprendeu sobre si mesmo após ler este livro.

NA SALA DE AULA: NOSSAS PRÓPRIAS PESQUISAS E OBSERVAÇÕES SOBRE ALL-ED

Até o momento em que escrevemos este livro, compartilhamos nosso modelo e nossas rotinas com educadores da educação infantil ao ensino médio em muitos estados dos Estados Unidos e em seis outros países (Países Baixos, Brasil, Chile, China, Singapura e Suíça). Compartilhar as rotinas da sala de aula e a prática de tomadas de decisão com educadores tem nos ajudado a desenvolver a estrutura ALL-ED. Também aprendemos muito observando os estudantes experimentando nossas rotinas em muitos segmentos diferentes e numa ampla variedade de contextos culturais.

Além de apoiar as comunidades escolares, um dos nossos principais objetivos é melhorar a compreensão sobre como as rotinas da sala de aula e a estrutura de tomadas de decisão impactam de fato as práticas de ensino e aprendizagem. Quando trabalhamos com professores, frequentemente os convidamos a participarem da nossa pesquisa, que se baseia na compreensão acerca de como eles aprendem o pensamento ágil, bem como do impacto das rotinas de sala de aula ALL-ED sobre os resultados no aprendizado dos alunos. Seguindo nosso objetivo de abordar os casos extremos, destacamos aqui dois estudos de caso representativos de alguns dos trabalhos que realizamos com escolas. O primeiro se baseia em uma escola pública de ensino médio de Nova York que atende estudantes que são novos nos Estados Unidos e que frequentemente ajudam suas famílias após o horário escolar; e o segundo trata de crianças pequenas de classes privilegiadas que frequentam uma escola privada em São Paulo.

ALL-ED no Bronx

A história de Oscar é baseada em fatos reais, como todas as relatadas neste livro. Conhecemos Oscar quando começamos a colaborar com alunos e professores de um colégio de ensino médio do Bronx que atende estudantes que estão aprendendo inglês como uma língua adicional. Essa experiência tem sido verdadeiramente gratificante e resultado em muitos dos conhecimentos que compartilhamos em nossos textos e aulas (BONDIE; ZUSHO, 2016, 2017).

Ao colaborar com essa escola, uma área de interesse era relacionada aos desafios de engajar todos os estudantes durante as rotinas de aprendizagem em grupo ALL-ED. Nós nos perguntamos sobre os tipos de ajustes que os professores poderiam fazer ao orientar os alunos e como o desenvolvimento de habilidades linguísticas responderia às rotinas diárias de aprendizagem em grupo. Uma dificuldade que uma professora experiente da escola manifestou foi a participação desigual dos estudantes em discussões em pequenos grupos. Ela percebeu que os mais falantes e os com mais competências em inglês estavam constantemente se oferecendo para reportar as conclusões do grupo para a turma. Além disso, o diretor notou que os meninos se voluntariavam para ser repórteres com mais frequência do que as meninas. Assim, a professora descreveu como mudou a rotina para resolver esse problema:

> Dessa vez eu disse que escolheria os repórteres, e todos ficaram tensos. Percebi a seriedade que conferem a esse processo. Escolhi estudantes que não falam frequentemente, e eles tiveram excelente desempenho. Às vezes, deixo que eles escolham e, em outras situações, digo que vou designar um aluno de um grupo para definir quem será o repórter de outro grupo... Eles gostam. Pode-se perceber o orgulho em seus olhos.

Os estudantes confirmaram o sucesso dessa solução: "Se não soubermos quem será o repórter do grupo, então todos têm de estar preparados". Vimos os professores utilizarem o pensamento ágil e as rotinas de aprendizagem em grupo para resolver problemas que ocorreram durante as aulas. A professora resumiu seu raciocínio para utilizar rotinas de aprendizagem em grupo diariamente, duas ou três vezes em um período de 60 minutos. Ela refletiu que utiliza rotinas em grupo para "deixar os estudantes se encarregarem da própria aprendizagem. Eles são participativos e colocam a mão na massa. Eu estou fornecendo e transmitindo conhecimentos, mas são eles que se encarregam da própria aprendizagem. Aprendi tudo com eles. Aprendemos uns com os outros".

Como mencionamos anteriormente, essa escola atende principalmente alunos que são novos nos Estados Unidos. Com apenas alguns anos antes de se tornarem maiores de idade, muitos dos que ali estudam devem correr para aprender uma nova língua enquanto adquirem as habilidades acadêmicas visando a prosseguir em seus objetivos profissionais e acadêmicos. Esse esforço é particularmente desafiador para os que recebem serviços de educação especial e que estão aprendendo o inglês como uma língua adicional, considerando que podem começar o penúltimo ou último ano do ensino médio lendo em inglês com um nível de primeiro ano do ensino fundamental. Pensamos que a ALL-ED, com sua ênfase na promoção de um ambiente favorável ao pertencimento, à autonomia, à competência e ao significativo (PACS), poderia ter um impacto positivo na motivação deles para aprender. Desse modo, examinamos o impacto das rotinas de sala de aula ALL-ED nesses estudantes à medida que desenvolvemos a nossa estrutura.

Os resultados deste estudo geralmente reforçaram nossa afirmação: os estudantes relataram que as rotinas de aprendizagem em grupo os ajudaram a se tornar mais confiantes. As rotinas não apenas os encorajaram a falar mais em inglês, mas as estruturas elaboradas, como as discussões entre pares, os deixaram menos cautelosos em relação a assumirem riscos. Por exemplo, um aluno observou: "Às vezes, quando se trabalha em grupo, a tarefa fica mais fácil, e o diálogo é mais lento". A velocidade e a repetição foram importantes; os estudantes concordaram com o comentário do colega: "Assim, você tem a sensação de estar à vontade para pedir que alguém explique novamente". Outro estudante acrescentou: "E também, se você fizer algo de errado, os membros do grupo podem ajudá-lo a consertar o erro".

Os alunos também comentaram como a clareza e o acesso em termos de objetivos e critérios de qualidade os auxiliaram a melhorar e a se sentirem "felizes, orgulhosos, valorizados e desafiados". Por exemplo, eles notaram a importância das rubricas para fornecer um *feedback* claro e específico. Em resposta a muitas perguntas diferentes ao longo das entrevistas, os estudantes fizeram observações semelhantes: "As rubricas fornecem um *feedback*. Elas revelam quando você está em um nível intermediário, avançado ou que precisa melhorar. Assim, você fica sabendo como pode evoluir — que aspecto pode aprimorar. Ela motiva a fazer melhor porque você pode ver claramente onde está precisando". Os alunos voltaram a esse tema do *feedback* e das oportunidades para melhora como um elemento-chave para seu aprendizado e motivação, e isso ocorreu tanto em casos em que a pergunta da entrevista tratava da preparação para um teste quanto em situações nas quais se buscava participação em aula.

ALL-ED no Brasil

No Capítulo 7, mencionamos a importância de incluir atividades direcionadas no ensino regular. Nosso trabalho numa escola privada no Brasil nos ajudou a entender melhor o modo de implementá-las diariamente conforme o interesse de cada aluno. Nesse caso, tivemos a sorte de colaborar com professores e crianças da educação infantil. Os docentes estavam investigando como poderiam fornecer à classe um ensino adaptado às suas necessidades específicas de maneira sustentável. As crianças ficavam frequentemente desmotivadas ao receber apoio individual, pois percebiam que haviam sido separadas dos colegas. Os professores se concentravam em fornecer ajuda adicional aos que tinham dificuldades, e isso fazia com que restasse a eles pouco tempo para oferecer oportunidades de extensão da aprendizagem àqueles com mais habilidades. Não havia tempo suficiente para, ao mesmo tempo, se concentrar nos pontos fortes dos estudantes e garantir que os alunos trabalhassem as habilidades que precisavam ser desenvolvidas.

Para resolver esse problema de prática comum, os professores desenvolveram uma rotina chamada "Hora do desafio" (BALDISSERI *et al.*, 2017), uma intervenção diária de 20 minutos concebida para oferecer oportunidades de recuperação, bem como de ampliação das habilidades de leitura, matemáticas, visomotoras, artísticas e sociais. Durante a "Hora do desafio", os docentes colocam uma bandeirinha com o nome e a imagem de cada criança numa estação de aprendizagem em que uma tarefa especialmente selecionada a aguarda. Os alunos da educação infantil utilizam a língua-alvo, o inglês, para realizar as atividades especificamente designadas, nas quais suas necessidades e seus pontos fortes acadêmicos são associados aos seus interesses. Todos os dias, as crianças são estrategicamente colocadas em novos grupos com colegas que compartilham um interesse, que precisam desenvolver a mesma habilidade ou receber um modelo ou desafio.

Como as tarefas utilizadas na "Hora do desafio" são personalizadas em função dos pontos fortes, dos interesses e/ou das necessidades dos estudantes, nem todos recebem as mesmas atividades. Os professores podem aproveitar o amor dos estudantes pela aventura para desenvolver as capacidades matemáticas, fazendo-os usar pequenas lupas para encontrar e resolver problemas matemáticos que estão escondidos com letras minúsculas em imagens de locais de aventura, antes de o sinal tocar. Para incrementar a leitura, um docente pode espalhar pela sala muitas cartas com palavras estáveis* e solicitar que os alunos que gostam de jogos (e que precisam de mais apoio na leitura) encontrem uma pequena lista de palavras escondidas. Uma vez que uma palavra foi achada, as crianças verificam se ela corresponde às palavras da sua lista personalizada. Para terminar a sua atividade, os alunos escrevem as palavras com giz em um papel grande no chão e pedem a um colega de outro grupo que confira a ortografia dela.

É importante observar como nossa rotina de pensamento em quatro passos apoia professores na manutenção dessa prática. Os docentes utilizam "Instruções inclusivas", lembrando os alunos diariamente das regras da "Hora do desafio". Um quadro dos comportamentos de rotina e das expectativas de qualidade em relação ao trabalho promove a autonomia dos estudantes. Muitas atividades da "Hora do desafio" empregam as mesmas rotinas que as crianças conhecem de lições anteriores, tais como as regras de um jogo ou uma atividade prática individual. Desse modo, os professores não precisam fornecer orientações para cada atividade durante a "Hora do desafio". Além disso, a gestão é mais fácil porque, em vez de os alunos esperarem o professor para ajudar, as atividades incluem recursos de ajuda, tais como um gabarito, uma lista de verificação e um modelo de trabalho dos estudantes. Soma-se a isso o fato de que eles recebem *feedback* imediato dos colegas como uma etapa da rotina. O tempo de planejamento dos professores também é otimizado, pois estes coletam dados de cada criança durante a "Hora do desafio" a fim de organizar a atividade do dia seguinte. Eles desenvolvem diariamente sua compreensão sobre a aprendizagem de todos, e, desse modo, a redação de relatórios de progresso para as famílias se torna mais fácil e consome menos tempo. Mais importante ainda, os alunos não estão perdendo tempo precioso nas aulas ao praticar competências que já possuem, esperando ajuda em uma tarefa muito difícil ou preenchendo o tempo porque terminaram cedo. Em vez disso, todo o tempo é utilizado para a aprendizagem.

Embora seja um componente-chave, é importante notar que despertar o interesse dos alunos não é a principal finalidade da "Hora do desafio". Como indicado anteriormente, o objetivo era reduzir as lacunas de desempenho em leitura, escrita e aritmética. Contribuímos para essa iniciativa ao ajudar os professores a promo-

---

* N. de R.T. A atividade da "Hora do desafio" é realizada em inglês, e a estratégia utilizada para desenvolver habilidades de leitura é uma lista de *sight words* — palavras comumente presentes nos textos que as crianças são incentivadas a memorizar como um todo pela visão, para que possam reconhecer automaticamente essas palavras sem precisar decodificá-las sílaba por sílaba. Na tradução, adotamos o termo "palavras estáveis" por se tratar de uma estratégia similar (mas não equivalente) utilizada na aplicação da concepção construtivista de alfabetização em língua portuguesa no Brasil. O nome da criança e o de seus colegas são exemplos de "palavras estáveis" — palavras que fazem parte de seu repertório social de leitura e escrita e que funcionam como matriz de referência para os alunos a partir da qual eles experimentam ler e escrever palavras mesmo que ainda não o façam convencionalmente e/ou cuja grafia ainda desconhecem (DESENVOLVIMENTO..., 2001).

verem habilidades de aprendizagem autorregulada como parte da intervenção. Nós os encorajamos a incorporarem em tal rotina elementos de autorregulação que foram concebidos para encorajar o planejamento, o monitoramento e a reflexão dos estudantes. No caso da matemática mencionado anteriormente, os estudantes autoavaliam seu domínio sobre adição e utilizam as progressões de aprendizagem matemática* para determinar as competências que precisam ser praticadas em seguida. No exemplo da leitura que apresentamos, foi solicitado aos alunos que pedissem a outro colega para verificar seu trabalho, identificassem as palavras que mais os desafiavam e relatassem ao professor padrões que encontravam na sua lista de palavras. Seguindo as pesquisas que sugerem que habilidades de aprendizagem autorregulada podem ser desenvolvidas por meio da manutenção de diários de aprendizagem (GLOGGER et al., 2012), as competências de aprendizagem autorregulada dos estudantes foram ainda mais trabalhadas por meio da reflexão em diários de aprendizagem acerca das atividades semanais da "Hora do desafio" e dos passos seguintes da aprendizagem.

A "Hora do desafio" foi um excelente recurso para melhorar a motivação dos estudantes. Eles comentavam rotineiramente o quanto gostavam dessa rotina e que era a hora do dia preferida de muitos. Em termos de impacto no desempenho, descobrimos que a "Hora do desafio" foi especialmente benéfica para reduzir as lacunas de desempenho na leitura. Atribuímos esse resultado em parte ao fato de que a maioria de suas atividades era voltada à alfabetização. Também observamos que os efeitos da "Hora do desafio" nem sempre foram uniformes: a primeira rodada de resultados da nossa investigação indicou que ela foi especialmente benéfica para os meninos e para os falantes não nativos de inglês.

A "Hora do desafio" é um exemplo maravilhoso de atividades direcionadas individualizadas e sustentáveis. Trabalhamos com os professores na manutenção da rotina por meio da criação de sistemas para compartilhar as atividades individualizadas digitalmente. Nesse sentido, recorremos à análise de tarefas para dividir os objetivos em partes que poderiam ser praticadas e desenvolvidas por meio de atividades individuais. Também propusemos os "selos de habilidades", que os estudantes colam no seu trabalho para indicar a habilidade que acreditam ter desenvolvido, além dos diários de aprendizagem para aumentar a consciência deles sobre o próprio desenvolvimento. Durante os últimos cinco anos, servimos como parceiros para refletir, torcer e solucionar problemas nesse esforço liderado por educadores empenhados em personalizar a aprendizagem nas salas de aula regulares. Tiramos lições dessa experiência para apoiar docentes do ensino médio na reprodução da ideia com a "Segunda-feira de domínio" (ver Cap. 6). Esperamos que o nosso traba-

---

* N. de R.T. As progressões de aprendizagem matemática descrevem uma sequência de indicadores de compreensão e habilidades matemáticas cada vez mais sofisticadas que podem ser usadas como uma ferramenta para facilitar a compreensão do desenvolvimento do aluno (VCAA, [2022]).

lho contínuo de compartilhamento sobre ensino individualizado e rotinas de ajuda assegure que a diferenciação pedagógica se torne parte essencial comum da escola para todos os estudantes.

Ambos os estudos de caso fornecem claras evidências do potencial das rotinas ALL-ED para promover a motivação e o desempenho dos alunos. Enquanto continuamos a investigar sobre ALL-ED, planejamos examinar como as rotinas de sala de aula dessa estrutura podem promover uma pedagogia culturalmente relevante e facilitar o ensino em salas de aula inclusivas. Estamos interessadas na forma como essas rotinas apoiam os alunos em diferentes culturas e países, bem como no contexto das culturas de sala de aula e das escolas.

Em última análise, esperamos compreender como os professores desenvolvem um pensamento ágil e um ensino ajustável com vistas a ajudar todos os estudantes a aprenderem diariamente em salas de aula inclusivas. Acreditamos que as plataformas digitais podem ser utilizadas para personalizar e diferenciar a preparação dos docentes, tanto na demonstração disso quanto na promoção de habilidades de tomada de decisão como um hábito. Muitas pesquisas têm sido feitas sobre os alunos como aprendizes na sala de aula. Desejamos expandir esse foco para analisar o professor como aprendiz e pensador durante as aulas. A fim de ajustar o ensino, os professores devem aprender com os estudantes, pensar em possíveis escolhas de ensino e tomar decisões com base numa avaliação do que for mais eficaz e eficiente considerando o contexto dos objetivos curriculares, do tempo e das necessidades dos estudantes. Evidentemente, o pensamento e o aprendizado que os docentes põem em prática quando atuam para diferenciar o ensino são complexos e precisam ser mais bem compreendidos tanto por pesquisadores quanto pelos próprios professores.

BASEADO EM PESQUISAS: REVEJA CADA CAPÍTULO

Ao longo de todo o livro, incorporamos numerosas discussões de pesquisas para embasar a nossa estrutura ALL-ED. Neste capítulo conclusivo, destacamos os principais pontos, revisitando a investigação sobre salas de aula eficazes (PATRICK; MANTZICOPOULOS; SEARS, 2012). Patrick, Mantzicopoulos e Sears (2012) descrevem as salas de aula eficazes como tendo características específicas que ajudam os estudantes a desenvolverem habilidades a fim de navegarem em um mundo em rápida mudança. A seguir, apresentamos um breve resumo dessas características em relação à estrutura ALL-ED.

Estudantes e professores compartilham a responsabilidade pela aprendizagem dos alunos. No modelo ALL-ED de sala de aula, tanto estudantes quanto professores compartilham a responsabilidade pela aprendizagem dos alunos. Os professores respondem pela estruturação de atividades de aprendizagem claras, acessíveis, rigorosas e relevantes; aos estudantes, cabe estarem engajados em termos comportamentais, emocionais e cognitivos, bem como estarem presentes e participarem plenamente (sozinhos e com os demais) do trabalho profundo e eficaz necessário a uma aprendizagem duradoura.

Os estudantes encaram o aprendizado e a melhoria pessoal como algo real e como seu primeiro objetivo. Na sala de aula ALL-ED, um dos principais objetivos é o desenvolvimento das habilidades dos alunos. É importante que todos eles sintam que aprender e melhorar constituem não apenas uma possibilidade, mas algo realmente alcançável. Para que isso ocorra, discutimos a importância de ajustar o ensino a fim de que as tarefas não sejam fáceis demais, nem demasiado difíceis. Também já refletimos sobre a importância de manter expectativas elevadas em relação a todos os estudantes e de promover um ambiente em que o aprendizado seja o objetivo — um ambiente em que todos os alunos sentem que querem desenvolver (e não demonstrar) a sua competência.

Todos os estudantes aprendem e melhoram em relação ao que sabiam e podiam fazer anteriormente. Bandura (1997) sugere que uma das principais formas de construir a competência e a autoeficácia dos estudantes é que eles vivenciem o sucesso acadêmico (o que o autor chama de "experiências de domínio"). Essas experiências dependem em grande parte da concepção de tarefas presentes nas zonas de desenvolvimento proximal dos estudantes, o que significa que a tarefa exige que eles se esforcem, mas não está totalmente fora do nível atual de dificuldades com que eles conseguem lidar. Como os professores sabem, é muito difícil encontrar o nível certo de desafio para cada aluno, por isso a ALL-ED enfatiza as avaliações formativas contínuas usando OSCAR para tornar claros a todos a Situação inicial e os critérios de qualidade, permitindo, assim, que os estudantes saibam onde estão e para onde precisam ir. Além disso, fornecemos rotineiramente recursos de ajuda, especificamente apoios, andaimes e extensões, que regulam o alcance de um bom ajuste para alunos com capacidades diversas.

O foco está na compreensão, não na memorização ou em seguir procedimentos. Embora a memorização da informação seja por vezes parte necessária da aprendizagem, a ALL-ED assume que o aprendizado duradouro não ocorrerá quando os estudantes se limitarem a acumular informação. Pelo contrário, a investigação sobre MERMÃ sugere que um aprendizado eficaz implica a superação dos limites da memória de trabalho e o engajamento em estratégias cognitivas e metacognitivas de processamento profundo que facilitam a codificação e a recuperação de informações da memória de longo prazo. Sugerimos, ainda, que a compreensão implica o desenvolvimento de estruturas conceituais detalhadas que podem ser auxiliadas pelo uso adequado de apoios, andaimes e extensões e pela "Verificação CARR".

As conversas durante as aulas são valorizadas e estimuladas. Grande parte da estrutura ALL-ED se baseia em estimular os estudantes a falarem uns com os outros de forma produtiva e a oferecer aos professores tempo para escutarem o pensamento deles, dando ao Sistema 2 uma oportunidade de participar da decisão com o Sistema 1. Compartilhamos várias rotinas de aprendizagem em grupo ALL-ED especificamente concebidas para promover o engajamento comportamental, afetivo e cognitivo dos estudantes. Nelas, são proporcionadas aos alunos oportunidades iguais para ouvirem e contribuírem por meio de papéis e rodadas à medida que trabalham visando a alcançar determinado objetivo. Essas rotinas são elaboradas com vistas a proporcionar aos estudantes mais chances de consolidar as informações, facilitando, assim, a construção do conhecimento.

As comparações de capacidades e a competição entre estudantes são raras. A estrutura ALL-ED se baseia no pressuposto fundamental de que conseguir fazer com que os estudantes falem e escutem uns aos outros constrói um sentimento de comunidade e de pertencimento. O pertencimento é outro objetivo importante da ALL-ED, e as pesquisas sobre motivação sugerem que ele só pode florescer quando os membros de uma comunidade de aprendizagem se valorizam e se respeitam mutuamente. As rotinas ALL-ED tipicamente minimizam as comparações de capacidade e a competição. O modelo proposto foi concebido para promover o que os pesquisadores de motivação chamariam de "ambiente de aprendizagem orientado para o domínio", no qual o foco é o desenvolvimento, e não a demonstração de competência. Os ambientes orientados para o domínio são muito mais propensos a facilitar o desenvolvimento da aprendizagem do que ambientes competitivos.

Os estudantes recebem *feedback* informativo e reconhecimento pelo seu progresso e esforço. Ao longo de todo o livro, apresentamos pesquisas que destacam a importância do *feedback*. Sem um *feedback* adequado e claro, os estudantes não conseguem avaliar o seu progresso, o que acaba por dificultar a aprendizagem. A estrutura ALL-ED fornece a eles múltiplas formas de receberem esse retorno. Por meio do OSCAR, os professores são encorajados a realizar avaliações formativas frequentes e a tornarem visíveis aos alunos os resultados das avaliações. Além disso, os estudantes também recebem *feedback* dos seus pares quando participam de rotinas de aprendizagem em grupo ALL-ED e por meio dos critérios de qualidade e das várias opções de ajuda. Acima de tudo, a estrutura enfatiza o *feedback* informativo, que facilita o desenvolvimento de uma mentalidade de crescimento. Na sala de aula ALL-ED, erros são encarados não como deficiências que precisam ser corrigidas, mas como oportunidades para compreender o pensamento dos alunos.

Os estudantes desenvolvem sólidos aprendizados e hábitos de trabalho. Um dos principais objetivos da ALL-ED é desenvolver estudantes autorregulados — aprendizes estratégicos que estão conscientes metacognitivamente sobre como pensam, que estabelecem os objetivos e planos adequados para a aprendizagem, que monitoram o progresso na direção dos objetivos e que ajustam ou regulam seu pensamento, motivação e hábitos de estudo. Ao longo do livro, demonstramos como os quatro passos da estrutura (OSCAR, Observar e ouvir, CARR e EAO) podem favorecer o desenvolvimento de alunos autorregulados. As rotinas individuais de autorregulação também foram concebidas para combater as ilusões do conhecimento, um dos maiores obstáculos à aprendizagem.

Os estudantes aplicam o que aprenderam a novas situações. Ao discutirmos a fundamentação das pesquisas sobre as declarações "Em-se-então", introduzidas no Capítulo 8, abordamos brevemente a noção de que, para adquirir habilidades, os indivíduos devem aprender a agir com base no seu conhecimento declarativo. Eles precisam aprender a transformar o conhecimento inerte e factual em regras de produção (ou seja, em declarações "Em-se-então"). Destacamos, ainda, a importância de fazer uso dessas sentenças repetidamente e ao longo do tempo em uma ampla variedade de cenários de resolução de problemas. A razão que sustenta essas sugestões é a transferência, que ocorre quando os estudantes são capazes de utilizar em determinada tarefa ou contexto aquilo que aprenderam numa atividade ou contexto totalmente diferente. Por exemplo, alunos que participam da rotina "Pensar, falar, trocar livremente" em ciências podem normalmente utilizar a rotina em matemática sem instruções adicionais, ou seja, transferem de uma aula para outra a compreensão dessa rotina. Os estudos gerais sobre a transferência de aprendizado sugerem que, na melhor das hipóteses, isso acontece com pouca frequência e que é mais provável que ocorra quando os alunos aplicam o que aprenderam a uma variedade de situações e quando se envolvem em práticas associadas a uma aprendizagem duradoura. Estimulá-los a pensar em termos de declarações "Em-se-então" não apenas promove a aprendizagem autorregulada, mas também favorece a transferência.

Os estudantes valorizam a aprendizagem e são motivados a aprender. Para além do enfoque na aprendizagem autorregulada, um tema recorrente na ALL-ED é a motivação dos estudantes. Em última análise, o objetivo dessa estrutura é assegurar que todos os membros da comunidade de aprendizagem vivenciem PACS. Como um membro essencial e estimado dessa comunidade, um estudante deve se sentir competente e no controle do seu aprendizado, considerando que este é pessoalmente significativo. A "Verificação CARR" foi concebida para promover esses resultados.

Os estudantes têm relações positivas com seus professores. Pesquisas mostram de modo consistente que os alunos se engajam numa série de comportamentos adaptativos (p. ex.: se esforçam, procuram ajuda, se autorregulam), que, por sua vez, os levam a resultados positivos de aprendizagem, quando acreditam que o professor os apoia e se preocupa com eles. Para esse propósito, discutimos a importância de manter expectativas elevadas em relação a todos os estudantes, proporcionando formas de apoiar a autonomia deles. Refletimos também a respeito do modo como as rotinas de aprendizagem em grupo ALL-ED podem oferecer aos professores o tempo necessário para observar e ouvir, o que também os ajudará a conhecer melhor os alunos.

Os colegas de turma se apoiam emocional, social e academicamente. Também analisamos os resultados de estudos relacionados ao papel dos pares no processo de aprendizagem e sobre como colegas insensíveis podem prejudicar a aprendizagem e a busca por ajuda. As rotinas ALL-ED foram concebidas de modo a assegurar que os estudantes vulneráveis percebam que têm uma oportunidade de sucesso. Como mencionado anteriormente, as rotinas em grupo enfatizam a colaboração, em detrimento da competição, e proporcionam aos alunos múltiplas formas de engajamento acadêmico. Destacamos também a importância de "Instruções inclusivas" como um meio de promover a motivação.

Os ambientes de aprendizagem são bem-estruturados, emocionalmente seguros e previsíveis. Pesquisas sugerem que, quando os alunos percebem que o ambiente de sala de aula é respeitoso e bem-administrado, é mais provável que se engajem academicamente, assumindo riscos e resolvendo problemas, o que facilita uma aprendizagem duradoura. Na sala de aula ALL-ED, eles participam de rotinas de pensamento previsíveis, mas poderosas, que ajudam a desenvolver a memória de trabalho e promovem múltiplas oportunidades de aprendizagem. Os estudantes não têm medo do que os outros podem pensar ou dizer quando cometem erros; ao contrário, mesmo que sejam tímidos, são encorajados a explicar e a compartilhar ideias. Conforme disseram os alunos de uma escola, a ALL-ED faz com que se sintam "felizes, orgulhosos, valorizados e desafiados".

EXPERIMENTE AS ROTINAS DE SALA DE AULA: APRENDIZAGEM PRECISA, EFICAZ E EFICIENTE PARA TODOS

Comece a sua exploração do pensamento ágil e do ensino ajustável para atender às necessidades dos alunos testando um projeto de impacto. Descrevemos cinco possíveis projetos que podem ser adaptados e implementados com os estudantes para começar a medir o impacto da diferenciação pedagógica no aprendizado deles.

Esses projetos são úteis quando implementados por uma equipe para estabelecer o uso regular de rotinas de sala de aula e de *feedback* junto aos estudantes.

Opção 1: Palavras do momento: avalie o uso da aprendizagem em grupo para aumentar o emprego de vocabulário acadêmico na fala e na escrita

Monitore o emprego de vocabulário acadêmico específico por parte dos estudantes, medindo tanto a qualidade quanto a frequência de uso por eles. Peça que contabilizem o uso de palavras do vocabulário relacionado à unidade de ensino ("palavras do momento") por seus colegas durante as rotinas de aprendizagem em grupo — como "Pensar, falar, trocar livremente" ou "Troca entre pares" — utilizando um organizador gráfico específico para isso. Solicite que reflitam sobre as palavras que foram utilizadas ao longo das discussões em pequenos grupos, levando em conta tanto aquelas empregadas com frequência quanto as pouco frequentes. Monitore o progresso dos estudantes por meio de um pré-teste e de um pós-teste de vocabulário e acompanhe o uso espontâneo de palavras do vocabulário em outras tarefas.

Opção 2: diários de aprendizagem autorregulada para acompanhar o desempenho dos estudantes

Estabeleça uma tarefa semanal de reflexão sobre a aprendizagem autorregulada com os estudantes. Analise as respostas deles para monitorar o uso de habilidades de aprendizagem autorregulada. Implemente um questionário de aprendizagem autorregulada antes e depois do projeto do diário.

Opção 3: Segunda-feira de domínio: atividades direcionadas com objetivo de reduzir as disparidades de desempenho

Dimensione o impacto das atividades direcionadas individuais e regulares no aprendizado dos alunos, por meio da observação do trabalho deles e das avaliações das unidades.

Opção 4: fornecendo andaimes para acesso e rigor voltados à independência e à conquista dos estudantes

Avalie o impacto dos andaimes no aprendizado dos estudantes e no nível de independência na conclusão das tarefas, observando o trabalho e o desempenho deles nas avaliações das unidades. Desenvolva um método com a turma para monitorar a persistência dos alunos.

Opção 5: engajamento dos alunos em salas de aula inclusivas

Avalie o nível de engajamento dos alunos nas aulas mediante a observação de dados da turma e a análise de vídeos das aulas. Teste como mudanças em "Instruções inclusivas" (papéis, turnos, regras e tempo) impactam o comportamento deles na tarefa, os sentimentos positivos sobre as interações com os pares e a aprendizagem a partir das discussões.

Ajuste o ensino: pratique a estrutura de tomada de decisão em quatro partes

Registre suas decisões planejadas para diferenciar o ensino e os ajustes definidos a partir do pensamento ágil a fim de praticar a rotina "Em-se-então" (ver Cap. 8). Você responde principalmente a percepções de clareza, acesso, rigor ou relevância? Seus ajustes se baseiam mais em Estrutura, Ajuda ou Opções — ou seus ajustes de ensino variaram? Que parte da aula (OSCAR) recebeu mais e menos ajustes? Com base nas respostas, planeje os próximos passos para promover o pensamento ágil a fim de satisfazer diariamente as necessidades de todos os alunos.

Lista de verificação para implementar rotinas em seu ensino

Em loja.grupoa.com.br, acesse a página do livro por meio do campo de busca, clique em Material Complementar e baixe recursos adicionais que ajudarão você a colocar em prática o pensamento ágil em sala de aula.

Planeje	Ensine	Ajuste o ensino
Selecionar um projeto de impacto e chamar um colega ou um pequeno grupo para apoiar na implementação e no *feedback*.	Ensinar a rotina e, em seguida, implementá-la regularmente, economizando o tempo dos alunos desde a Situação inicial e ao longo de todo o estudo.	Praticar o pensamento ágil no contexto do projeto e no ensino diário.

Critérios de qualidade para implementar as rotinas de sala de aula	
Esperados	**De excelência**
A rotina de sala de aula é utilizada com frequência diária, semanal ou vinculada a um tipo específico de ensino, como, por exemplo, miniaula, exercícios individuais ou revisão.	As tarefas fornecem rotineiramente uma ampla variedade de oportunidades para engajamento e sucesso na aprendizagem.

RETORNE E REFLITA SOBRE SEU APRENDIZADO NESTE CAPÍTULO

Resumo do capítulo

Neste capítulo, discutimos sobre a maneira de medir o impacto da ALL-ED no aprendizado dos alunos. Examinamos dois estudos de caso, um do ensino médio e outro da educação infantil, que são exemplos de como estamos trabalhando com os professores para assegurar que todos os estudantes estejam aprendendo diariamente em vários países. Revisamos as pesquisas dos capítulos anteriores e propusemos diferentes projetos de impacto para que você experimente com seus alunos a fim de determinar o impacto de suas intervenções no aprendizado deles.

Diário de aprendizagem: registre pontos-chave

Continue seu diário de aprendizagem para acompanhar seu raciocínio sobre como atender às necessidades de seus diferentes alunos, registrando as respostas às quatro perguntas apresentadas a seguir:

1. O que foi mais interessante e útil para você neste capítulo?
2. Por que isso foi interessante e útil?
3. Como isso se conecta ao que você conhece sobre atender às necessidades de aprendizagem de todos os alunos?
4. Que pesquisas deste capítulo você poderia usar para explicar ou apoiar decisões a fim de ajustar o ensino?

Releia suas respostas desde o início deste livro e observe em que medida suas ideias permaneceram as mesmas ou mudaram. Reflita sobre o que você inseriu em sua prática e observe o que você acha desafiador na implementação de nossa estrutura de quatro passos. Guarde seu diário de aprendizagem da mesma forma que a Sra. Ford guarda o vídeo de seus alunos desde o primeiro dia de aula. Retorne às suas reflexões em alguns meses ou no final do próximo ano e reflita mais uma vez sobre o que permaneceu interessante e útil para você ao longo do tempo. Ao planejar o ensino, faça uma rápida "Verificação CARR", perguntando a si mesmo se cada parte da aula (OSCAR) será clara, acessível, rigorosa e relevante para *todos* os alunos. Quando a resposta for "não" para qualquer parte da atividade, ajuste EAO (Estruturas, Ajuda ou Opções) para garantir que todos os alunos aprendam todos os dias.

Retorne à sua Situação inicial

Retorne à sua primeira resposta à nossa pergunta do livro: "Por que diferenciamos o ensino?". Circule a parte mais importante e avalie de que maneira sua resposta permaneceu a mesma ou mudou ao longo da leitura desta obra. Planeje o seu próximo passo para aprender mais, considerando as questões que surgiram ou permaneceram desde o início da leitura. Determine o que vai fazer para responder a essas perguntas. Esperamos ansiosamente ouvir a respeito de seu aprendizado e de seus próximos passos por meio de nosso *site* (all-ed.org). Temos também um curso para aprender mais sobre diferenciação pedagógica e ensino ajustável baseados em motivação e aprendizagem autorregulada, *Differentiated instruction made practical*, que faz parte dos programas *on-line* em educação profissional da Harvard Graduate School of Education.

DIFFERENTIATED INSTRUCTION MADE PRACTICAL

Oferecido conjuntamente pelo *Harvard Teacher Fellows* e pelos programas em educação profissional da Harvard Graduate School of Education, *Differentiated instruction made practical* é um curso *on-line* concebido para construir a capacidade dos educadores de diferenciar o ensino como parte das suas rotinas diárias em sala de aula. Ao utilizar a estrutura ALL-ED de quatro etapas de tomada de decisão pelos professores e ao implementar rotinas estruturadas de sala de aula baseadas nas pesquisas sobre cognição e motivação, você aumentará a equidade, o acesso, o rigor e o engajamento de todos os estudantes. Esse programa vai prepará-lo com o pensamento ágil necessário para analisar os problemas de aprendizagem deles e, em seguida, tomar as decisões visando a ajustar e diferenciar o ensino considerando as restrições curriculares e de tempo. O curso proporciona uma experiência de desenvolvimento profissional que demonstra a diferenciação pedagógica na prática para uso imediato em sala de aula a fim de garantir que todos os alunos aprendam todos os dias.

Para se inscrever e aprender mais, visite a página oficial do curso (em inglês): https://www.gse.harvard.edu/ppe/program/differentiated-instruction-made-practical.

Glossário

ALL-ED   Acrônimo de *All Learners Learning Every Day* (em português, "todos os alunos aprendendo todos os dias"). A estrutura tem quatro passos:
- Passo 1: Identificar OSCAR.
- Passo 2: Observar e ouvir.
- Passo 3: Verificar CARR.
- Passo 4: Ajustar EAO.

Análise de tarefa   Identifica as partes que compõem uma tarefa. É empregada para dividir as tarefas em etapas, bem como para dividir as habilidades necessárias a uma tarefa em habilidades menores que compõem habilidades maiores.

Aprendizagem autorregulada   Consciência, por parte do aluno, de seus conhecimentos e limitações e do que é preciso aprender com sucesso sobre um conceito. É uma habilidade ensinável.

Aprendizado duradouro   Aprendizado que se consolida na memória de longo prazo.

Consciência metacognitiva   Refere-se à consciência do próprio pensamento. É a marca de um aprendiz autorregulado — aquele que, ao receber uma tarefa, pensa sobre o que sabe a respeito do tema, sobre o que fez no passado para ter sucesso em atividades semelhantes e sobre seus objetivos para a tarefa.

Corregulação ou regulação compartilhada   Grupos eficazes utilizam estratégias cognitivas de alto nível, como ajudar uns aos outros a resumir, elaborar e refinar os pensamentos e ideias ou a planejar ou rever o seu trabalho, em vez de simplesmente dar respostas com pouca ou nenhuma explicação.

Crescimento conceitual   Se os estudantes sabem algo sobre determinado tópico e a nova informação a ser aprendida está alinhada aos seus conhecimentos prévios, então podem simplesmente acrescentar os novos conhecimentos ao seu esquema existente.

Desenho universal para a aprendizagem (DUA)   Modelo cientificamente válido para orientar a prática educativa que:

- proporciona flexibilidade na forma como a informação é apresentada, como os estudantes respondem ou demonstram conhecimentos e competências e como eles se engajam;
- reduz as barreiras no ensino, proporciona acomodações apropriadas e apoia, desafia e mantém elevadas expectativas de desempenho para todos os estudantes, incluindo aqueles com deficiências e os com limitações de proficiência na língua em que estão aprendendo.

Diferenciação pedagógica Resultado de um processo contínuo de tomada de decisão em que os professores observam e escutam a diversidade acadêmica da sala, que pode fortalecer ou impedir uma aprendizagem efetiva e eficaz.

- O ensino comum ajustável é aquele em que os estudantes aprendem com os mesmos objetivos, recursos e avaliações.
- O ensino com recursos específicos é aquele em que os objetivos e avaliações são os mesmos, mas alguns estudantes (grupos ou indivíduos) estão utilizando recursos diferentes, acompanhados de uma abordagem pedagógica própria para alcançar o objetivo.
- O ensino individualizado se refere a exercícios individuais para revisar, praticar, estender o aprendizado ou perseguir determinado interesse.

EAO (passo 4 da estrutura ALL-ED) Refere-se às três formas com que os professores ajustam o ensino para atender às necessidades identificadas do aluno.

- Estruturas:
   a) instrução explícita;
   b) discussão livre;
   c) rotinas de aprendizagem individual;
   d) rotinas de aprendizagem em grupo.

Os professores podem ajustar estruturas ao planejar o uso de mais de uma estrutura para tarefas ou ao alternar entre pelo menos duas estruturas de ensino para a realização de uma atividade. Isso faz com que os alunos tenham o hábito de mudar de uma estrutura para outra — da rotina individual para a discussão livre, da rotina em grupo para a instrução explícita, etc.

- Ajuda (três níveis diferentes, alinhados aos diferentes tipos de ensino)
   a) Recursos de ajuda geral:
      – informações nas paredes da sala (quadros com etapas de uma estratégia de aprendizagem, orientações para rotinas ou monitoramento de objetivos, trabalhos dos estudantes, tabelas de critérios de qualidade e mural de palavras);

- ferramentas (calculadoras, réguas, cronômetros e marcadores de página) que ajudam os estudantes a realizarem as tarefas;
- referências (bibliotecas, dicionários e livros didáticos);
- materiais (organizadores gráficos, guias de anotações, rubricas, listas de verificação, papel, lápis e canetas);
- pessoas (incluem o próprio estudante, os colegas, especialistas e o professor).

b) Recursos específicos: os objetivos e avaliações são os mesmos, mas alguns estudantes (grupos ou indivíduos) utilizam recursos diferentes acompanhados de uma abordagem pedagógica específica para alcançar o objetivo. Estes abrangem apoios, andaimes e extensões que ajudam os alunos em uma tarefa específica. Um aluno às vezes vai precisar de:
- um apoio para praticar toda a tarefa;
- um andaime para se concentrar no desenvolvimento de habilidades para uma parte específica da tarefa;
- extensões para ir além das expectativas.

Os recursos de ajuda específica são mais eficazes quando o professor utiliza uma abordagem de ensino apropriada.

Prática e retirada: o ensino sistemático é elaborado para que os estudantes pratiquem uma habilidade específica; depois, o andaime é explícita e estrategicamente removido ou abandonado à medida que eles dominam a habilidade e já não precisam dele.

Uso independente: o aluno é ensinado a solicitar o andaime ou construí-lo para adquirir de forma independente a ajuda necessária para realizar uma tarefa.

c) Ajuda individualizada: tarefas destinadas a eliminar defasagens, revisar, adiantar conteúdos, etc. A ajuda individualizada pode incluir orientações especialmente planejadas, adaptações e modificações, conforme designado no planejamento de ensino individualizado para os estudantes.

- **Opções**: distribuem-se sempre em uma escala de escolhas que contempla a escolha livre do estudante, a escolha do estudante estruturada pelo professor e a escolha total do professor.

Efeito de teste (ou prática de recuperação) Refere-se a aumentar a frequência com que recuperamos informações da memória. Para ser mais eficaz, a recuperação deve ser repetida várias vezes, de forma espaçada ao longo do tempo e exigir esforço.

Em-se-então Rotina de pensamento ágil voltada a orientar a tomada de decisão dos professores para realizar a diferenciação pedagógica.

Ensino conectivo Refere-se a práticas de ensino que promovem uma conexão entre o estado emocional do estudante e o conteúdo que está sendo ensinado, o professor e o ensino.

Esquema elaborado Modelo mental de extenso conhecimento prévio.

Experiências de domínio Experiências de sucesso acadêmico, como é proposto nas "Segundas-feiras de domínio"; são uma fonte de eficácia acadêmica.

Faça agora Atividade de abertura para ser feita no começo da aula e que normalmente gera uma Situação inicial.

Fazer anotações Atividade individual para gerar, organizar e entender o sentido de ideias; *brainstorm* individual para tornar visíveis os padrões de pensamento sobre um tema.

Hora do desafio Intervenção acadêmica diária com duração de 20 minutos concebida para oferecer oportunidades de recuperação, bem como ampliação das habilidades de leitura, matemáticas, visomotoras, artísticas e sociais. Prática individualizada para todos os estudantes durante o período regular de ensino e desenvolvida por professores no Brasil (BALDISSERI *et al.*, 2017).

Ilusões do conhecimento Referem-se à percepção de que sabemos mais do que de fato sabemos — excesso de confiança.

Instruções inclusivas São constituídas de quatro partes, e cada uma delas é identificada, porque ser específico com os estudantes aumenta a clareza dos resultados e dos comportamentos esperados.

- Papéis — durante as rotinas de aprendizagem em grupo, os papéis devem ser essenciais para promover a discussão. Um registrador e/ou repórter pode ser inserido para compartilhar a discussão do grupo com toda a sala, e funções gerenciais, como coleta de materiais ou limpeza do espaço, podem ser atribuídas antes ou depois de uma rotina de aprendizagem em grupo, mas não durante.
- Turnos — identifica quem começa como orador em cada grupo (quem está "na vez" de falar). Isso evita que se perca tempo e que os alunos se esforcem menos na atividade enquanto escolhem quem vai começar. Os turnos devem ser sempre designados pelo professor para atingir um objetivo de ensino.
- Regras — garantem rigor e acesso a todos os alunos.
    - "Adicionar ou repetir"
    - "Apontar, repetir" — e, mais tarde no ano, "Apontar, repetir, adicionar ou repetir"

- Cada pessoa vai compartilhar
- Troque ideias com pessoas que não são do seu grupo.
- Tempo — é sempre definido para assegurar a equidade nas oportunidades de compartilhamento de ideias na aula e garantir tempo para pensar nas respostas antes de responder. Pode ser controlado pelo professor por meio de um relógio ou cronômetro.

Memória
- A memória de trabalho é o "sistema de memória que nos permite 'manter as coisas em mente' ao executar tarefas complexas" (BADDELEY; EYSENCK; ANDERSON, 2014, p. 13).
- A memória de longo prazo é o sistema de memória que detém todo o nosso conhecimento.

Mentalidade de crescimento Compreensão de que as habilidades e a inteligência podem ser desenvolvidas (DWECK, 2006).

MERMÃ Refere à superação dos limites da **m**emória de trabalho por meio do engajamento em estratégias baseadas na **e**laboração e **r**ecuperação visando a interromper o processo de esquecimento, consolidar o aprendizado e superar as *ilusões do conhecimento*. Pesquisas também demonstram que os alunos com **a**prendizagem autorregulada — aqueles que, sob o ponto de vista da **m**etacognição, são conscientes sobre como pensam, estabelecem objetivos e planos adequados para aprender, monitoram o progresso em direção aos objetivos e ajustam ou regulam o seu pensamento, motivação e hábitos de estudo — têm mais chance de alcançar o sucesso acadêmico do que os que não o fazem.

Modelo de resposta à intervenção (RTI) Modelo multinível para identificação precoce e apoio aos estudantes com necessidades comportamentais e de aprendizagem. O processo RTI começa com o ensino de alta qualidade e o acompanhamento geral de todas as crianças na sala de aula regular.

Motivação Aquilo que influencia ou explica o porquê de uma pessoa iniciar uma tarefa, se a realiza ou a evita, quanto esforço dedica a ela e se vai continuar a trabalhar nela após tê-la iniciado. *A motivação NÃO é um traço da personalidade. A mudança da tarefa ou do ambiente geral de aprendizagem pode alterar a motivação.*

Mudança conceitual Se os estudantes sabem muito pouco ou acreditam em algo que contradiz a informação a ser aprendida, então devem transformar ou rever seus esquemas de alguma forma, o que tipicamente sobrecarrega a memória de trabalho.

Observar e ouvir (passo 2 da estrutura ALL-ED) Serve para examinar problemas que ocorrem conforme a aprendizagem acontece. Observe além da superfície para compreender as origens das respostas dos estudantes e o modo como eles estabelecem conexões. Ouça os estudantes para verificar sua compreensão durante as aulas. Utilize duas estruturas — rotinas de aprendizagem individual e em grupo — como painéis e acostamentos ao longo da estrada para garantir tempo de observar e ouvir o aprendizado dos estudantes.

OSCAR (passo 1 da estrutura ALL-ED)
- **O**bjetivo — estabelece um foco para a aprendizagem.
- **S**ituação inicial — rotina curta concebida para ativar os conhecimentos prévios e para registrar os pensamentos iniciais.
- **C**ritérios — meio para avaliar a qualidade da compreensão ou da tarefa realizada. Os *esperados* são normalmente os mesmos para todos os alunos. Os *de excelência* são uma extensão dos conhecimentos necessários.
- **A**ções — o padrão de ação da aula, como, por exemplo:
  - uma miniaula que inclui, antes de seu início, a rotina de aprendizagem em grupo "Troca entre pares";
  - uma rotina individual durante a miniaula: "Anotar e perguntar";
  - um retorno à "Troca entre pares" para revisar, recuperar e avaliar o aprendizado da miniaula.
- **R**eflexões — regresso à Situação inicial para descrever como o pensamento se manteve ou foi desafiado, alterado ou ampliado durante a aula.

PACS da motivação Os estudantes são mais propensos a se esforçar, persistir, assumir riscos acadêmicos e ser bem-sucedidos quando têm um sentimento de **p**ertencimento em relação aos outros, se sentem **a**utônomos, se sentem **c**ompetentes e percebem que o que aprendem tem **s**ignificado.

Palavras do momentos Palavras do vocabulário acadêmico que se deseja desenvolver em uma aula ou unidade.

Papéis O trabalho de grupo só pode ser concluído com sucesso quando cada membro desempenha o papel que lhe cabe.

Pensamento ágil Diz respeito ao ajuste ou diferenciação do ensino para atender às necessidades dos alunos, tanto durante o ensino quanto no planejamento das aulas. Os professores utilizam o pensamento ágil para manter o foco em um objetivo, analisar uma situação em busca de evidências de clareza, acesso, rigor ou relevância ("Verificação CARR") e, em seguida, fazer um *brainstorm* sobre as escolhas possíveis visando a ajustar ou diferenciar o ensino.

Pressão acadêmica Refere-se à pressão que os alunos recebem para explicar seu pensamento ou justificar seus argumentos, de forma a desenvolver um bom desempenho acadêmico.

Quadro de monitoramento   Monitora o progresso do aluno em concluir uma grande tarefa ou dominar os objetivos de aprendizagem ou as habilidades especiais que os estudantes estão dispostos a compartilhar com os outros. Os alunos movem uma nota adesiva contendo o seu nome pelo quadro, acompanhando seu movimento de aprendizagem ao longo da unidade.

Rodadas   Todos no grupo se revezam para completar a mesma tarefa num círculo, o que ajuda a assegurar a participação uniforme e equitativa de todos os membros.

Transferência   Trata-se não apenas da aquisição de novas informações, mas também da capacidade de aplicá-las mais tarde — quando estudantes conseguem utilizar numa determinada tarefa ou contexto aquilo que aprenderam numa atividade ou contexto totalmente diferente.

Verificar CARR (passo 3 da estrutura ALL-ED)   Significa "Verificar clareza, acesso, rigor e relevância".

- **C**lareza — objetivos claros oferecem orientação e propósito ao comportamento, ao passo que *feedback* claro e imediato informa o indivíduo sobre o seu progresso e se ele/ela deve ajustar ou manter a abordagem atual. Os estudantes aprendem mais quando os professores são claros e fáceis de compreender.
- **A**cesso — a importância de as tarefas serem concebidas com um nível adequado de desafio. Os estudantes devem perceber uma correspondência entre suas competências e as oportunidades de utilizá-las (percepção do nível de desafio). As aulas não devem ser difíceis nem fáceis demais.
- **R**igor   esforço multiplicado pela complexidade. Esforço corresponde ao tempo necessário de foco sustentado para os estudantes. A complexidade é igual ao número ou partes do tópico, ao número de maneiras como as partes podem se encaixar e ao tipo de raciocínio necessário para manipular as partes.
- **R**elevância — quando o aluno percebe a importância (aquilo a que os pesquisadores se referem como "valor de realização"), o caráter interessante (também referido como "valor de interesse intrínseco") e/ou a utilidade (ou "valor utilitário") de uma tarefa e/ou o domínio de um tema.

Referências

ADAMS, G.; ENGELMANN, S. *Research on direct instruction*: 20 years beyond DISTAR. Seattle: Educational Achievement Systems, 1996.

ANDERSON, J. R. *The architecture of cognition*. Cambridge: Harvard University, 1983.

ANDERSON, J. R. *et al*. Cognitive tutors: lessons learned. *Journal of Learning Sciences*, v. 4, n. 2, p. 167–207, 1995. Disponível em: https://www.tandfonline.com/doi/abs/10.1207/s15327809jls0402_2. Acesso em: 24 set. 2022.

APA. Coalition for Psychology in Schools and Education. *Top 20 principles from psychology for pre-K–12 teaching and learning*. Washington: APA, 2015. Disponível em: http://www.apa.org/ed/schools/cpse/top-twenty-principles.pdf. Acesso em: 24 set. 2022.

BADDELEY, A. *Your memory*: a user's guide. Buffalo: Firefly Books, 2004.

BADDELEY, A.; EYSENCK, M.; ANDERSON, M. *Memory*. New York: Psychology Press, 2014.

BALDISSERI, A. *et al*. *The challenge of applying differentiated instructions in the classroom*. [S.l.: s.n.], 2017.

BAMIDIS, P. D. Affective learning: principles, technologies, practice. *In*: FRASSON, C.; KOSTOPOULOS, G. (ed.). *Brain function assessment in learning*. New York: Springer, 2017.

BANDURA, A. *Self-efficacy*: the exercise of control. New York: Freeman, 1997.

BONDIE, R.; ZUSHO, A. *Differentiated instruction made practical*: engaging the extremes through classroom routines. New York: Routledge, 2018.

BONDIE, R.; ZUSHO, A. Fostering English learners' confidence. *ASCD*, v. 72, n. 3, p. 42–46, 2014. Disponível em: https://www.ascd.org/el/articles/fostering-english-learners-confidence. Acesso em: 5 out. 2022.

BONDIE, R.; ZUSHO, A. Out of the book and into the classroom: applying motivational and self-regulated learning theories to daily instruction with English language learners. *In*: DECUIR-GUNBY, J.; SCHUTZ, P. (ed.). *Race and ethnicity in the study of motivation in education*. New York: Routledge, 2016. p. 82–98.

BONDIE, R.; ZUSHO, A. Racing against yourself: high-stakes for adolescent english language learners with disabilities. *Teachers College Record*, v. 119, n. 9, p. 1–42, 2017. Disponível em: https://journals.sagepub.com/doi/pdf/10.1177/016146811711900905. Acesso em: 5 out. 2022.

BROPHY, J. E. Teacher influences on student achievement. *American Psychologist*, v. 41, n. 10, p. 1069–1077, 1986. Disponível em: https://psycnet.apa.org/fulltext/1987-08643-001.html. Acesso em: 5 out. 2022.

BROPHY, J. E. Teacher–student interaction. *In*: DUSEK, J. B. (ed.). *Teacher expectancies*. Hillsdale: Lawrence Erlbaum, 1985. p. 303–328.

BROPHY, J.; GOOD, T. L. *Teacher behavior and student achievement*. Michigan: Institute for Research on Teaching, 1984.

BROWN, P. C.; ROEDINGER, H. L.; MCDANIEL, M. A. *Make it stick*: the science of successful learning. Cambridge: Harvard University, 2014.

CARNEGIE FOUNDATION. *What is the Carnegie Unit?* Stanford: Carnegie Foundation, 2022. Disponível em: https://www.carnegiefoundation.org/faqs/carnegie-unit/. Acesso em: 6 out. 2022.

CHRISTENSON, S.; RESCHLY, A.; WYLIE, C. (ed.). *Handbook of research on student engagement*. New York: Springer, 2011.

COLLEGE BOARD. *AP at a glance:* get an overview of the program and how it works. [*S. l.: s. n.*, 2022]. Disponível em: https://apcentral.collegeboard.org/about-ap/ap-a-glance. Acesso em: 6 out. 2022.

COOPER, K. S. Eliciting engagement in the high school classroom: a mixed methods examination of teaching practices. *American Educational Research Journal*, v. 51, n. 2, p. 363–402, 2014. Disponível em: https://journals.sagepub.com/doi/full/10.3102/0002831213507973. Acesso em: 19 set. 2022.

CORDOVA, D.; LEPPER, M. Intrinsic motivation and the process of learning: beneficial effects of contextualization, personalization, and choice. *Journal of Educational Psychology*, v. 88, n. 4, p. 715–730, 1996. Disponível em: https://psycnet.apa.org/record/1996-06736-008. Acesso em: 7 out. 2022.

COX, J. What is a graphic organizer and how to use it effectively. *Teachhub*, Sep. 2020. Disponível em: https://www.teachhub.com/classroom-management/2020/09/what-is-a-graphic-organizer-and-how-to-use-it-effectively/. Acesso em: 19 set. 2022.

CSIKSZENTMIHALYI, M. *Flow and the foundations of positive psychology*. Dordrecht: Springer, 2014.

DESENVOLVIMENTO da leitura e da escrita. *AloBebê*, 2001. Disponível em: https://www.alobebe.com.br/revista/desenvolvimento-da-leitura-e-da-escrita.html,201#. Acesso em: 7 out. 2022.

DWECK, C. S. *Mindset*: the new psychology of success. New York: Ballantine Books, 2006.

ECCLES, J. S.; WANG, M. What motivates females and males to pursue careers in mathematics and science? *International Journal of Behavioral Development*, v. 40, n. 2, p. 100–106, 2016. Disponível em: https://journals.sagepub.com/doi/10.1177/0165025415616201. Acesso em: 6 out. 2022.

ELLIOT, A. J.; DWECK, C. S.; YAEGER, D. S. *Handbook of competence and motivation*. 2nd. ed. New York: Guilford, 2017.

FREDRICKS, J. A.; BLUMENFELD, P. C.; PARIS, A. School engagement: potential of the concept, state of the evidence. *Review of Educational Research*, v. 74, n. 1, p. 59–119, 2004. Disponível em: https://journals.sagepub.com/doi/10.3102/00346543074001059. Acesso em: 9 out. 2022.

FUCHS, D. Cognitive profiling of children with genetic disorders and the search for a scientific basis of differentiated education. *In*: ALEXANDER, P.; WINNE, P. (ed.). *Handbook of educational psychology*. Mahwah: Erlbaum, 2006. p. 187–208.

GARCEZ, T. M. O que é o PEI – Plano Educacional Individual? *In: Evolvere*. Florianópolis: Centro Evolvere, 2020. Disponível em: https://centroevolvere.com.br/blog/o-que-e-o-pei-plano-educacional-individual/. Acesso em: 6 out. 2022.

GARDNER, H. *Intelligence reframed*. New York: Basic Books, 1999.

GAUTHIER, C.; BISSONNETTE, S.; RICHARD, M. *Ensino explícito e desempenho dos alunos*: a gestão dos aprendizados. Petrópolis: Vozes, 2018.

GAY, G. *Culturally responsive teaching: theory, research, and practice*. New York: Teachers College, 2010.

GLOGGER, I. *et al*. Learning strategies assessed by journal writing: prediction of learning outcomes by quantity, quality, and combinations of learning strategies. *Journal of Educational Psychology*, v. 104, n. 2, p. 454–468, 2012. Disponível em: https://psycnet.apa.org/record/2012-00885-001. Acesso em: 7 out. 2022.

GRAESSER, A. C.; D'MELLO, S.; PERSON, N. Meta-knowledge in tutoring. *In*: HACKER, D.; DUNLOSKY, J.; GRAESSER, A. (ed.). *Handbook of metacognition in education*. New York: Routledge, 2009. p. 361–381.

GREAT SCHOOLS PARTNERSHIP. Carnegie unit. *In*: GLOSSARY of education reform. Portland: Great Schools Partnership, 2013. Disponível em: https://www.edglossary.org/carnegie-unit/. Acesso em. 19 set. 2022.

HADWIN, A. F.; JARVELA, S.; MILLER, M. Self-regulated, co-regulated, and socially shared regulation of learning. *In*: ZIMMERMAN, B.; SCHUNK, D. (ed.). *Handbook of selfregulation of learning and performance*. New York: Routledge, 2011. p. 65–86.

HALL, T. E.; MEYER, A.; ROSE, D. H. *Universal design for learning in the classroom: practical applications*. New York: Guilford, 2012.

HARACKIEWICZ, J. M. *et al*. Harnessing values to promote motivation in education. *In*: KARABENICK, S.; URDAN, T. (ed.). *Motivational interventions*: advances in motivation and achievement. Bingley: Emerald Group Publishing, 2014. v. 18. p. 71–105.

HATTIE, J. *Visible learning*: a synthesis of over 800 meta-analyses relating to achievement. New York: Routledge, 2009.

HIEBERT, J.; STIGLER, J. W. Teaching versus teachers as a lever for change: comparing a Japanese and U.S. perspective on improving instruction. *Educational Researcher*, v. 46, p. 169–176, 2017. Disponível em: https://journals.sagepub.com/doi/full/10.3102/0013189X17711899. Acesso em: 19 set. 2022.

HMELO-SILVER, C.; CHINN, C. A. Collaborative learning. *In*: CORNO, L.; ANDERMAN, E. (ed.). *Handbook of educational psychology*. 3rd. ed. New York: Routledge, 2016. p. 349–363.

HMELO-SILVER, C. E.; DUNCAN, R. G.; CHINN, C. A. Scaffolding and achievement in problem-based and inquiry learning: a response to Kirschner, Sweller, and Clark (2006). *Educational Psychologist*, v. 42, p. 99–107, 2007. Disponível em: https://www.tandfonline.com/doi/abs/10.1080/00461520701263368. Acesso em: 6 out. 2022.

KAHNEMAN, D. *Thinking fast and slow*. New York: Farrar, Straus, and Giroux, 2011.

KAPLAN, A.; SINAI, M.; FLUM, H. Design-based interventions for promoting students' identity exploration within the school curriculum. *In*: KARABENICK, S.; URDAN, T. (ed.). *Motivational interventions*: advances in motivation and achievement. Bingley: Emerald, 2014. v. 18, p. 243–291.

KARABENICK, S. A. Methodological and assessment issues in research on help seeking. *In*: ZIMMERMAN, B. J.; SCHUNK, D. H. (ed.). *Handbook of self-regulation of learning and performance*. New York: Routledge, 2011. p. 267–281.

KARABENICK, S. A.; KNAPP, J. R. Help seeking and the need for academic assistance. *Journal of Educational Psychology*, v. 80, n. 3, p. 221–230, 1988. Disponível em: https://psycnet.apa.org/record/1989-03190-001. Acesso em: 6 out. 2022.

KARABENICK, S. A.; KNAPP, J. R. Relationship of academic help seeking to the use of learning strategies and other instrumental achievement behavior in college students. *Journal of Educational Psychology*, v. 83, n. 2, p. 221–230, 1991. Disponível em: https://psycnet.apa.org/record/1991-28915-001. Acesso em: 6 out. 2022.

KATZ, I.; ASSOR, A. When choice motivates and when it does not. *Educational Psychology Review*, v. 19, n. 4, p. 429–442, 2007. Disponível em: https://psycnet.apa.org/record/2008-00316-002. Acesso em: 6 out. 2022.

KUHN, D. Thinking together and alone. *Educational Researcher*, v. 44, n. 1, p. 46–53, 2015. Disponível em: https://journals.sagepub.com/doi/full/10.3102/0013189X15569530. Acesso em: 6 out. 2022.

LADSON-BILLINGS, G. Toward a theory of culturally relevant pedagogy. *American Educational Research Journal*, v. 32, n. 3, p. 465–491, 1995. Disponível em: https://journals.sagepub.com/doi/10.3102/00028312032003465. Acesso em: 19 set. 2022.

LAPINSKI, S.; GRAVEL, J. W.; ROSE, D. H. Toolers for practice: the universal design for learning guidelines. *In*: HALL, T. E.; MEYER, A.; ROSE, D. H. *Universal design for learning in the classroom: practical applications*. New York: Guilford, 2012. p. 9–24.

LAZOWSKI, R.; HULLEMAN, C. Motivational interventions in education: a meta-analytic review. *Review of Educational Research*, v. 86, n. 2, p. 602–640, 2016. Disponível em: https://journals.sagepub.com/doi/full/10.3102/0034654315617832. Acesso em: 23 set. 2022.

LEE, V. E. *et al.* Social support, academic press, and student achievement: a view from the middle grades in Chicago. *Improving Chicago's Schools*, 2018. Disponível em: https://consortium.uchicago.edu/sites/default/files/2018-10/p0e01.pdf. Acesso em: 6 out. 2022.

LINNENBRINK-GARCIA, L.; PATALL, E. A. Motivation. *In*: CORNO, L.; ANDERMAN, E.(ed.). *Handbook of educational psychology*. 3rd. ed. New York: Routledge, 2016. p. 91–103.

MAEHR, M. L.; ZUSHO, A. Achievement goal theory: the past, present, and future. *In*: WENTZEL, K.; WIGFIELD, A. (ed.). *Handbook of motivation in school*. New York: Routledge, 2009. p. 76–104.

MANDINACH, E.; LASH, A. A. Assessment illuminating pathways to learning. *In*: CORNO, L.; ANDERMAN, E. (ed.). *Handbook of educational psychology*. 3rd. ed. New York: Routledge, 2016. p. 390–401.

MAYER, R. E. *Applying the science of learning*. New York: Pearson, 2011.

MELO, S. G. *Relação entre clima escolar e desempenho acadêmico em escolas públicas de ensino médio representativas de um estado brasileiro*. 2017. 260 f. Dissertação (Mestrado em Educação) - Faculdade de Filosofia e Ciências, da Universidade Estadual Paulista, Marília, 2017. Disponível em: https://repositorio.unesp.br/bitstream/handle/11449/150187/melo_sg_me_mar.pdf?sequence=3. Acesso em: 6 out. 2022.

MEASURES OF EFFECTIVE TEACHING PROJECT. *Learning about teaching*: initial findings from the measures of effective teaching project. Seattle: Bill & Melinda Gates Foundation, 2010.

MIDDLETON, M. J.; MIDGLEY, C. Beyond motivation: middle school students' perceptions of press for understanding in math. *Contemporary Educational Psychology*, v. 27, n. 3, p. 373–391, 2002. Disponível em: https://www.sciencedirect.com/science/article/pii/S0361476X01911014. Acesso em: 6 out. 2022.

MUSU-GILLETTE, L. *et al. Status and trends in the education of racial and ethnic groups 2016*. Washington: Department of Education, 2016.

NAEP. *1992-2015 NAEP Mathematics, grade 4*. Florida: Department of Education, 2015. Disponível em: https://www.fldoe.org/core/fileparse.php/5652/urlt/Trends9215Gr4Math.pdf. Acesso em: 19 set. 2022.

NATIONAL SCHOOL REFORM FACULTY. *Microlabs*. Bloomington: NSRF, 2017. Disponível em: https://www.nsrfharmony.org/wp-content/uploads/2017/10/microlabs_0.pdf. Acesso em: 21 set. 2022.

NEWMAN, R. S.; GOLDIN, L. Children's reluctance to seek help with schoolwork. *Journal of Educational Psychology*, v. 82, n. 1, p. 92–100, 1990. Disponível em: https://psycnet.apa.org/record/1990-21072-001. Acesso em: 19 set. 2022.

OECD. *PISA 2015 results*: excellence and equity in education, volume I. Paris: OECD Publishing, 2016. Disponível em: https://www.oecd.org/education/pisa-2015-results-volume-i-9789264266490-en.htm. Acesso em: 19 set. 2022.

PATALL, E. A. Constructing motivation through choice, interest, and interestingness. *Journal of Educational Psychology*, v. 105, n. 2, p. 522–534, 2013. Disponível em: https://psycnet.apa.org/record/2012-27379-001/. Acesso em: 7 out. 2022.

PATALL, E. A.; COOPER, H.; ROBINSON, J. C. The effects of choice on intrinsic motivation and related outcomes: a meta-analysis of research findings. *Psychological Bulletin*, v. 134, n. 2, p. 270–300, 2008. Disponível em: https://pubmed.ncbi.nlm.nih.gov/18298272/. Acesso em: 7 out. 2022.

PATALL, E. A.; COOPER, H.; WYNN, S. R. The effectiveness and relative importance of providing choices in the classroom. *Journal of Educational Psychology*, v. 102, n. 4, p. 896–915, 2010. Disponível em: https://www.immagic.com/eLibrary/ARCHIVES/GENERAL/JOURNALS/E101100P.pdf. Acesso em: 7 out. 2022.

PATALL, E. A. *et al*. Daily autonomy supporting or thwarting and students' motivation and engagement in the high school science classroom. *Journal of Educational Psychology*, v. 110, n. 2, 2017. Disponível em: https://www.apa.org/pubs/journals/features/edu-edu0000214.pdf. Acesso em: 7 out. 2022.

PATRICK, H.; MANTZICOPOULOS, P.; SEARS, D. Effective classrooms. *In*: HARRIS, K. *et al*. (ed.). *APA educational psychology handbook*: individual differences and cultural and contextual factors. Washington: APA, 2012. v. 2, p. 443–469.

PICARD, R. W. *et al*. Affective learning: a manifesto. *BT Technology Journal*, v. 22, n. 4, 2004. Disponível em: https://www.media.mit.edu/publications/bttj/Paper26Pages253-269.pdf. Acesso em: 6 out. 2022.

PICKERING, S. J. *Working memory and education*. Burlington: Academic Press, 2006.

PINTRICH, P. R.; ZUSHO, A. Student motivation and self-regulated learning in the college classroom. *In*: PERRY, R.; SMART, J. (ed.). *The scholarship of teaching and learning in higher education*. Dordrecht: Springer, 2007. p. 731–810.

PINTRICH, P. R.; ZUSHO, A. The development of academic self-regulation: the role of cognitive and motivational factors. *In*: WIGFIELD, A.; ECCLES, J. (ed.). *The development of achievement motivation*. San Diego: Academic Press, 2002. p. 249–284.

PROJECT IMPLICIT. Charlottesville: University of Virginia, 2011. Disponível em: https://implicit.harvard.edu. Acesso em: 19 set. 2022.

PUNTAMBEKAR, S.; HÜBSCHER, R. H. Tools for scaffolding students in a complex learning environment: What have we gained and what have we missed? *Educational Psychologist*, v. 40, n. 1,

p. 1–12, 2005. Disponível em: https://www.tandfonline.com/doi/abs/10.1207/s15326985ep4001_1. Acesso em: 19 set. 2022.

REEVE, J.; BOLT, E.; CAI, Y. Autonomy supportive teachers: how they teach and motivate students. *Journal of Educational Psychology*, v. 91, n. 3, p. 537–548, 1999. Disponível em: https://psycnet.apa.org/record/1999-11091-010. Acesso em: 7 out. 2022.

RENNINGER, K. A.; NIESWANDT, M.; HIDI, S. *Interest in mathematics and science learning*. Washington: American Educational Research Association, 2015.

RODERICK, M.; STOKER, G. Bringing rigor to the study of rigor: are advanced placement courses a useful approach to increasing college access and success for urban and minority youths? *In*: ECCLES, J.; ECCLES, J. (ed.). *Handbook of research on schools, schooling, and human development*. Routledge: Springer, 2010. p. 216–234.

ROEDINGER, H. L. Applying cognitive psychology to education: translational educational science. *Psychological Science in the Public Interest*, v. 14, n. 1, p. 1–3, 2013. Disponível em: https://journals.sagepub.com/doi/10.1177/1529100612454415. Acesso em: 19 set. 2022.

ROGAT, T. K.; WITHAM, S. A.; CHINN, C. A. Teachers' autonomy relevant practices within an inquiry-based science curricular context: extending the range of academically significant autonomy supportive practices. *Teachers College Record*, v. 116, n. 7, p. 1–46, 2014. Disponível em: https://psycnet.apa.org/record/2014-28277-003. Acesso em: 19 set. 2022.

ROGOFF, B. *Apprenticeship in thinking*: cognitive development in social context. New York: Oxford University, 1990.

ROSETH, C. J. *et al*. Effects of cooperative learning on middle school students: a meta-analysis. *In*: ANNUAL MEETING OF THE AMERICAN EDUCATIONAL RESEARCH ASSOCIATION, 2006. *Proceedings* […]. San Francisco, 2006.

ROSETH, C. J.; JOHNSON, D. W.; JOHNSON, R. T. Promoting early adolescents' achievement and peer relationships: the effects of cooperative, competitive, and individualistic goal structures. *Psychological Bulletin*, v. 134, n. 2, p. 223–246, 2008. Disponível em: https://psycnet.apa.org/record/2008-01984-003. Acesso em: 19 set. 2022.

ROSENTHAL, R.; JACOBSON, L. Pygmalion in the classroom. *The Urban Review*, v. 3, n. 1, p. 16–20, 1968. Disponível em: https://link.springer.com/article/10.1007/BF02322211. Acesso em: 19 set. 2022.

RTI and MTSS: do you know the difference between these support systems? *In*: LEXIA Learning. London: Cambium, 2018. Disponível em: https://www.lexialearning.com/blog/rti-and-mtss-do-you-know-difference-between-these-support-systems. Acesso em: 23 set. 2022.

RUBIE-DAVIES, C. M. *et al*. A teacher expectation intervention: modeling the practices of high expectation teachers. *Contemporary Educational Psychology*, v. 40, p. 72–85, 2015. Disponível em: https://www.sciencedirect.com/science/article/pii/S0361476X14000150. Acesso em: 19 set. 2022.

RYAN, R.; DECI, E. *Self-determination theory*: basic psychological needs in motivation, development, and wellness. New York: Guilford, 2017.

SAMPAIO, P. Método de ensino direto e indireto. *In*: *Falingles*. Bauru: [*s. n.*], 2018. Disponível em: https://falingles.com/2018/02/13/metodo-de-ensino-direto-e-indireto/. Acesso em: 6 out. 2022.

SÃO PAULO. Instituto Federal de Educação, Ciência e Tecnologia. *Plano Educacional Individualizado* – NAPNE. Sorocaba: MEC, [2017]. Disponível em: https://sor.ifsp.edu.br/index.php/ultimos/87-artigos-arquivados/655-plano-educacional-individualizado-napne. Acesso em: 6 out. 2022.

SARIPAH, I.; WIDIASTRUTI, H. T. Profile of off-task behavior in primary school students. *Mimbar Sekolah Dasar*, v. 6, n. 2, p. 174-184, 2019.

SCHUNK, D. H.; PAJARES, F. P. Competence perceptions and academic functioning. *In:* ELLIOT, A. J.; DWECK, C. S. (ed.). *Handbook of competence and motivation.* New York: Guilford, 2005. p. 85–104.

SCHWARTZ, B. *The paradox of choice.* New York: HarperCollins, 2004.

SNYDER, T. D.; DILLOW, S. A. *Digest of education statistics 2013.* Washington: Department of Education, 2015.

STAHL, R. J. Using "think-time" and "wait-time" skillfully in the classroom. *ERIC Digest,* 1994. Disponível em: http://ocw.umb.edu/early-education-development/echd-440-640-eec-language-and-literacy-course/learning-module-1/module-5/Wait%20Time.pdf. Acesso em: 19 set. 2022.

STEFANOU, C. R. *et al.* Supporting autonomy in the classroom: ways teachers encourage student decision-making and ownership. *Educational Psychologist*, v. 39, n. 2, p. 97–100, 2004. Disponível em: https://psycnet.apa.org/record/2004 95010-002. Acesso em: 7 out. 2022.

TITSWORTH, S. *et al.* Two meta-analyses exploring the relationship between teacher clarity and student learning. *Communication Education*, v. 64, n. 4, p. 385–418, 2015. Disponível em: https://www.tandfonline.com/doi/abs/10.1080/03634523.2015.1041998?journalCode=rced20. Acesso em: 19 set. 2022.

TOMLINSON, C. A. *The differentiated classroom*: responding to the needs of all learners. Alexandria: Association of Supervision and Curriculum Development, 1999.

TOMLINSON, C. A.; BRIMIJOIN, K.; NARVAEZ, L. *The differentiated school*: making revolutionary changes in teaching and learning. Alexandria: Association of Supervision and Curriculum Development, 2008.

TURNER, J. C. Theory-based interventions with middle-school teachers to support student motivation and engagement. *In:* KARABENICK, S.; URDAN, T. (ed.). *Advances in motivation and achievement: motivational interventions.* Bingley: Emerald, 2014. p. 341–378.

VCAA. *What we do.* Melbourne: VCAA, [2022]. Disponível em: https://www.vcaa.vic.edu.au/About-us/Pages/WhatWeDo.aspx. Acesso em: 23 set. 2022.

WEBB, N. M. Information processing approaches to collaborative learning. *In:* HMELO-SILVER, C. *et al.* (ed.). *The international handbook of collaborative learning.* New York: Routledge/Taylor & Francis Group, 2013. p. 19–40.

WEBB, N. M. *et al.* Help seeking in cooperative learning groups. *In:* KARABENICK, S.; NEWMAN, R. (ed.). *Help seeking in academic settings: goals, groups, and contexts.* Mahwah: Erlbaum, 2006. p. 45–88.

WENTZEL, K. R. Students' relationships with teachers. *In:* MEECE, J.; ECCLES, J. (ed.). *Handbook of research on schools, schooling, and human development.* New York: Routledge, 2010. p. 75–91.

WHITE, M. C.; DIBENEDETTO, M. K. *Self-regulation and the common core*: application to ELA standards. New York: Routledge, 2015.

WIGFIELD, A.; ECCLES, J. S. Expectancy-value theory of achievement motivation. *Contemporary Educational Psychology*, v. 25, p. 68–81, 2000. Disponível em: https://www.sciencedirect.com/science/article/pii/S0361476X99910159. Acesso em: 23 set. 2022.

WISE, M.; COOPER, C. Increasing the value of graphic organizers. *Edutopia*, Jan. 2019. Disponível em: https://www.edutopia.org/article/increasing-value-graphic-organizers. Acesso em: 6 out. 2022.

WOLF, M. K.; CROSSON, A. C.; RESNICK, L. B. Classroom talk for rigorous reading comprehension instruction. *Reading Psychology*, v. 26, n. 1, p. 27–53, 2005. Disponível em: https://psycnet.apa.org/record/2005-03803-002. Acesso em: 6 out. 2022.

IYENGAR, S. S.; LEPPER, M. R. Rethinking the value of choice: a cultural perspective on intrinsic motivation. *Journal of Personality and Social Psychology*, v. 76, n. 3, p. 349–366, 1999. Disponível em: https://psycnet.apa.org/record/1999-10261-001. Acesso em: 6 out. 2022.

ZIMMERMAN, B. J. Investigating self-regulation and motivation: historical background, methodological developments, and future prospects. *American Educational Research Journal*, v. 45, p. 166–183, 2008. Disponível em: https://journals.sagepub.com/doi/10.3102/0002831207312909. Acesso em: 21 set. 2022.

ZIMMERMAN, B. J. Self-regulated learning and academic achievement: an overview. *Educational Psychologist*, v. 25, p. 3–17, 1990. Disponível em: https://www.tandfonline.com/doi/abs/10.1207/s15326985ep2501_2. Acesso em: 21 set. 2022.

ZIMMERMAN, B. J.; SCHUNK, D. H. (ed.). *Handbook of self-regulation of learning and performance*. New York: Routledge, 2011.

ZUSHO, A. *et al*. Contextual determinants of help-seeking and motivation in the college classroom. *In*: PERRY, R.; SMART, J. (ed.). *The scholarship of teaching and learning in higher education*. Dordrecht: Springer, 2007. p. 611–659.